政治经济学系列丛书·学术系列

Zhengzhi Jingjixue Xilie Congshu

国家社科基金重大项目阶段性成果（项目编号：11&ZD146）

中国二元经济转型与农村土地制度改革

ZHONGGUO ERYUAN JINGJI ZHUANXING YU NONGCUN TUDI ZHIDU GAIGE

张桂文　冯双生　等著

中国财经出版传媒集团

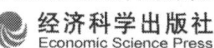

经济科学出版社
Economic Science Press

图书在版编目（CIP）数据

中国二元经济转型与农村土地制度改革/张桂文等著.
—北京：经济科学出版社，2017.1
（政治经济学系列丛书.学术系列）
ISBN 978-7-5141-7667-4

Ⅰ.①中… Ⅱ.①张… Ⅲ.①中国经济-二元经济-转型经济-研究②农村-土地制度-土地改革-研究-中国　Ⅳ.①F121②F321.1

中国版本图书馆 CIP 数据核字（2016）第 322832 号

责任编辑：于海汛　原　鹏
责任校对：刘　昕
版式设计：齐　杰
责任印制：潘泽新

中国二元经济转型与农村土地制度改革
张桂文　冯双生　等著
经济科学出版社出版、发行　新华书店经销
社址：北京市海淀区阜成路甲 28 号　邮编：100142
总编部电话：010-88191217　发行部电话：010-88191522
网址：www.esp.com.cn
电子邮件：esp@esp.com.cn
天猫网店：经济科学出版社旗舰店
网址：http://jjkxcbs.tmall.com
北京京鲁数码快印有限责任公司印装
710×1000　16 开　16.25 印张　280000 字
2017 年 2 月第 1 版　2017 年 2 月第 1 次印刷
ISBN 978-7-5141-7667-4　定价：31.00 元
（图书出现印装问题，本社负责调换。电话：010-88191510）
（版权所有　侵权必究　举报电话：010-88191586
电子邮箱：dbts@esp.com.cn）

前　言

经过改革开放三十余年的转型增长，我国已进入了中高收入国家的行列，从一个农业经济大国转变为工业经济大国。然而，受传统二元经济体制的束缚，以及改革开放以来城乡二元经济体制改革滞后的影响，我国二元经济转型的进程远滞后于我国的工业化进程。虽然我国总体已进入工业化中后期，但二元经济转型还处于刘易斯转折区间；农业向非农产业的就业结构转换远滞后于产值结构的转换；反映二元经济结构强度的二元对比系数不仅低于发达国家水平，也低于和我们发展程度大致相同的发展中国家水平。工业与农业、城市与乡村之间巨大的二元反差，使我国经济发展面临着资源环境与市场需求的双重约束；劳动力资源配置中"民工荒"与严重就业压力并存；经济运行中投资与消费比例失衡造成宏观经济波动等诸多症结性问题。可见，尽管我国已从总体上进入了工业化中后期发展阶段，但城乡二元经济结构仍然是制约我国经济持续健康发展的主要结构问题。

由于迄今为止的二元经济理论多是从工业与农业两大部门的角度，而不是从城市与乡村的角度来研究二元经济转型问题，加之经典的阿罗－德布鲁一般均衡模型中不存在规模收益递增现象，土地资源的城乡配置问题无法用传统的新古典经济学分析方法得到很好的解释，因此，无论是古典与新古典二元经济理论，还是20世纪80年代以来的各种二元经济理论，都很少研究二元经济转型中土地资源的配置问题。但是，土地是人类生产与生活的空间载体，也是人类赖以生存和发展的重要资源，从时间维度和空间维度综合考察，二元经济转型不仅是一个国家工业化和农业现代化过程，也是其城市化发展过程，在这一过程中土地资源在城乡间、城市内部与农村内部的优化配置，对于实现城乡经济发展一体化，促进二元经济转型具有重要作用。由于土地的多功能性、区位固定性和资源稀缺性的特点，实现土地资源的合理配置，既要充分发挥市场机制的资源配置功能，又要正确行使政府对土地资源调节与规制的权能，所以，科学合理的土地制度就成为实现二元经济转型中土地资源优化配置的前提条件。

本书的一大特点是把二元经济转型作为人类从农业社会向工业社会转型的时空运动,重点从空间维度研究二元经济转型问题。尝试把二元经济转型与中国农村土地制度改革联系起来,以马克思主义政治经济学基本理论为指导,综合运用马克思主义政治经济学、发展经济学、新制度经济学,以及新经济地理学等理论,深入研究二元经济转型中土地资源配置及其影响;考察中国二元经济转型中的土地制度变迁;分析中国现阶段农村土地制度的缺陷及其对二元经济转型的影响;从土地征收制度、土地流转制度,以及宅基地制度三大方面探讨了推进农村土地制度改革,促进二元经济转型的对策建议。

本书是国家社科基金重大项目的阶段性成果,是我们对中国二元经济转型及中国土地问题关注的延续。本书由张桂文教授提出写作提纲,由项目组成员讨论确定。第一章、第三章张桂文教授执笔;第二章、第四章由王丽华副教授执笔;第五章、第六章、第九章由冯双生副教授执笔;第七章由田旭副教授执笔;第八章由李淑妍博士执笔。全书由张桂文教授总纂定稿,冯双生副教授参与了书稿的修改与定稿工作。

本书在写作过程中参阅了大量国内外文献,从中得到诸多的启迪与借鉴,在此谨对相关作者表示谢忱。本书中的一些观点和数据也来自项目成员实地调查,以及项目组在 2014 年 10 月至 2015 年 10 月间对全国东中西部 20 个省市就征地制度、土地流转,以及宅基地制度改革问题开展的问卷调查。辽宁大学经济学院的部分本科学生、劳动经济学专业、政治经济学专业的部分硕士与博士研究生参与了实地调研和问卷调查,在此,也向学生们卓有成效的工作表示感谢。本书的责任编辑为本书的出版做了大量的工作,使本书增色颇多,也一并在此表示感谢。

由于本书作者学识水平有限,因而疏漏乃至错讹在所难免,恳请专家、学者斧正!

张桂文
2016 年 7 月

目 录

第一章 绪论 ··· 1
第一节 问题的提出 ······································ 1
第二节 二元经济转型的空间维度考察 ············· 3
第三节 中国城乡二元土地制度及其影响 ········· 5
第四节 本书的内容安排 ······························· 9

第二章 国内外文献综述 ······························ 11
第一节 国外文献综述 ································· 11
第二节 国内文献综述 ································· 18

第三章 二元经济转型与土地资源配置 ········· 31
第一节 古典与新古典二元经济模型 ·············· 31
第二节 二元经济理论的发展 ······················· 43
第三节 二元经济理论忽视了土地资源的配置问题 ···· 48
第四节 二元转型中土地资源的合理配置及其作用 ···· 50
第五节 实现土地资源合理配置的约束条件 ········ 58

第四章 我国二元经济转型中的土地制度变迁 ···· 63
第一节 改革开放前中国农村土地制度的变迁 ···· 63
第二节 转型期中国农村土地制度变迁 ·············· 70

第五章 中国土地制度缺陷及对二元经济转型的影响 ···· 103
第一节 农村土地制度概况 ··························· 103
第二节 现阶段农村土地制度缺陷 ·················· 115
第三节 农村土地制度缺陷对二元经济转型的影响 ···· 130

第六章　创新土地制度促进二元经济转型的战略思考 …… 144
- 第一节　创新土地制度促进二元经济转型的基本原则 …… 144
- 第二节　创新土地制度主要目标 …… 149
- 第三节　创新土地制度促进二元经济转型的路径选择 …… 154

第七章　二元经济转型中征地制度改革 …… 163
- 第一节　征地目的限定为公共利益 …… 163
- 第二节　征地程序法制化 …… 165
- 第三节　征地补偿市场化 …… 169
- 第四节　失地农民安置方式多元化 …… 175
- 第五节　改革建设用地供给制度 …… 177
- 第六节　改革土地财政制度 …… 181

第八章　二元经济转型中土地流转制度改革 …… 191
- 第一节　保障农民的土地承包经营权，完善土地流转制度 …… 191
- 第二节　健全土地流转市场，完善土地流转价格形成机制 …… 198
- 第三节　做好各项配套制度改革工作，确保农民权益 …… 201
- 第四节　转变政府职能，规范政府行为 …… 208

第九章　二元经济转型中宅基地制度改革 …… 212
- 第一节　建立宅基地增值收益分享机制 …… 212
- 第二节　建立宅基地使用权流转及有偿退出制度 …… 213
- 第三节　建立宅基地差别化有偿使用制度 …… 215
- 第四节　开展农房与宅基地使用权抵押试点 …… 216
- 第五节　建立宅基地置换法律法规 …… 217

主要参考文献 …… 220
附录1：征地问题调查问卷 …… 236
附录2：土地承包经营权流转情况调查问卷 …… 242
附录3：宅基地问题调查问卷 …… 246

第一章

绪　论

第一节　问题的提出

欠发达国家由传统农业经济向现代工业经济演进过程中都经历了一个二元经济发展阶段。发展中国家工业化阶段的主要任务就是对这种相对落后的国民经济结构进行改造，使异质的二元经济转型为同质的现代化一元经济，因此，经济发展的核心问题就是二元经济转型问题。

经过改革开放三十余年的转型增长，到 2010 年我国国内生产总值按平均汇率折算达到 58791 亿美元，超过日本，成为仅次于美国的世界第二大经济体，人均 GDP 达到 4682 美元，按世界银行对不同收入组国家的划分标准，我国也从低收入国家进入中高收入国家的行列。2015 年，国内生产总值达 108648.77 亿美元，人均 GDP 为 7923.5 美元；第一产业的增加值占 GDP 的比重从 1978 年的 27.9%，下降到 2015 年的 9%，第二、第三产业产值比已高达 91%[1]，中国已从一个农业经济大国转变为工业经济大国。然而，受传统二元经济体制的束缚，以及改革开放以来城乡二元经济体制改革滞后的影响，我国二元经济转型的进程远滞后于我国的工业化进程。虽然我国总体已进入工业化中后期，但二元经济转型还处于刘易斯转折区间；农业向非农产业的就业结构转换远滞后于产值结构的转换；反映二元经济结构强度的二元对比系数不仅低于发达国家水平，也低于和我们发展程度大致相同的发展中国家的水平[2]。

---

[1] 2010 年数据来自国家统计局网站；2015 年数据来自国家统计局 2015 年统计公报，GDP 和人均 GDP 的美元数据，根据 2015 年的人民币数据和全年人民币与美元的平均汇率计算所得。
[2] 张桂文：《中国二元经济转换的政治经济学分析》，经济科学出版社 2011 年版，第 144 页。

工业与农业、城市与乡村之间巨大的二元反差，使我国经济发展面临着资源环境与市场需求的双重约束；劳动力资源配置中"民工荒"与严重就业压力并存；经济运行中投资与消费比例失衡所造成的宏观经济波动等诸多症结性问题。可见，尽管我国已从总体上进入了工业化中后期发展阶段，但城乡二元经济结构仍然是制约我国经济持续健康发展的主要结构问题。

自20世纪50年代刘易斯二元经济结构模型问世以来，发展中国家的二元经济转型吸引了许多经济学家的关注，众多的研究成果形成了古典二元经济理论和新古典二元经济理论。20世纪80年代以来，二元经济理论日益融合了凯恩斯主义、新兴古典经济学、新制度经济学的研究方法及分析工具，在研究内容上吸收了需求约束、分工演进、市场分割、收入分配等内容，突破了单一研究范式的局限，形成了凯恩斯主义二元经济理论、新兴古典二元经济理论，以及建立在理论综合基础上的转型增长理论①。

中国作为发展中国家具有典型的二元经济特征，对于二元经济结构及其转型的研究也就不可避免地成为国内学术界的研究重点。改革开放以来，我国学者对二元经济转型的研究成果主要集中在四个方面：② 一是关于经济结构形态的研究。由于我国的二元经济结构转换是在体制转轨背景下进行的，与发达国家曾经经历过的二元经济转型，以及其他发展中国家正在进行的二元经济转型相比，具有不同的特点。我国学者对我国的经济结构形态进行了研究，主要有二元结构论、三元结构论③。二是以农业剩余劳动力转移为主线的研究。20世纪80~90年代，学者们以经典二元经济理论为基础，把二元经济转型与农业剩余劳动力转移联系起来，探讨中国二元经济转型的有效途径，形成了一批以农业剩余劳动力转移为主线的研究成果。三是以制度分析为重点的多维度探讨。进入21世纪以来，国内学者把二元经济转型与我国的体制转轨联系起来，以制度分析为重点，从要素流动、政府作用、交易效率、分工演进、非均衡制度变迁等多维度、多视角对我国的二元经济转型进行深入研究，促进了二元经济理论的创新与发展。四是关于刘易斯转折点的讨论。2004年左右民工荒的出现引

---

① 张桂文：《从古典二元论到理论综合基础上的转型增长——二元经济理论演进与发展》，载《当代经济研究》2011年第8期，第41页。

② 张桂文：《中国二元经济转换的政治经济学分析》，经济科学出版社2011年版，第27~32页。

③ 大多数学者以经典二元经济理论为基础研究中国的二元经济转型，认为中国的经济形态总体上看还是现代非农产业与传统农业并存的二元经济。三元结构论有两种观点，一种观点是根据中国20世纪80~90年代农村乡镇企业发展的实际，认为中国经济是传统农业、农村工业和现代工业并存的三元结构；另一种观点是根据21世纪初以来的知识经济的出现，认为在经济全球化与知识经济背景下中国经济形态表现为传统农业、现代工业和知识经济并存的三元结构。

发了我国学者对于中国是否进入刘易斯转折点的讨论。虽然在讨论的过程中学术争议很大，但随着"民工荒"的持续与强化，以及工资水平的不断上涨，近年来多数学者都认为中国已进入刘易斯转折区间。

由于迄今为止的二元经济理论多是从工业与农业两大部门的角度，而不是从城市与乡村的角度来研究二元经济转型问题，加之经典的阿罗-德布鲁一般均衡模型中不存在规模收益递增现象，土地资源的城乡配置问题无法用传统的新古典经济学分析方法得到很好的解释，因此，无论是古典与新古典二元经济理论，还是20世纪80年代以来的各种二元经济理论，都很少研究二元经济转型中土地资源的配置问题。杨小凯等人的新兴古典二元经济结构模型虽然涉及了生产要素在城乡间的配置问题，但由于这一模型研究重点是分工演进过程中的城乡间的关系变化，虽然涉及了城乡间的"土地消费"问题，但并没有研究二元经济转型中土地资源的配置及其作用。国内学者对我国土地制度问题的研究成果很多，但从二元经济转型的角度进行深入研究的学术成果还不多见。

本书尝试把二元经济转型与中国农村土地制改革联系起来进行研究，以马克思主义政治经济学基本理论为指导，综合运用马克思主义政治经济学、发展经济学、新制度经济学，以及新经济地理学等理论，深入研究二元经济转型中土地资源配置及其影响；考察中国二元经济转型中的土地制度变迁；分析中国现阶段农村土地制度的缺陷及其对二元经济转型的影响；从土地征收制度、土地流转制度，以及宅基地制度三大方面探讨了推进农村土地制度改革，促进二元经济转型的对策建议。

第二节 二元经济转型的空间维度考察

经典二元经济理论表明，二元经济转型的核心问题是农业劳动力的转移问题。伴随着农业劳动力从农业转移到非农产业，一方面非农产业生产规模不断扩大；另一方面农业劳动生产率不断提高，最终使得农业与非农业边际劳动生产率趋于一致。经典二元经济理论假设二元经济转型过程中土地要素是固定不变的，不会因劳动力与人口的非农转移而发生土地用途的转变，更不涉及由于土地用途转变而带来的土地价值增值及其收益分配的问题。但是，任何社会的经济活动都不是凭空存在的，农业劳动力的非农转移，必然带来人口及生产要素在城市的聚集。因此，二元经济转型过程，不仅是一个国家工业化和农业现代化的过程，也是其城市化的发展过程。在这一过程中，不仅城乡间土地规模会发生相应的变化，土地利用的性质也会进行相应的调整。

由于土地位置的固定性，二元经济转型中土地资源的配置不表现为土地要素的物理运动，而是表现为其他可流动性生产要素在城乡间、城市内部、农村内部的流动与组合，从而形成了人口与产业在不同区域的空间布局。因此，二元经济转型中土地资源的配置是市场主体追求利益最大化的迁移流动和要素重组的结果。聚集效应的存在，企业由于生产成本与交易成本的降低，以及市场需求的扩大，获得了更多的利润；居民由于就业机会的增加、择业成本的降低，以及多样化商品的集中，增加了工资收入，提高了效用满足程度。但是要素聚集也是有成本的，人口与要素的聚集会导致地租上涨、交通成本和工资水平的上升；在特定区域的人口与要素聚集超出了土地承载能力，就会由于"拥挤"而产生交通堵塞、环境污染、住宅紧张等问题。如果说聚集利益是人口与要素向特定区域集中的向心力的话，那么聚集成本则会对特定区域产生离心力。在市场主体对聚集收益与聚集成本的权衡之下，城市空间结构呈现出由单一中心和多中心演化，空间布局向农村地带蔓延的趋势。

二元经济转型中土地资源在城乡间的合理配置可以通过人口与生产要素的聚集效应促进非农产业的资本积累，扩大非农产业的生产规模；而非农产业的发展又可以吸收更多的农业劳动力，从而促进了农村内部土地资源的优化配置，促进了农业现代化进程。二元经济转型中土地资源在城市内部，以及城乡间的优化配置过程，表现为城市由单一中心向多中心发展，大中小城市、小城镇合理布局的城市空间体系，以及城市群和城市带的形成与发展过程。在这一过程中随着城市对农村地区辐射与影响范围不断扩大，城乡间产品与要素的分工与交换会促进城乡经济越来越向一体化发展。

问题的复杂性在于，土地不同于其他生产要素的特征，决定了二元经济转型过程中土地资源的优化配置，离不开政府对土地资源的调节与管理。首先，市场机制无法实现土地资源配置的社会效益最大化。土地不仅是人类生产与生活空间载体，也是更是农业再生产不可替代的生产要素。土地不仅具有经济功能，同时也具有满足人们对食品需求、缓解失业压力的社会保障功能，以及涵养水土、调节温度与湿度、维护生物多样性的环境净化与保全的功能。市场机制的作用，会使资源不断地从经济效益低的部门转移到经济效益高的部门，追求利益最大化市场主体的迁移流动和要素重组活动，就会导致二元转型中农地配置过少与非农用地配置过多，从而影响土地的保障功能和生态净化保全功能的实现。为了保障国家的粮食安全和生态环境安全，各国政府大多都对土地实行用途管制。其次，市场机制无法解决土地资源配置过程中土地增值收益的合理分配问题。由于土地资源具有区位固定性和稀缺性的特点，企业和居民空间聚集与区位竞争必然会导致地租和土地价格上涨，在竞争均衡的条件下，聚集经济利益会完全资本化于土地收益之中。如果土地资源配置过程中土地增值收益完全归土地所有者，必然会带来巨大的社会收入分配的不公。因此，各国政府也大多采取相应的制度安排，促进土地增值收益的社会分享。最后，市场机制无法解决土地资源配置中的负外部性问题。人口与生产要素的空间聚集不仅具有正的外部性，还会产生空气污染、水污染，以及交通拥堵等负外部经济效应。由于这种负外部经济效应无法通过市场价格反映和计量，市场机制也就无法消除土地资源配置中的负外部性的影响。各国政府通常也会通过税收、建立政府替代等使外部效应内部化的制度安排，解决土地资源配置过程中的负外部性问题。

进一步分析，我们还会发现，尽管土地资源配置中存在着市场失灵，但政府对土地资源的调节与规制也会存在着政府失灵。如土地用途管制与土地增值收益分配中的寻租行为，不仅会使政府的政策目标难以实现，还有可能带来更大的收入分配不公。所以，实现二元经济转型中土地资源的合理配置，不仅要通过土地制度及其相关的制度安排来弥补市场失灵，更要通过对政府官员的激励与约束，尽最大的可能减少政府失灵。

第三节　中国城乡二元土地制度及其影响

土地是人类生产与生活的空间载体，也是人类赖以生存和发展重要资源。从空间维度考察，二元经济转型过程也就是一个国家或地区的城市化发展过程，在这一过程中土地资源在城乡间、城市内部与农村内部的优化配置，对于实现城市化健康发展，促进二元经济转型具有重要作用。由于土地的多功能性、区位固定性和资源稀缺性的特点，实现土地资源的合理配置，既要充分发挥市场机制的资源配置功能，又要正确行使政府对土地资源调节与规制的权能，所以，科学合理的土地制度就成为实现二元经济转型中土地资源优化配置的前提条件。

中国现行土地制度的基本特征，可用城乡二元土地制度来概括。具体表现为：

第一，两种不同的土地所有制，即城市土地为国家所有和农村土地为农民集体所有。由于农村土地为农民集体所有，因此，农民在城市定居，取得城市户籍必须返还承包地。按照《中国华人民共和国农村土地承包法》规定，农民全家迁入城市社区并转为非农户口则必须把承包土地交回集体经济组织。

第二，城乡居民的土地权利不对等。在土地集体所有的制度安排下，农民的土地权利主要包括两大方面，一是对所承包的土地享有在农地农用范围的土地使用权、收益权和流转权，除"以招标、拍卖、公开协商等方式取得的荒地等土地承包经营权"以外，其他农民承包经营的土地不具有抵押权。二是对农村集体建设用地的使用权和收益分配权。农村集体建设用地包括农村集体、农民，以及与其他单位、个人合办工商企业用地；集体公共设施和公用事业用地；农民的宅基地。显然，对绝大多数的农民来说，农村集体建设用地权利主要表现为对宅基地的使用权。农村居民一户可无偿获得一处宅基地；农民对建立在宅基地之上的住房拥有所有权，住房可以抵押、担保和转让；农民对宅基地享有占有和使用的权利，但没有收益权，以及对集体经济组织之外的成员的转让权。而城市机构或个人通过合法途径获得国有土地使用权后，可以有权占有、使用土地，并可以对土地使用权进行转让、出租和抵押。

第三，行政与市场的两种不同配置方式。一是农民可在农地农用的前提下，以出租、转包、入股等形式流转土地承包经营权。二是农村集体建设用地只能在农村集体经济内部进行转让。三是农村用地转为城市用地必须经过国家征地，把农村集体土地所有权转变为国有土地所有权。农村用地，不论是农民所承包的农业用地，还是农村集体建设用地，一旦通过国家征地程序转为国家所有，农民不仅失去了原有的土地所有权和使用权，也丧失了土地增值的收益分配权。四是国有土地实行划拨供应和有偿使用两种形式。对国家机关、军事、城市基础设施和公用事业用地实行划拨供地；其他各类经营性建设用地采用政府独家垄断下的市场配置，工业、商业、旅游、娱乐、商品住宅用地以及同一土地有两个以上意向用地者的，采取招标、拍卖、挂牌公开竞价的方式出让[①]。

[①] 1988年4月修订的《宪法》和随后修订的《土地管理法》，增加了"土地使用权可以按照法律规定转让"的条文，土地使用权转让在全国展开。但1989～2000年间土地供给以划拨为主，有偿转让以协议为主。2001年，《国务院关于加强土地资产管理的通知》指出"大力推行招标拍卖"；2002年国土部颁布11号令，明确商业、旅游、娱乐、房地产四类经营性用地采用招牌挂方式。2007年3月颁布的《物权法》规定："工业、商业、旅游、娱乐、商品住宅等经营性用地以及同一土地有两个以上意向用地者的，应当采取招标、拍卖等公开竞价的方式出让"（参见刘守英：《直面中国土地问题》，中国发展出版社2014年版，第82页。)

客观地讲，中国城乡二元土地制度通过土地财政降低了工业企业的用地成本，为城市基础设施建设和工业生产相配套的公共设施建设提供了巨额的资金支持，推进了工业化与城市化进程，带动了农业剩余劳动力的非农化乡城迁移，也曾对二元经济转型起到了促进作用。但是随着工业化与城市化进程的推进，土地的稀缺程度不断提高，城乡二元土地制度严重影响了农民土地权益的实现，其对二元经济转型的负面影响日益突出。

第一，扩大了工业与农业、城市与乡村间的发展差距。由于在农地转为城市非农用地时必须通过国家征地程序，征地补偿只按被征土地的原用途给予补偿，这样被征地农民在土地增值收益分配中只获得土地原用途30倍以下的补偿，却失去了未来土地增值收益的分享权利。在土地增值收益分配中，地方政府既可以通过行政性征收与市场化转让，获得巨额的土地差价，又可以获得土地征收过程中的税费收入，甚至以土地作抵押获得土地融资性收入。城市用地者依法获得了城市用地的使用权，也就获得了该土地在转让期限内的占有、使用、收益、转让，以及担保抵押权。城市用地者虽然通过市场化方式，以较高的价格获得了非农用地的使用权，但同时也获得了土地未来增值收益的索取权。土地增值收益在城乡间分配的严重不公，使农村居民无法通过土地增值收益进行物质资本与人力资本投资，而大量的土地财政收入用于城市非农产业和基础设施建设，城市土地占有者也可通过土地增值收益进行非农产业投资，不可避免地拉大了城乡间的经济与社会发展差距。

第二，土地城市化与人口城市化失衡。土地是人类生产与生活的空间载体，任何国家的城市化都包含着"人口城市化"和"土地城市化"的两个维度。但是由于人类对土地的需求是其生产与生活对所需空间的派生需求，离开了人口与流动性生产要素在特定区域的聚集活动，也就谈不上对城市用地的需求，因此，在"人口城市化"和"土地城市化"的两个维度中，"人口城市化"是核心。现行二元土地制度下，地方政府既可以通过行政手段低价征收土地，又可以通过市场化方式独家转让土地，从而形成了地方政府多征多占农村集体土地的制度性激励；加之现行的户籍制度下城镇公共服务经费依户籍人数而定，地方政府没有动力、很多地方政府也没有多大潜力来为农业转移人口提供公共服务。由此，在城市化进程中地方政府"要地不要人"的行为选择，使我国土地城市化与人口城市化相脱离，一方面城市建成区面积不断增加，各类城市发展呈现从中心城市向边缘空间快速扩展态势；另一方面数以亿计的农业转移人口无法获得与城市户籍人口同等的住房、社保、医疗和教育等公共服务的权利。

第三，不利于农业转移人口市民化，引发了诸多经济与社会问题。现有征地制度征地范围广，补偿标准低，对绝大多数地区来说，土地补偿款难以弥补农业转移人口的市民化成本，低价征地高价出售又抬高了房地产价格，增加了农业转移人口的居住成本；收回承包地的规定提高了农业转移人口市民化的机会成本；集体建设用地流转受限使农业转移人口无法获得土地用途转换的增值收益；承包地不可抵押、宅基地的转让限制与不可抵押的规定，使农业转移人口难以实现其房地产的资本化收益，不仅不能为其在城市永久定居提供财力支持，还导致了农村土地资源的严重浪费。20世纪90年代以后，随着市场经济发展和城镇化水平的提高，各地在土地制度改革中均已突破上述制度安排。但很多改革措施都把着眼点放到了争取更多的城镇建设用地上，具有很强的功利化色彩，不仅没有更好地推进农业转移人口市民化，反而增加了农业转移人口市民化的机会成本，造成人口输入地与输出地之间人口与土地资源配置的严重失衡①。

农业转移人口不能在城镇定居，不仅会固化小规模农业经营格局，还会由于青壮年劳动力的流出，形成"空巢村"，恶化农业生产、生活条件；数以亿计的农业转移人口进入城市，却不纳入城镇公共服务体系，农民工在城市化进程中只被当作廉价劳动力，却难以融入市民社会，日益成为城市边缘人口。问题的严重性在于，我国的城乡二元土地制度与农业人口非永久性乡城迁移之间会形成一种相互强化的作用。城乡二元土地制度增加了农业转移人口的市民化成本，减少了市民化收益，从而不利于农业转移人口永久性乡城迁移；而农民越是不能在城市定居下来，就越需要把农村的承包地和宅基地作为自己就业与生存保障，实现农村土地流转，促进农业规模经营就越加困难。

以上分析表明，改革中国二元土地制度，促进城乡土地资源的合理配置，推进农民工市民化，对推进中国二元经济转型具有十分重要的作用。

---

① 很多发达地区的征地标准远高于国家规定的征地补偿标准，一些地方政府甚至鼓励开发商与农民直接谈判、自主开发。这种做法虽然可以使农业转移人口获得更多的征地补偿，但由于缺乏对土地增值收益的合理分配，发达地区有些农民一夜暴富，不仅加大了发达地区征地农民与城市居民、边远地区农民的利益矛盾，还由于土地增值预期的提高，使农民更加不愿转让土地。

现阶段我国许多地区都开展了"土地换社保、土地换住房"的实践，如嘉兴的"两分两换"政策、天津市华明镇的"以宅基地换房"模式等。对于农业转移人口来讲，土地不仅具有生产资料和生存保障的双重功能，还是最重要的家庭财产。由于这些改革措施增加了农业转移人口市民化的机会成本，随着土地增值潜力不断增长，农业转移人口放弃土地获得市民身份的机会成本会越来越高，这就不可避免地会影响农业转移人口的市民化意愿。

当前城镇建设用地增加与农村建设用地减少相挂钩的政策还仅局限于县域范围内，尽管重庆、成都等少数试点地区在全市（省）范围内进行，但都没有与吸纳农业转移人口的数量结合起来。从而造成人口输入地与输出地之间人口与土地资源配置的严重失衡。

第四节 本书的内容安排

本书的题目是中国二元经济转型与农村土地制度改革，这一研究主题界定了本书是把中国二元经济转型与农村土地制度改革联系起来进行研究，其目的是把二元经济转型作为人类从农业社会向工业社会转型的时空运动，重点从空间维度来考察二元经济转型，研究土地资源的合理配置对二元经济转型的影响，考察二元经济转型中我国土地制度的历史演变，剖析中国农村土地制度的特点及其对中国二元经济转型的作用，在上述研究的基础上探讨如何深化农村土地制度改革，促进中国二元经济转型。

根据上述研究目的，本书的主要内容如下：

第一，对国内外土地制度改革及其相关的研究成果进行了系统梳理，为本书的后续研究奠定了理论基础。

第二，对二元经济理论，二元经济转型中土地资源配置及其影响进行了理论分析。阐述了古典与新古典二元经济理论，以及二元经济理论在20世纪80年代以后的发展演变；探讨了二元经济转型中土地资源的配置；分析了土地资源的合理配置对二元经济转型的影响；论证了实现二元经济转型中土地资源合理配置的约束条件。

第三，考察了我国二元经济转型中的土地制度的历史演变。重点阐述了改革开放之初中国土地制度变迁初始条件的形成；对改革开放之初中国农村土地制度变迁进行了博弈分析；论述了以农村家庭联产承包责任制为主要内容的土地制度改革的深远影响；考察了21世纪以来我国农村土地制度改革的基本情况。

第四，探讨了中国农村土地制度缺陷及其对二元经济转型的影响。从农村集体土地产权制度、农村集体土地征收与补偿制度、农村集体土地使用管理制度三个方面阐述了现阶段中国农村土地制度的基本内容；从农地所有权主体虚置、土地承包经营权缺乏稳定性、农地发展权制度缺失等方面分析了中国现阶段农村土地制度的缺陷；研究了中国农村土地制度缺陷对二元经济转型的影响，即加大了城乡发展差距；阻碍了农业转移人口市民化进程；小规模农业经营降低了农业生产效率；不利于耕地保护影响了国家粮食安全。

第五，论述了创新土地制度促进二元经济转型的战略思考。从坚持农村土地集体所有制、赋予农民更多的土地财产权利、确保国家粮食安全三个方面阐述了我国农村土地制度改革的基本原则。分析了我国农村土地制度改革的主要目标在于增加农民的财产性收入，以推进农民工市民化进程；实现土地资源的优化配置，提高土地利用效率。探讨了明晰农地产权、构建农地发展制度、建立科学合理的土地征收制度、地权稳定及流转有序的土地承包经营制度，以及兼顾公平与效率的宅基地制度的中国农村土地制度改革的路径。

第六，探讨了二元经济转型中征地制度改革。从征地目的、征地程序、征地补偿、失地农民安置、建设用地供给、改革土地财政制度等方面分析并论证了推进征地制度改革的对策措施。

第七，探讨了二元经济转型中土地流转制度改革。从保障农民的土地承包经营权、健全土地流转市场、做好土地流转的配套制度安排等方面分析并论证了推进农村土地承包经营权流转制度改革的对策措施。

第八，探讨了二元经济转型中宅基地制度改革。从建立宅基地增值收益分享机制、建立宅基地使用权流转及有偿退出制度、建立宅基地差别化有偿使用制度等方面分析并论证了推进农村宅基地制度改革的对策措施。

第二章

国内外文献综述

第一节 国外文献综述

一、城市化与征地研究

Bogue（1956）对美国在1929~1954年间城市人口增长的数量与农地非农化数量作了相关分析，分析结论表明：1929~1954年间，每增加1个城市人口就需要增加0.105亩的农地非农占用[1]。米都斯（1984）根据1950~1960年对美国西部44个县的航测，得出城市每增加1个人就需要有0.008~0.174亩的土地用于非农用途[2]。美国地理学家诺瑟姆提出城市化进程是一条拉平的"S"曲线，即在城市人口比重达至一定程度后（一般认为20%），城市化速度加快；而到了一定的程度后（一般认为70%），城市化速度又逐渐缓慢，并趋于停滞。城市化进程将进入快速发展阶段，这是一条不可逆转的客观规律[3]。Mohamad、Hossain（2013）认为城镇化有利于改善和提高农民的生活质量，农村城镇化是发展中国家推动农村发展的主要政策之一[4]；Adam、Krzysztof（2004）认为城镇化过程会带来环

---

[1] Bogue, D. J., "Metropolitan Growth and the Conversion of Land to Non-Agricultural Use.", Studies in Population Distribution, no. 11 (Oxford, Ohio, Scripps Foundation), 1956.
[2] [美] 米都斯：《增长的极限》，四川人民出版社1984年版（中译本）。
[3] 贾鹏、杨刚桥：《城市用地扩张驱动力分析——以湖北省为例》，载《水土保持研究》，2006年第4期，第182~186页。
[4] Mohamad Reza Rezvani, Hossain Mansourian, "Developing Small Cities by Promoting Village to Town and its Effects on Quality of Life for the Local Residents", Journal of Social Indicators Research, 2013, 110 (1): 147–170.

境的恶化问题。由于农业生产利润的下降，波兰城市郊区的农民，纷纷将农业用地转为非农用地，导致农业生态景观的破坏[1]；Yuji Hara、Ai Hiramatsu 等（2010）提出通过建立可持续的城乡发展规划可以降低环境恶化，农业部门要与国家规划部门紧密合作，采用跨学科的方法降低快速城市化对环境的影响[2]。Sax（1964[3]，1971[4]）指出，征地是国家为了公共利益运用法律赋予的公权强制取得私人土地财产并给予经济补偿的行为，是国家公权对私权的购买。政府动用最高权和公权征用私人土地行为在任何国家都是普遍存在的，无论是资本主义国家还是社会主义国家，为了公共目的，都可以征用私人土地。Andrew（2007）认为对于取得私人财产后再让与另一私人团体的征收，都要求先履行足够的程序来确定征收是否符合公共目的[5]。Paul[6]、John Fee[7]、Dana Berliner[8]（2005，2006，2005）对洛基案进行了探讨，担心政府借经济发展之名将土地征为私用，对征地目的从公共使用沦为纯粹经济发展目的表示了不满和担忧。

二、土地流转制度研究

国外对土地流转的研究主要集中在土地流转情况、影响土地流转绩效的因素及土地流转方式等。Carter、Blarel 等曾研究了土地比较稀缺的国家农村非劳动力市场及信贷市场对土地流转的影响。他发现，由于农村非劳动力市场的存在，当农业劳动力处于边际生产状态时，农民愿意放弃农业生产，产生土地流转意愿。但是如果存在有效的信贷市场，它承认土地的担保功能，农民可以将土地进行抵押获取贷款，提高他们的投资能力。这

---

[1] Adam Wasilewski, Krzyszt of Krukowski, "Land Conversion for Suburban Housing: A Study of Urbanization Around Warsaw and Olsztyn, Poland", Journal of Environmental Management, 2004, 34 (2): 291–303.

[2] Yuji Hara, Ai Hiramatsu, Ryo Honda, Makiko Sekiyama, Hirotaka Matsuda, "Mixed land-use planning on the periphery of large Asian cities: the case of Nonthaburi Province, Thailand", Journal of Sustainability Science, 2010, 5 (2): 237–248.

[3] Sax, J. L., "Takings and police power", The Yale Law Journal, 1964, 74 (1): 36–76.

[4] Sax, J. L., "Takings, private property and public rights", The Yale Law Journal, 1971, 81 (2): 149–186.

[5] Andrew W. Schwartz, "The Backlash from Kelov. City of New London: Throwing the Baby out with the Bathwater", SM040ALL – AFA, 2007, 659.

[6] Paul Boudreaux, "Eminent Domain, Property Rights, and the Solution of Representation Reinforcement", Social Science Electronic Publishing, 2005, 83 (1): 1–55, 2005, 83 (1): 1–55.

[7] See, e.g., John Fee, "Eminent Domain and the Sanctity of Home", 81 Notre Dame L. Rev., 2006, 783.

[8] Dana Berliner, "Kelo v. City of New London: What It Means and the Need for Real Eminent Domain Reform", Institute for Justice White Paper on Kelo Decision, SL049 ALL – ABA145, 2005.

会刺激农民对土地进行长期投资,包括基本建设投资和土地开发,减少风险规避行为,从而提高农业集约经营的程度。在此基础上形成的劳动力转移和土地的流转会使生产要素向更有效率的农户集中,使资源配置更加有效。同时 Carter 还研究了中国土地市场情况,认为土地流转市场是解决中国土地细碎化的重要途径[1]。James KAI – SING(2002)分析了农业部2000年对河北、陕西等六省的调查数据,将影响农村土地流转的因素归纳为四个方面:一是家庭特征,包括家庭成员年龄、受教育程度、雇佣劳动的比率及土地使用面积;二是非农产业就业情况;三是制度因素,主要指的是土地使用权稳定性的制度保障;四是村庄特征等。并在此基础上建立了土地使用规模影响因素模型,得出的结论为市场机制的正常发挥是加快土地流转的重要因素[2]。Pender、Kerr(1999)根据印度南部两个村庄的调查数据,认为农户农业信贷、耕种决策及土地投资决策直接受土地交易费用的高低的影响[3]。Bogaerts 等(2002)研究中欧国家和地区的农村土地交易市场,认为这里过高的土地交易费用降低了土地交易率[4]。而 Terry(2003)认为农村土地流转市场之所以不活跃,是因为受经济环境的影响。他通过对中欧国家农村土地流转的研究,得出结论,土地所有者在做出是否买卖土地之前经过了理性的考虑,当农户认为土地流转市场存在风险时,就不会流转土地,因而阻碍农村土地交易市场的发展[5]。

德姆塞茨从美国印第安人的土地私有产权现象中推断出产权的起源与由于资源稀缺而发生的相对价格变化有关,建立了其产权起源模型[6]。Feder、Feeny(1991)认为明确的土地产权制度安排可以降低不确定性和外部性,提高土地流转效率,他们强调发展中国家公共基础设施对有效的土地产权制度的贡献,并通过模型分析地权稳定性对土地价格、耕作强度和

---

[1] Carter, M. R., K. Wiebe, and B. Blarel, "Tenure Security for Whom? Differential Impacts of Land Policy in Kenya" Land Tenure Center Research Paper, No. 106. Land Tenure Center, University of Wisconsin – Madison, 1991.

[2] James Kai-sing Kung, "Off-farm labor markets and the emergence of land rental markets in rural Chian." Journal of Comparatibe Economics, 2002, 30(2): 395 – 414.

[3] Pender. J. L., J. M. Kerr., "The Effects of Land Sales Restrictions: Evidence from South India", Journal of Agricultural Economics, 1999, 21(3).

[4] Bogaerts, Wiliamson Ip, Pendel. E. M., "The Roles of Land Administration in the Accession of Central European Countries to the European Union", Journal of Land Use Policy, 2002, 19(1).

[5] Terry V. D, "Scenarios of Central European Land Fragmentation", Journal of Land Use Policy, 2003(20): 149 – 158.

[6] [美] R. 科斯、A. 阿尔钦、D. 诺斯:《财产权利与制度变迁》,上海人民出版社1994年版,第96~113页。

信贷的影响①。Mohamed Behnassi、Sanni Yaya（2011）指出，在不久的将来，特别是在气候变化和粮食危机的背景下，土地资源的整治将是国家和国际参与的一个重要领域，特别是在气候变化和粮食危机的背景下，由于土地的可获得性正变得与人们生活改善、粮食安全和农村发展密切相关，而且，损害农民土地使用权保障的糟糕的土地整治和政策常常倾向于减少投资和鼓励不可持续的以产生社会成本和破坏环境平衡为代价的只有短期利益回报的土地管理行为，因此，对于小农民、牧民、依靠森林为生的人及土著人来说，他们迫切需要有利于穷人的、民主的和可持续的且尊重和强化土地使用权保障的土地整治措施②。罗伊·普罗斯特曼（Roy Prosterman，2010）等长期关注中国农村土地产权问题，由美国农村发展研究所自1987年发起的对中国17个主要农业省份的系列调查，长期对中国农村土地使用权进行追踪研讨。调查的结果表明：土地承包经营权30年不变政策的落实对农户投资和农村土地流转等具有显著性影响，落实了土地所有权的农民越来越多地对自己拥有的土地进行投资，并且从土地流转中获得能体现市场价值的收益。罗伊·普罗斯特曼（Roy Prosterman，2010）等认为：造成中国城乡差距悬殊的一个重要原因就在于农民对其耕种的土地没有牢固可靠的所有权，除非大部分中国农民对其赖以生存的农村土地掌握所有权，否则由于土地问题而造成的社会不满将损害中国社会和政治稳定，中国为取得全面现代化所付出的努力将很可能付诸东流③。Baldwin通过对俄罗斯和东欧一些国家的土地制度进行研究得出结论，建立有效的土地流转市场除了明晰的产权以外，还需要其他相应的配套制度。他指出，土地私有之下，高细碎化、低价值广泛分布的土地并不天然地带来一致的经济效率。如俄罗斯，自从1990年实行土地私有制以来，土地交易市场发展很快，土地交易非常活跃，全国大约有四分之一的农户参与土地流转，农村的土地市场占有绝对比例，租赁市场占全部土地市场的90%左右。而斯洛伐克虽然也是从20世纪90年代初开始实行土地私有化，但是由于没有触及集体农场的旧体制，私有化并没有给斯洛伐克的农业带来预期的繁荣，其私人土地的租赁比率仅为10%左右，在东欧国家中土地流转率是最低的。同样在实行私有制改革的印度，农民获得土地的途径有三

---

① Feder, G., D. Feeny, "Land Tenure and Property Rights: Theory and Implications for Development Policy", Journal of the World Bank Economic Review, 1991, 5 (1).

② Mohamed Behnassi, Sanni Yaya, "Land Resource Governance from a Sustainability and Rural Development Perspective", Sustainable Agricultural Development, 2011: 3 – 23.

③ 罗伊·普罗斯特曼等：《17省土地调查报告：保障土地所有权，推动农村大发展—中国17省调查报告的结论与建议》，http://www.zhongdaonet.com/Newsinfo.aspx? id =310.

种，第一种是政府分配，第二种是买卖获得，第三种是通过佃农登记获得。其中土地买卖比例很低，在1977年至1999年间，参与买卖的土地仅占1.7%左右，但是租赁市场非常活跃，有20%耕种土地的农民都是佃农。可见，即使在同样实行土地私有化的国家里，土地流转的经济效率是截然不同的。Baldwin、Douglas C. Macmillan等概括出以下几点重要原因。(1) 资本与借贷市场的效率和保障制度供给的不同。如果金融市场是低效的，土地市场不能吸引投资和信贷资金，土地流转市场无法适应农民对土地需求，难以实现土地的流转和集中。特别是在一些发展中国家，社会保障制度缺失下，农民流转土地的意愿不强。(2) 政府在土地流转中的重要作用在于弥补市场缺陷，因为自由交易会发生市场失效。政府对市场的干预可以避免土地利用的动荡。所以当政府实行不同的市场干预政策，土地的交易费用有很大的差异，如政府间不同的税收政策及土地交易管理制度能否提供完善的估价系统、纠纷处理系统、土地评估都会在土地交易过程中产生不同的交易费用，较高的交易费用抑制农民对土地流转的需求的同时也阻碍了土地交易所带来的福利的增进[1]。与Baldwin持同样观点的还有Claudio Frisehtak和Bogaerts et al。Claudio Frisehtak认为，土地交易管理制度改革对提高土地市场的效率具有重要作用，除了完善的信息系统外，政府还应当为公共目的所进行的土地征用提供合理的补偿。Joshua, Eleonora et al通过研究发现，制度因素对农业资源配置的约束作用非常明显，它超过了劳动力、资本、土地甚至科学技术等生产要素的影响，制度创新能够通过土地交易整合农地资源，从而提高土地的利用效率促进农业发展[2]。Wei Hu (1997) 在研究土地制度对农地利用和农业环境的影响后指出，中国的土地制度其实是一种租佃制度，小规模经营的产生是该制度下的必然结果。这种土地制度限制了农业机具的使用，农业生产效率偏低。与此同时，农民生产行为短期性比较强，不利于基础设施建设的投入，导致农业生产环境恶化，如土地盐碱化，土壤肥力下降、水土流失严重等[3]。此外，罗伊·普罗斯特曼针对中国土地流转情况提出，我国农地的使用权得不到保障及土地的频繁调整限制了土地的流转，影响了农业生产效率，并严重制约了农业竞争力的提高，应当制定明确的法律允许农民使用权的全

---

[1] Baldwin. D. W., "A Most Difficult Passage: the Economic Transition in Center and Eastern Europe and the Former Soviet Union", Journal of Emegro23 T, 2000 (3): 2.

[2] Joshua, Eleonora et al., "Price Repression in the Sovak Agricultral Land Market", Journal of Land Use Policy, 2004 (21): 59–69.

[3] Wei Hu, "Household Land Tenure Reform in China: Its Impact on Farming Land Use and Agro-environment", Journal of Land Use Policy, Vol. 14, NO. 3, 1997.

部及部分转让。

可见，国外学者的研究成果多集中于土地所有权交易方面，而针对土地流转提出的一系列理论都是针对土地本身的特性而言，具有一定的概括性，并且更多地集中在理论层面，针对我国集体土地的特征提出解决土地流转问题的研究成果并不多。

三、农村城镇化的影响研究

国外相关研究主要集中在城市化对农民生活和农村环境的影响及城市化过程中的可持续发展问题。相关研究认为，快速而失控的城镇化、土地私人控制权的扩张、农地非农转化后人们获取利益的增加会导致城镇周围农地过度非农化转变，使环境、景观遭到破坏，强调在城镇化过程中要注重环境保护、景观维护，要注重城乡可持续发展的规划方法的应用。

许多国家在农村城镇化过程中都出现大量农业人口流向城市导致对城市住房的需求激增，用地紧张压力增大。Volker Kreibich（2000）对一些城市（如罗马、新德里）的农业人口移民后生活进行研究发现，由于城市不能给大量涌入的移民提供足够的住房，导致这些移民在农业区附近以较低的价格从大土地所有者手中获得比较大的房子，或是在无建筑许可的情况下自行建造小型住宅，最终造成农业用地的大量流失[1]。美国和加拿大等西方国家的许多州县在 20 世纪 80 年代后期同样都经历了人口急速增长和农村土地价值上涨的时期，与此相关的影响是大量良田被住宅用地所占用，地区的生态功能遭到严重破坏，区域可持续发展受到非常大的影响。同样 Adam Wasilewski、Krzysztof Krukowski（2004）指出，90 年代，在波兰城市群周围，城镇住房用地需求迅速增加，但是由于新的土地立法赋予农民拥有出售他们土地的权利，在农业生产盈利下降的情况下，土地增值利益的驱动使农民热衷于将农业用地出售而用于非农业用途。Adam Wasilewski、Krzysztof Krukowski 认为对土地私人控制权的下放和扩张已经导致波兰乡村景观的破坏。因为农民、县政府和农村社团一般来说能从农业用地到住宅用地的转换中获取利益，在缺乏环境保护措施的情况下，快速的城镇化实质上已经减少了城镇周围开放空间的可获得性，而且威胁到有价值景观的保持。他们进一步通过对具有不同经济增长率的地区进行研

---

[1] Volker Kreibich, "Self-help Planning of Migrants in Rome and Madrid", Habitat International, 2000, 24 (2): 201–211.

究后得出如下结论，如果税收法规和政府财政因为城市化而不是因为环境保护奖励当局，那么分权就会导致特别严重的问题[1]。

为应对快速城镇化造成的环境恶化问题，国外学者强调城乡可持续发展的规划的重要性，如 Yuji Hara、Ai Hiramatsu 等（2010）指出，在整个亚洲，快速和失控的城镇化造成了严重的环境问题，城乡可持续发展的规划方法是至关重要的。Yuji Hara、Ai Hiramatsu 等通过对泰国曼谷大都会地区的城市边缘区进行案例研究，在确定当地的灌溉区作为基本资源循环的空间单元的基础上，量化了每个地区内住户所产生的有机废物的物质流。然后，为 2020 年规划了两种不同的土地利用场景：（1）高层紧凑；（2）低层蔓延发展。在比较这些场景的物质流的效率和能量消耗方面后，发现在现有的基础设施和技术条件下，后一种情况下的物质投入和能源消耗比前者更有利。基于这些结果，建议规划者应该专注于涉及灌溉区内的生物资源循环的密度控制措施，而不是简单地绘制主观的土地使用分区线，而农业和城市规划部门之间的分工必须有机衔接，应采取跨学科的方法进行研究[2]。

为使农地、景观以及文化等免遭破坏，不同国家采取了不同保护政策。在加拿大，采取的是 CRP（Conversion Reserve Program）政策。Jerry Johnson 等人（2001）采用土地利用预测模型对研究区在是否有 CRP 政策支持下的土地利用变化进行预测。结果表明，有 CRP 支持下的土地利用变化规模比没有 CRP 支持下的变化规模明显要小。因此，只要充分考虑土地权属人利益以及政府充分保障 CRP 基金的前提下，即使有利益的驱动农地也不会转变为住宅用地，从而周围生态环境得到美化，生态系统得以维持，进而促进了经济发展[3]。在美国，政府认为发展权的转移是保护乡村农地和公共土地的创新选择。Chris Williamson、Jan Mazurek、Rick Pruetz 以及 William Fulton（2004）研究指出，土地开发权转移（TDRS）似乎能有效解决节约、集约利用土地资源和实现地产所有者土地财产权利之间一直存在的矛盾冲突，他们可以作为一种有效的工具，一方面缓解城镇化的用地紧张压力；另一方面，有效保护城市远郊和农村土地地产所有

---

[1] Adam Wasilewski, Krzysztof Krukowski, "Land Conversion for Suburban Housing: A Study of Urbanization Around Warsaw and Olsztyn, Poland", Journal of Environmental Management, 2004, 34 (2): 291–303.

[2] Yuji Hara, Ai Hiramatsu, Ryo Honda, Makiko Sekiyama, Hirotaka Matsuda, "Mixed Land-use Planning on the Periphery of Large Asian Cities: the Case of Nonthaburi Province, Thailand", Journal of Sustainability Science, 2010, 5 (2): 237–248.

[3] Jerry Johnson et al., "The Role of the Conversion Reserve Program in Controlling Rural Residential Development", Journal of Rural Studies, 2001 (17): 323–332.

者的土地财产权利①。

在农村居民点建设方面，国外学者强调要依据土地利用的总体规划、注重景观、生态、环境保护及城乡社会可持续发展。Sylvain Paquette（2001）以加拿大魁北克为例，在收集了该地区地势、土地利用变化、社会人口及当地农村居民的住宅历史、影像及文字等资料的基础上，阐释了农村居民点住宅演变的复杂关系、研究区域的不同景观背景下的居民住宅模式及当地的景观变化，研究认为，居民住宅模式与景观轨迹的关系是社会机制和景观机制的综合作用，鼓励在保护有价值的生态景观的前提条件下进行乡村再开发，并且，必须使土地利用总体规划及乡村景观规划的作用得到充分发挥，正确引导农村居民和外来居民的生产及生活活动②。如 Joanne Millar（2010）指出，农村风景区人口的变化对土地利用规划者提出了挑战，规划政策和机制必须适应不断变化的土地利用要求和社会发展的需要。同时，规划方案需要根据被设计地区的预期发展目标制定标准。国际经验表明，在管理具有多种功能和价值的景观方面，内涵丰富的规划机制必不可少。在维护农村景观环境和社会可持续发展的过程中，要获取合理的土地利用的平衡机制，因此，规划方案、手段的设计和运用的重要性十分明显③。

第二节　国内文献综述

一、土地制度变迁的研究

主要研究资源禀赋、技术水平和土地制度变迁的内在联系，认为人地紧张是导致我国土地制度变迁路径依赖的形成，并进一步成为路径依赖的结果。虽然正确划分了新中国成立以来各个阶段的农地制度，但是相关理论研究得不够深入，没有为中国面临的农地问题提出具体的解决方案。近

---

① Chris Williamson, Jan Mazurek, Rick Pruetz, William Fulton, "TDRs and Other Market – Based Land Mechanisms: How They Work and Their Role in Shaping Metropolitan Growth", June 2004, http://www.brookings.edu/research/reports/2004/06/metropolitan policy-fulton.
② Sylvain Paquette, G. Domon, "Trends in rural landscape development and socio demographic decomposition in southern Quebec", Journal of Landscape and Urban Planning, 2001 (4): 215–238.
③ Joanne Millar, "Land – Use Planning and Demographic Change: Mechanisms for Designing Rural Landscapes and Communities", Demographic Change in Australia's Rural Landscapes, 2010: 189–206.

些年，一些学者开始运用新制度经济学理论及计量分析方法研究农村土地变迁问题。并分别从制度变迁的外部环境、利益集团、产权和利益诱致等角度对制度变迁的动因进行了分析。

以温铁军为代表的一些国内学者从土地制度变迁所处的外部环境进行了分析。他们认为土地制度的变迁是在一定的约束条件下进行的，我国过去的、现在的和未来的制度安排，其实都不过是在宏观环境的制约下要素结构变化的结果。中国土地制度的变迁环境首先是自然资源禀赋比较差，加之人口众多导致了人均资源极其有限。在他看来，我国的小农村社经济与"人地关系高度紧张"这个基本国情矛盾是相辅相成的[①]。新中国成立以来几代领导相继对土地进行均分的制度安排都是资源环境对土地制度制约的结果。毛泽东在土改革命中将土地均分给了农民；邓小平在20世纪80年代提出将大包干期限定为15年又一次将土地均分给了农民；1998年第三代领导为保证农民的土地收益在家庭承包制的基础上将土地承包期延长至30年；新世纪领导更替后，土地承包权又被以法律的形式予以进一步的保证。当然土地制度变迁除了受自然资源禀赋的制约外，还受国家政治环境的影响。新中国成立初，在国际险恶的竞争环境里，中国执政党要自己掌握国家的命运必须加强国防力量，发展重工业，并靠从农业中提取剩余的办法进行原始的资本积累以实现工业化的发展目标。因此，其所推行的一切经济政策都是围绕着优先发展国家工业的战略服务的。在重工业"资本排斥劳动"的内在机制下，为减少国家与分散的小农之间高昂的交易成本，土地集体化是必然选择，并在"统购统销"的配套制度下形成了我国独具特色的城乡对立的"二元经济结构"。而家庭承包制的出现也是由于政治环境发生变化，意识形态的约束力减弱的情况下，农民自主创新的意识和需求增强，最终使人民公社解体，并逐渐退出农业生产，并形成了以"均分制+定额租"为本质特征的家庭承包制。

从利益集团的角度解释制度变迁过程的有林毅夫、姚祥、刘守英和谭秋成。他们认为，土地制度变迁是国家、农民及集体经济组织等利益集团相互博弈的结果。只不过，在土地制度变迁的不同阶段参与博弈的利益主体不同。姚祥认为，在人民公社以前，土地制度的确定是由国家所垄断的，只有在人民公社解体后，其他利益集团参与到制度的变迁当中来，这一点与林毅夫将政治过程纳入到制度变迁相吻合，林毅夫认为即使新制度比旧制度有更高的效率，但是由于各主体之间存在利益冲突，通过博弈未

---

① 温铁军：《三农问题与土地制度变迁》，中国经济出版社2009年版，第13页。

必能达到帕累托最优。当要素市场不完全时，国家可能会进行强制性制度变迁并产生次优结果，并以此为依据解释我国农村土地集体所有制的原因。姚祥则指出，当多个利益主体共同参与博弈时，其结果不一定是符合经济理性的，因为制度创新者也代表某一利益集团，制度创新必然与利益集团的既得利益相关联，而后者是地方条件的函数，这正是我国目前土地制度多样性的一个重要原因。

以周其仁和袁铖为代表的学者从产权的视角来分析农地制度的变迁，周其仁进行研究的前提假设是：产权是私人谋取自我利益的社会性制度约束。这种约束决定着一个经济系统的交易费用水平，因而能够解释人的经济行为和经济增长的原因。他认为，产权的保护需要国家强制力，但是国家的干预又常常导致所有权的残缺。因此他主要是以产权制度的建立和变迁为主线展开对土地制度的研究，并对农民和国家的行为动机进行分析。范兆斌，苏晓燕（2001）基于"资本雇佣劳动"的概念，提出完整的土地产权主体应当同时拥有剩余控制权和剩余索取权。同时从农地特殊性出发，认为完善农地制度仍然是我国农地制度改革的根本任务。钱忠好是通过建立经济学理论模型来分析土地制度变迁的，他将人口、资源及生产要素的相对价格等生产力诸要素纳入到分析的框架中来。他认为当生产要素发生变动时，经济参与人为了将在旧制度下无法获得的外部利润内在化会产生制度创新的需求，而制度变迁什么时候会发生关键还是取决于国家在制度变迁中获得的收益，只有创新条件满足时，属于上层建筑的土地制度变革才会在国家供给下完成。与此同时，钱忠好还分析了非正式制度对收益函数的影响，农民的家族观念、均分思想及对中央权力的敬畏减少了政府主导下的制度变迁成本。

二、土地征收制度研究

国内学者从分析征地收益分配不合理的根源，提出解决问题的措施和建议。主要有以下几点：一是改革征地制度，明确征地的公益目的、完善征地法律法规、赋予农民土地权益、约束地方政府征地行为等；二是建立城乡统一的建设用地市场，实行同地同权、同地同价等。

1. 征地制度改革研究

国内学者研究征地制度改革主要集中在：界定征地目的为公益目的，提高征地补偿标准，分解政府的管理者与所有者职能，建立以市场价值为基础的土地财产税体制，给集体组织留地开发，使农民分享城市化成果和土地增值收益等。

钱忠好、曲福田（2004）认为解决目前土地征收问题的关键是改革征地制度，约束地方政府的征地行为。通过立法明确界定征地的公共利益范畴，规范地方政府的征地行为，提高征地补偿标准，赋予农民国民待遇[①]。黄小虎（2002）研究征地制度改革指出，《土地管理法》本身就是对政府的管理者与所有者不分，要明确政府的管理者职能，对其形成权力制约机制[②]。刘守英（2005[③]，2008[④]）研究征地问题时提出征地制度改革思路：改变土地政策二元分割格局，实行集体土地和国有土地的"同地、同权、同价"；谨防建设用地的国有化趋势；探索将地方关于集体建设用地流转的规定上升为国家法律，尽快结束集体建设用地非法入市的局面。李剑阁、韩俊（2006）提出改革现行重费轻税的结构，探索征收以市场价值为基础的土地财产税，应成为土地政策改革中利益调整的重点，创立使土地作为地方政府可持续性收入来源的制度安排。从土地的收益中拿出更大的比例用于支持新农村的建设。把更多的非农建设用地直接留给农民集体开发，让农民以土地作为资本直接参与工业化和城镇化，分享土地增值收益[⑤]。

2. 农村集体建设用地市场化研究

国内很多学者提出建立城乡统一土地市场，赋予农村集体土地与城市国有建设用地同等权利和同等价格。部分学者提出完善农村土地市场环境，健全农地市场结构，完善农地市场运行机制，严格执行土地利用总体规划，完善土地市场中介服务等；部分学者从农地产权角度研究土地市场建设，要明确农村土地产权，加强产权制度建设，激活农村土地使用权市场；部分学者从土地制度和征地制度改革，改变现有土地供给制度，取消政府征地垄断权，建立城乡统一土地市场；还有部分学者从农民权益保护角度，实现集体土地和城市土地同等权益和同等价格。

一是提出完善农村土地市场环境出发，建设统一土地市场。钱忠好

---

① 钱忠好、曲福田：《规范政府土地征用行为切实保障农民土地权益》，载《中国农村经济》2004年第12期，第4~11页。
② 黄小虎：《征地制度改革的经济学思考》，载《中国土地》2002年第8期，第22~24页。
③ 刘守英：《政府垄断土地一级市场真的一本万利吗？》，载《中国改革》2005年第7期，第22~26页。
④ 刘守英：《中国的二元土地权利制度与土地市场残缺——对现行政策、法律与地方创新的回顾与评论》，载《经济研究参考》2008年第31期，第2~13页。
⑤ 李剑阁、韩俊：《中国土地政策改革的基本走向》，载《理论视野》2006年第4期，第9~12页。

(1999) 提出创立农地市场经营主体、健全农地市场结构、完善农地市场运行机制、加强国家宏观调控和管理力度[①]。雷爱先 (2002) 认为必须严格审批农用地转为建设用地；建立健全农地出租、入股、联营、承包经营的申报、审批、登记、发证制度[②]。岳晓武 (2004) 提出在严格规划、计划、转用许可约束的前提下，允许符合规划、依法取得的农民集体所有的建设用地通过市场确定给单位或个人使用[③]。陈龙高、杨小艳、陈龙乾 (2004) 提出应改革现有土地供给机制并通过实施相关配套措施，建立系统完善的土地有偿供应新机制[④]。

二是从农地产权角度研究土地市场建设。李明月 (2005) 指出中国土地市场的割裂、供求失衡、灰市泛滥、寻租盛行等现象的成因主要在于土地产权的不明晰、土地价格的非市场化，提出加强产权制度建设、改革征地制度和规范政府行为等[⑤]。杨波 (2006) 提出建立农村土地所有权和使用权二级市场，激活土地使用权二级市场，完善土地市场的基础设施，打破城乡"二元化"界限，建立城乡一元化的土地市场[⑥]。王小映 (2005) 认为土地进入市场交易应由土地性质和土地规划用途决定，逐步放开集体建设用地入市交易，以实现城乡土地的同等权益，政府通过税收调节土地所有者的增值收益[⑦]。谭荣、曲福田 (2009) 认为由于农地自身存在产权制度缺陷，如产权主体不明确、农地的正外部性等，这些问题制约农村土地市场化发展[⑧]。

三是改革征地制度，取消政府垄断征地权，构建规范的土地市场。马凯、钱忠好 (2009[⑨], 2010[⑩]) 指出，现行土地制度和征地制度限制了农

[①] 钱忠好：《关于中国农村土地市场问题的研究》，载《中国农村经济》1999年第1期，第9~15页。
[②] 雷爱先：《土地经济利益格局》，载《中国国土资源报》2002年2月21日。
[③] 岳晓武：《我国土地市场建设回顾与展望》，载《国土资源科技管理》2004年第7期，第49~54页。
[④] 陈龙高、杨小艳、陈龙乾：《土地供应的制度缺陷及建议》，载《地质技术经济管理》2004年第12期，第30~33页。
[⑤] 李明月：《中国土地市场秩序混乱的表象、成因与对策》，载《生产力研究》2005年第11期，第165~167页。
[⑥] 杨波：《论中国土地市场的结构性重组》，载《内蒙古财经学院学报》2006年第8期，第53~55页。
[⑦] 王小映：《推进集体建设用地市场化改革》，载《中国土地》2005年第12期，第7~8页。
[⑧] 谭荣、曲福田：《市场与政府的边界——土地非农化治理结构的选择》，载《管理世界》2009年第12期，第39~49页。
[⑨] 马凯、钱忠好：《土地征用、农地直接入市与土地资源优化配置》，载《中国农村经济》2009年第4期，第69~78页。
[⑩] 马凯、钱忠好：《农村集体非农建设用地直接上市：市场失灵与其政策矫正》，载《中国土地科学》2010年第3期，第65~71页。

村集体建设用地市场的发展，建议取消政府征地垄断权力，建立集体建设用地市场，改变现有土地供给结构，形成规范化的统一城乡非农建设用地市场，平衡政府和农村建设用地供给数量，提高社会福利，完善非农建设用地市场配套制度是实现土地资源最优化配置的必经之路[①]。

四是从保护农民土地权益出发，构建城乡统一的土地市场。高圣平、刘守英（2007[②]，2008[③]，2009[④]）研究集体建设用地进入市场，必须充分保障农民获得集体建设用地流转的土地级差收益的权利，给征地的农村集体按比例预留部分建设土地参与工业化和城市化，分享城市化和工业化的收益。建立建设用地指标交易平台，允许建设用地指标在省内交易，以提高土地利用效率。要改造农村集体所有制，确保农民成为土地流转收益的主要获得者。蒋省三、刘守英等（2007）指出，在符合规划和用途管制的前提下，农民直接将集体建设用地以出租、出让、转让等形式供应给企业，既大大降低了企业的用地成本，又保证了农民可以长期分享土地增值收益，地方政府可以获得企业税收和土地使用费[⑤]。

三、农地流转制度的研究

国内对农地流转的研究主要集中在土地流转的动力、因素及土地流转中存在的问题等。

马晓河、崔宏志等（2002）认为，我国农村土地制度分散碎化的内在缺陷性导致了资金、劳动力、机械设备和技术等资源配置效率的低下，这必然要求通过市场对生产要素进行重新组合以实现最优配置。特别是随着城市化进程的加快，非农产业在农村经济中所占的比重越来越大，而农业的比较利益低，相当一部分农民的收入主要来源于非农产业，多元化的就业渠道为土地流转创造了条件[⑥]。吴桂英（2003）运用古典经济学的分析

[①] 马凯、钱忠好：《中国农村集体非农建设用地市场长期动态均衡分析》，载《中国土地科学》2009年第3期，第66~72页。
[②] 高圣平、刘守英：《集体建设用地进入市场：现实与法律困境》，载《管理世界》2007年第3期，第62~74页。
[③] 刘守英：《中国的二元土地权利制度与土地市场残缺——对现行政策、法律与地方创新的回顾与评论》，载《经济研究参考》2008年第31期，第2~13页。
[④] 刘守英：《破解城乡二元土地制度格局》，载《中国土地市场》2009年第5期，第44~47页。
[⑤] 蒋省三、刘守英、李青：《土地制度改革与国民经济成长》，载《管理世界》2007年第9期，第1~9页
[⑥] 马晓河、崔宏志：《建立土地流转制度，促进区域农业生产规模化经营》，载《管理世界》2002年第11期，第63~77页。

框架提出，目前我国农村土地资源配置效率存在帕累托改进，应允许并鼓励农民进行土地使用权的有偿转让，以达到帕累托最优[1]。傅晨，范永柏（2007）指出家庭联产承包责任制所产生的农户分散小规模经营不能通过组织大规模集体经营来解决土地规模化经营问题，只能通过农户间自愿流转所承包土地的使用权来实现或改善[2]。潘仕东、李凤琴等（2007）认为由于国家政策的趋向和不断向农村配置工商资本等生产要素促进了我国农村土地使用权的流转[3]。所以说，农村土地流转是经济发展到一定阶段的必然结果。

对于影响土地流转的因素学者们提出了多种观点，钟涨宝（2003）[4]、张文秀（2005）[5]认为，农户既是经济单位也是社会单位，所以土地流转行为既是经济行为也是社会行为，因而农民的收入、生存和就业就构成了农村土地流转的影响因素。农民在流转过程中的行为选择是否理性化取决于区域第二、三产业的发展程度，由于我国农地所兼具的生产功能和保障功能，经济利益最大化并不是农民决定是否土地流转的唯一标准，而是其在特定行为环境下所作出的主观抉择。

关于我国农村土地流转存在问题，李文祺（2002）认为，当前我国土地规模小、高度碎化分散，农业生产效率低下。同时由于产权的模糊和土地管理部门职能的有限性，相关的法律执行乏力，土地流转有法难依、甚至无法可依，农村土地流转程序不规范。一些土地流转后擅自改变农地用途造成农地持续大量减少，土地分散和质量下降情况进一步恶化。同时农地流转地区差异较大，农民权益受损普遍存在等。提出建立市场机制，改善外部环境，建立完善的土地管理措施体系，通过土地流转合理配置生产要素，逐步实现规模经营，并在此基础上充分发挥土地保障功能[6]。

商春荣，王冰（2004）认为，集体所有制的固有缺陷，如"内公外私"、产权主体不明、权利束残缺等造成土地使用权交易成本高昂，构成了农地和建设用地流转的共同障碍；其产权制度的显著差异产生对农地和

---

[1] 吴桂英：《建立完善城乡统筹的新型社会救助体系》，载《今日浙江》2003年第11期，第9~11页。
[2] 傅晨、范永柏：《东莞市农村土地使用权流转的现状、问题与政策建议》，载《南方农村》2007年第2期，第44~47页。
[3] 潘仕东、李凤琴、杨立杰：《他使"土门"变新村》，载《承德日报》2007年12月4日。
[4] 钟涨宝、汪萍：《农地流转过程中的农户行为分析—湖北、浙江等地的农户问卷调查》，载《中国农村观察》2003年第6期，第：55~64、81页。
[5] 张文秀、李冬梅、邢姝媛、张颖聪：《农户土地流转行为的影响因素分析》，载《重庆大学学报（社会科学版）》2005年第1期，第14~17页。
[6] 李文祺：《土地流转：中国农村土地使用权制度变迁的必然选择》，载《台湾农业探索》2002年第3期，第27~31页。

建设用地流转的不同激励①

从以上研究可以看出，国内对土地流转制度的研究基本是围绕着土地流转的某一个方面进行的，缺乏从土地权利、收益分析及相关配套制度安排等系统角度进行研究。

四、宅基地流转制度的研究

我国农村宅基地流转一直受到法律的严格限制，只允许在集体经济组织成员内部流转。其流转形式主要分为远郊出卖、近郊出租及国家土地征收三种方式。但是随着城市化与工业化进程的快速推进，农村宅基地粗放利用特征凸显，自发流转相当活跃，逐渐形成了农村宅基地的隐形流转市场。因此很多学者提出应该从制度上放开对宅基地流转的限制。范军（2008）从产权的构成、功能和不可转让性规则角度分析，提出对宅基地流转的限制使其产权的完整性遭到破坏，也与不可转让性规则的理论基础相悖②。张云华（2011）认为，对宅基地使用权流转的限制，实际上限制了农民房屋财产权的实现，使一般构成农民主要财富形态的房屋不具有基本的市场价值，限制了农民增收及市民化进程，也势必造成农村大量住宅的闲置，不利于资源的有效配置及合理利用。同时，宅基地的隐形流转，造成集体土地资产收益的流失③。但是也有部分学者认为宅基地流转不利于农民权益的保护。如陈柏峰等（2007）认为，宏观上，宅基地对农民而言是一种社会福利保障，允许其自由交易，农民必定是最终的受损者，而真正的受益者是各种社会强势群体；在微观上，农村宅基地的交易会使村庄伦理遭到破坏，加剧村庄内部的不平等④。李跃、施爱玲（2011）根据山东省肥城市西付村居民宅基地置换前后福利变化情况的调查问卷，运用森的理论分析表明：农民福利水平在宅基地置换后有相当程度的降低，从福利衡量指标上来看除居住条件、社区基础设施建设方面有所提高外，家庭收入水平、医疗保健水平、生活环境等方面都有不同程度的下降⑤。政

---

① 商春荣、王冰：《农村集体土地产权制度与土地流转》，载《华南农业大学学报（社会科学版）》2004 年第 2 期，第 25~30 页。
② 范军：《私有产权、不可转让性与宅基地使用权流转》，载《山东科技大学学报（社会科学版）》2008 年第 4 期，第 46 页。
③ 张云华：《建立农村宅基地使用权流转制度研究》，载《完善与改革农村宅基地制度研究》，中国农业出版社 2011 年版，第 58~59 页。
④ 陈柏峰：《农村宅基地限制交易的正当性》，载《中国土地科学》2007 年第 4 期，第 44 页。
⑤ 李跃、施爱玲：《宅基地置换工程中的农民福利研究》，载《商品与质量》2011 年第 4 期，第 69 页。

府主导下的宅基地置换，农民意愿未得到充分尊重，且分享宅基地置换后的土地收益很少，土地发展权转移收益除了对农民补偿和相关税费以外，基本归地方财政所有，村集体组织和企业的联合实现了利益共享，而农民丧失自己宅基地以后，只获取少量的补偿，其长远利益缺乏保障[1]。同时由于宅基地置换活动，集体建设用地减少，影响了宅基地流转及城乡建设用地统一市场的构建。中国社科院经济研究所张曙光（2009）认为，"宅基地换房只是有效地解决了农民的住房问题，而农民和村集体的财产权和发展权并未得到保障，所有置换出来的土地都实现了国有化，均被政府拿走，农民丧失了处置权、使用权及收益权[2]。蔡玉胜、周宏霞等（2009）指出，宅基地换房模式暴露出农民在土地置换过程中权益得不到保障，包括选择权、定价权、土地收益分享、集中居住后的就业问题。相当一部分农民宅基地置换后被迫放弃耕地和在原宅基地上从事的生产活动，造成农民被动失业，生活成本上升[3][4]。大量学者纷纷提出应设计一套制度安排来解决农民权益受损问题，包括建立农民利益表达机制及失地农民社会保障制度、改革征地制度、财税体制及通过农地整理新增耕地折抵建设用地指标、建立健全宅基地增值收益分配机制、赋予农民宅基地以完整的物权、构建相关法律制度等对策建议。如施建刚，黄晓峰，王万力（2007）指出，为保护农民权益，一是要健全农民利益的表达机制，可通过弱化村民委员会的行政组织功能，强化其自治组织功能来实现；二是置换中必须保证农民平等的谈判地位及讨价还价的权利；三是要建立失地农民养老、医疗、失业、最低生活保障等社会保障机制[5]。朱林兴（2006）认为，宅基地是农民生存、发展的基本保障，宅基地置换必须尊重农民的意愿，决不能以强权高压相胁迫，只有在具备能保障失地农民新的生存与发展条件的地方才可以推行宅基地置换[6]。汪晖、陶然、史晨（2011）指出，在目前我国的城市化模式中，地方政府为获取新增建设用地指标以拓展城市发

---

[1] 肖碧林、王道龙等：《我国农村宅基置换模式、问题与对策建议》，载《中国农业资源与区划》2011年第6期，第39~40页。
[2] 张曙光：《统筹城乡改革要防止变相征地》，http://finance.ifeng.com/news/opinion/jjsp/20090401/497880.shtml。
[3] 蔡玉胜：《农地流转"宅基地换房"模式的深层思考》，载《城市》2009年第3期，第50~52页。
[4] 周宏霞：《宅基地使用权流转问题研究》，中国政法大学硕士学位论文，2009年，第15~16页。
[5] 施建刚、黄晓峰等：《对发达地区农村宅基地置换模式的思考》，载《农村经济》2007年第4期，第26~28页。
[6] 朱林兴：《农村宅基地置换的若干问题》，载《上海市经济管理干部学院学报》2006年第2期，第2~3页。

展、建设用地的空间，积极推动纯农区、甚至远郊区乡（镇）大规模拆除农民的宅基地，而这些乡（镇）政府，因可从宅基地整理复垦后的指标出售（或转移）中直接得到收益分成，更是不遗余力地推动农民集中居住。导致近郊农民权益在征地过程中被严重剥夺的基础上，纯农区农民宅基地发展权也进一步被剥夺。他们认为，要遏制各地开展的运动式的农民集中居住活动，一方面要通过征地制度和财税体制改革适当降低目前地方政府大规模搞各种建设的超强激励；另一方面可以通过农地整理新增耕地折抵建设用地指标的做法，给地方政府在获取用地指标方面新的开拓空间[1]。张云华等（2011）从利益分配机制、宅基地用益物权不完善等制度方面分析后指出，在宅基地置换过程中，农民获得的补偿与收益是保障农民利益的关键所在，农民是否获得增值收益与获得多少取决于制度安排，但由于缺乏增值收益分配机制，农民获得的补偿与收益分配常常较低。因此，为保护农民权益，应建立健全宅基地增值收益分配机制[2]。蒋省三、刘守英（2007）指出，现行农民宅基地制度具有明显的福利保障性质，但宅基地的财产属性和商品属性没有得到法律确认，而这种产权缺陷正好被地方政府和房地产商所利用，在给予农民补偿时，往往只补偿被拆迁的房屋价值，而不考虑宅基地的财产价值，宅基地被征收后产生的数倍增加的级差收益与农民无关。要防止新一轮农民利益被剥夺现象的发生，必须尽快明确和赋予农民宅基地完整的物权，积极探索宅基地入市流转的办法[3]。孙建伟（2011）指出，在宅基地置换实践中，地方政府通过用城市房产置换失地农民宅基地和房屋的一次性补偿的做法并没有完全体现宅基地的用益物权属性及集体土地所有权能长久获益的特点，因此，应改革农民宅基地复垦形成的新增建设用地指标城市转移的收益分配制度，让失地农民共享土地增值收益，应该将转移指标收益（至少转移指标收益的30%）通过股权化方式分配给失地农民，以保障农民能长久获益[4]。何缨（2010）认为，"宅基地换房"涉及土地所有权、土地使用权、价格、拆迁补偿、物业管理等多方面的问题，需要构建土地管理法、土地整理法、价格法、物业管理法等相配套的法律制度，以规范"宅基地换房"所牵涉的政府、集

---

[1] 汪晖、陶然等：《土地发展权转移与农民集中居住的地方试验：挑战与出路》，http://www.caein.com/index.asp? NewsID=61429&xAction=xReadNews。
[2] 张云华、肖俊彦：《完善与改革农村宅基地制度研究》，中国农业出版社2011年版，第126页。
[3] 蒋省三、刘守英：《防止村庄建设中侵害农民宅基地权利的倾向》，载《中国发展观察》2007年第3期，第37页。
[4] 孙建伟：《涉地农民住房权与生存保障权的实证研究》，华东政法大学博士学位论文，2011年，第248页。

体、农民、投资主体等法律关系主体的权利和义务①。蒲方合（2009）认为，宅基地使用权置换牵涉到农民、地方政府等多个利益相关者，必须根据当地的经济发展条件、生产力发展水平，根据能否为当地农民提供新的生存发展条件，因地制宜、循序渐进地实行宅基地使用权的置换②。

从国内的相关研究看，大部分学者认为放开宅基地流转限制利于农民权益保护。宅基地置换是近年来各地方政府为了解决城镇建设用地瓶颈而进行的一项制度创新，由于实施的时间不长，许多制度安排都处于试行与调整过程中，宅基地置换问题虽然是学术研究的热点问题。针对宅基地置换中的农民权益受损问题，分析得也较为全面，但不够具体和深入。对于宅基地置换中农民权益受损的制度成因的分析，大多数研究只是关注于地方政府主导置换的"急功近利"行为、收益分配机制缺失、宅基地用益物权不完善等利益分配层面，却缺少从农地发展权制度缺失、宅基地发展权公共域角度出发的系统研究。

五、土地流转对农村剩余劳动力转移的影响

破解二元经济的实质是实现城乡一体化，也就是将城乡至于同一层次上平衡协调发展。而农村人多地少，增加农民收入需要向城市转移大量农村人口。但现行土地制度对农民工进入城市是一种明显的制度障碍。刘传江、徐建玲等（2008）认为目前农村土地流转制度还存在许多不完善的地方，缺乏对放弃土地承包使用权的农民进行合理经济补偿的成熟规定。这样既不利于土地的规模化经营和农村现代化建设，更不利于农民工从农村的退出和城市的融入③。王竹林（2009）认为农村土地流转机制不完善，使农民流向城市陷入"退出难"的困境。退出制度主要涉及土地承包权和宅基地使用权问题，由于农村宅基地的权利属性不明确，农村宅基地无流动性，也无福利性，既不能转让，也不能抵押和出让。通常农民面临的难题是如何收回在房屋上的投资。如果投资难以收回，即使在城市有了稳定住所，也不愿意放弃农村的宅基地，导致大量宅基地房产闲置浪费④。长子中（2010）认为现行与土地流转的相关法律法规不完善，尤其是禁止农民的宅基地向城市居民出售，只能在集体成员内部流转，阻碍农民工市民

---

① 何缨：《"宅基地换房"模式的法律思考》，载《山东社会科学》2010年第1期，第171页。
② 蒲方合：《宅基地使用权置换中的利益平衡机制研究》，载《经济体制改革》2009年第4期，第93页。
③ 刘传江、徐建玲等：《中国农民工市民化进程研究》，人民出版社2008年版，第45页。
④ 王竹林：《城市化进程中农民工市民化研究》，中国社会科学出版社2009年版，第135页。

化的进程①。黄锟（2011）认为土地流转困难、土地价值低估和补偿标准过低，农民工的社会保障权利不能通过土地流转变现，他们是不会轻易放弃土地承包经营权的，严重阻碍了农民工市民化的进程②。汪阳红（2011）认为统一的土地政策难以应对农民工市民化所面临的各种问题。农民工对土地流转的"四不"心理，即不愿、不敢、不确定和不必要，阻碍了其市民化进程③。钟德友、陈银容（2012）认为当前缺少土地流转的合理的补偿机制，农民工务工的工资性收入普遍不高，很难放弃其土地承包经营权，不利于农民工的市民化④。郭晓鸣、张克俊（2013）认为是否让农民工带着土地财产权进城，在很大程度上决定着农民进城的态度和现实选择⑤。

完善的土地流转制度可以促进农村剩余劳动力向城市的顺利转移。曾祥炎、王学先和唐长久（2005）提出通过"土地换保障"将农民纳入城市社会保障体系不但符合农民工自身特点，而且可以加速我国农民工市民化进程，也有利于农村土地的整合与流转⑥。借助于建立农户的生产和消费模型，得出可以通过土地转让权的转让来消除迁移者的退出顾虑，实现劳动力永久转移⑦。刘传江、徐建玲等（2008）认为土地流转制度的完善和土地流转市场的健康发育，有利于保护第二代农民工的合法权益和他们从农村的有序退出。并加速农民在城市"沉淀"和融合。中间障碍因素相反会变成一种推力，使农民工更有信心在城市中生存，向市民转变⑧。王竹林（2009）认为加强土地使用权流转，建立和健全土地流转制度、流转机制和经济补偿机制，消除土地对农民工市民化的牵制，加速市民化进程⑨。黄锟（2011）认为农村土地制度改革必须按照有利于明确和保护土地物权的思路，建立以承包权为核心的农地产权制度和基于承包权的农地流转制度可以有效促进农民工市民化⑩。汪阳红（2011）提出以差异化的

---

① 长子中：《农民工市民化进程中的土地问题》，载《北方经济》2010年第4期，第8～12页。
② 黄锟：《中国农民工市民化制度分析》，中国人民大学出版社2011年版，第187页。
③ 汪阳红：《"十二五"时期农民工市民化进程中的土地问题研究》，载《经济研究参考》2011年第34期，第24～37页。
④ 钟德友、陈银容：《破解农民工市民化障碍的制度创新——以重庆为例证的分析》，载《农村经济》2012年第1期，第103～106页。
⑤ 郭晓鸣、张克俊：《让农民带着"土地财产权"进城》，载《农业经济问题》2013年第7期，第4～9页。
⑥ 曾祥炎、王学先、唐长久：《"土地换保障"与农民工市民化》，载《晋阳学刊》2005年第6期，第37～41页。
⑦ 张良悦、刘东：《农村劳动力转移与土地保障权转让及土地的有效利用》，载《中国人口科学》2008年第2期，第72～79页。
⑧ 刘传江、徐建玲等：《中国农民工市民化进程研究》，人民出版社2008年版，第57页。
⑨ 王竹林：《城市化进程中农民工市民化研究》，中国社会科学出版社2009年版，第217页。
⑩ 黄锟：《中国农民工市民化制度分析》，中国人民大学出版社2011年版，第189页。

方式推进农民工承包地的流转；允许农民工土地承包经营权换社会保障；允许农民工流转宅基地，发展土地流转服务体系，以推进农民工市民化[1]。钟德友、陈银容（2012）认为健全农民工土地流转服务体系，健全农村土地流转风险防范机制，建立农民工自愿退出农村土地的配套政策，让其有偿退出承包地，推进农民工市民化[2]。张桂文（2013）提出通过农村土地制度改革，让农民有可能通过土地流转收益解决市民化过程中的定居费用，更好地融入城市[3]。郭晓鸣、张克俊（2013）提出改革农村土地产权制度，赋予农民完整的土地财产权，让农民工带着土地财产权进城，提高农民工市民化的能力[4]。

---

[1] 汪阳红：《"十二五"时期农民工市民化进程中的土地问题研究》，载《经济研究参考》2011年第34期，第24~37页。
[2] 钟德友、陈银容：《破解农民工市民化障碍的制度创新——以重庆为例证的分析》，载《农村经济》2012年第1期，第103~106页。
[3] 张桂文：《中国二元经济转型的特殊性及其对城市化影响》，载《河北经贸大学学报》2013年第5期，第18页。
[4] 郭晓鸣、张克俊：《让农民带着"土地财产权"进城》，载《农业经济问题》2013年第7期，第4~9页。

第三章

二元经济转型与土地资源配置

第一节 古典与新古典二元经济模型

20世纪80年代前,传统二元经济理论的主要代表是刘易斯、费景汉—拉尼斯、乔根森及托达罗二元经济结构模型。由于前两种模型都是以农业剩余劳动力和不变制度工资为假设前提,具有古典经济学的传统,通常被认为是古典二元经济模型;而后两种模型假定不存在农业剩余劳动力和不变制度工资,带有新古典理论色彩,一般被认为是新古典二元经济模型。

一、刘易斯模型

在刘易斯的模式中,发展中国家一般存在着性质完全不同的两个经济部门,一个是资本主义部门,又称作现代部门,它以现代工业部门为代表;一个是"维持生计部门",又称传统部门,它以传统农业为代表。传统部门较为庞大,过多的就业人口使农业部门劳动力的边际生产率十分低下或为零,有些情况下甚至为负。由于生产力低下,农业劳动力的工资采取制度工资的形式,这一工资水平既是维持该部门劳动者生存的最低水准,又是该部门的人均产品。由于农业部门的劳动生产率十分低下,因此,农民收入中不存在可以变为储蓄或资本的经济剩余。与此相对应的是现代工业部门,这一部门较为弱小,其生产目的是追求最大限度的利润,劳动力的边际生产力大于或等于工资,从而这一部门存在着经济剩余,刘易斯假定资本家把它全部用于积累。城市工业部门的工资水平是由农业部门的收入水平来决定的,它不可能低于农业部门的生存收入,但也不会比这一水平高出许多,否则流入城市工业部门的劳动力就会超过工业部门对劳动力的需求,从而会迫使工业部门的工资下降。因此,工业部门的工资水平一般来说也是不变的,并且工业部门的工资水平一般要高于农业部门的制度工资。

刘易斯认为,由于两大部门的工资的差别,会使传统部门的劳动力不断向现代部门转移,加之资本家把利润转化为资本的行动,造成了现代部门进一步吸收劳动力的能力。这一过程我们可以用图3.1来表示。横轴表示劳动力数量,纵轴代表现代工业部门的现行工资水平和劳动的产出。OA表示传统农业部门维持生存的平均实际收入水平;OW代表现代资本主义部门的实际工资。WS表示劳动力的供给曲线,S为经济发展两个阶段的转折点。在这之前,由于存在着无限的劳动力供给,因此,随着劳动力就业人数的增加,工资水平不变,S点之后,劳动力供给曲线上翘。

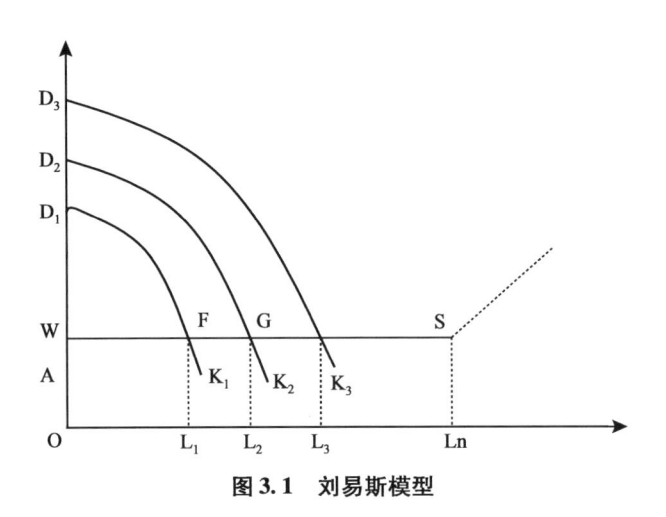

图 3.1 刘易斯模型

假设在现代部门增长的最初阶段,给定不变的资本供给 K_1,那么劳动力的需求曲线由劳动不断递减的边际产出来确定,并由曲线 D_1K_1 来表示。假定现代部门的雇主在劳动力的边际物质产品等于实际工资这一点(即劳动需求曲线和劳动供给曲线的交点F)雇用工人,那么现代部门总就业量将等于 OL_1。区域 OD_1FL_1 表示现代部门的总产出,矩形 $OWFL_1$ 表示工人的工资,区域 WD_1F 表示产量的余额部分是资本家获得的总利润。假设这些利润完全用于再投资,现代部门的资本存量总额将从 K_1 提高到 K_2。资本存量增长会引起现代部门的总产品曲线上升,从而导致劳动的边际产品需求曲线提高,可由曲线 D_2K_2 表示。新的均衡就业水平将在G点得以建立，这点雇用的劳动力数量为 OL_2，总产量增加到 OD_2GL_2，而工资总额和利润总额分别增加到 $OWGL_2$ 和 WD_2G。利润 WD_2G 再一次全部用于投资，结果资本存量总额增加到 K_3，劳动力需求曲线转移到 D_3K_3，现代部门的就业水平上升到 OL_3。

假定以上现代部门增长和就业扩张的过程继续进行，直到剩余劳动力都被现代部门吸收为止（即达到 S 点）。之后经济发展进入第二个阶段，由于剩余劳动力的消失，劳动与土地的比率下降，农业劳动的边际生产率就会提高，从而，农村劳动者的收入也会相应增加。这时，工业部门要想得到更多的农业劳动力，就不得不提高工资水平，以与农业部门相竞争。在图 3.1 中，假设一个国家的剩余劳动力总量为 OL_n，超过这一数量，劳动力的供给曲线开始上升。

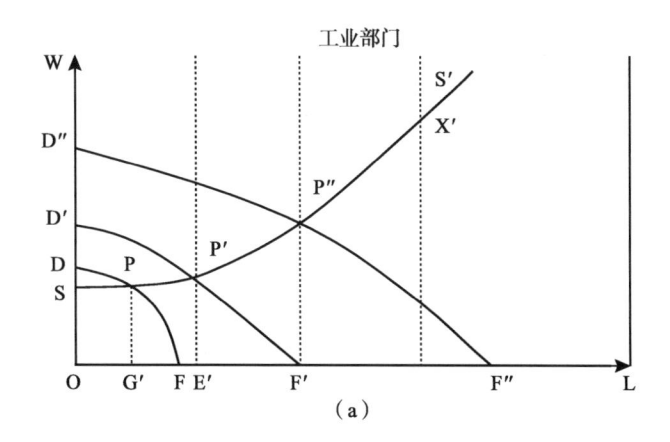

二、费景汉—拉尼斯模型

与刘易斯一样，费景汉与拉尼斯认为，二元经济结构的转换过程就是工业部门不断吸收农业部门剩余劳动力的过程。由于农业部门存在着大量的剩余劳动力，而工业部门又具有较高的劳动边际生产率，则二元经济结构转换的关键就在于把这些剩余的劳动力转移到工业部门。

图 3.2（a）分析了工业部门的扩张对农业剩余劳动力的吸收。横轴 OL 代表工业部门的劳动力，纵轴 OW 代表工业部门的边际生产率与工资。劳动边际生产率曲线（劳动力的需求曲线）在不同阶段分别为 DPF、D′P′F′、D″P″F″。它们取决于资本存量，因此这组曲线表示了随着资本积累的增加，工业部门对劳动力的需求也会随之增加。

(a)

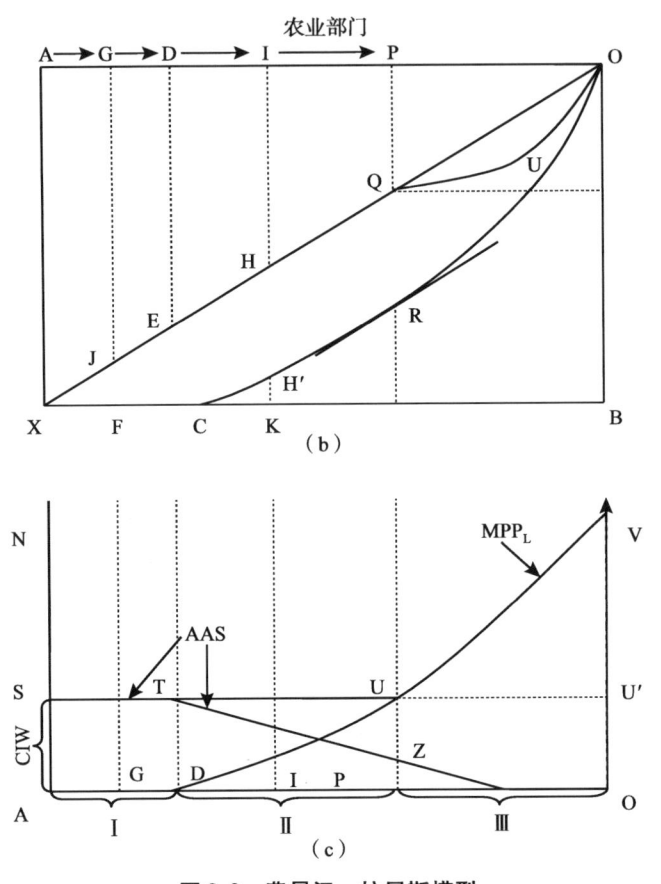

图 3.2 费景汉—拉尼斯模型

劳动力供给曲线由水平部分 SP′ 和上升部分 P′S′ 构成，P′ 为转折点。P′ 点之前劳动力无限供给，P′ 点之后，劳动像资本一样变为稀缺要素，因此劳动力的供给曲线是向右上方倾斜的。显然这是继承了刘易斯关于发展中国家劳动力转移两个阶段划分的观点。但与刘易斯不同，费景汉和拉尼斯考察了农业增长、人口增长与劳动力转移之间的关系，认为只有当农业生产率提高，劳动力转移的速度高于人口增长的速度时，这个转折点才能够达到。

图 3.2（b）和（c）分析了农业劳动力的流出对农业部门的影响。图 3.2（b）中，横轴 OA 从右向左表示农业部门的劳动力，纵轴 OB，从上到下表示农业部门的总产出。ORCX 代表农业部门总物质生产率或总产出曲线。它由两部分组成，ORC 部分由原点开始向左下方倾斜，表示随着农业劳动力的增加，边际生产率的递减，但农业总产出在增长；水平的 XC

部分，表示劳动的边际生产率为零，说明在 C 点以后，劳动力投入的增加，并不能带来农业总产出的增长。从图 3.2（b）中可以看到，AD 数量的农业劳动力从农业中转移出来，对农业部门的总产出不会产生任何影响。费景汉与拉尼斯把这部分劳动力称之为"多余劳动力"。费景汉、拉尼斯与刘易斯一样，认为由于农业部门存在着剩余劳动，他们的边际生产率低于平均收入，因此农业中的工资水平不是由劳动边际生产率来决定的，而是由习惯因素和道德因素所决定的，他们称之为制度工资，它等于维持农业部门劳动者生存水平的人均产品。不变的制度工资由图 3.2（b）中 OX 斜率表示。

与不变制度工资相对应，我们可以在总产品曲线上找到一点 R，在这点上，劳动力的边际生产率与不变制度工资是相等的，即 R 点的切线与 OX 线平行。与 R 点相应的 P 点将劳动力分为两部分，OP 部分劳动力的边际生产率大于不变制度工资，PA 部分劳动的边际生产率低于不变制度工资。费景汉和拉尼斯将这部分的劳动力称为"伪装失业者"。伪装失业者包括两部分，劳动边际生产率小于不变制度工资的 PD 部分和边际生产率为零的所谓多余的劳动力。在这里，费景汉和拉尼斯把劳动力转移过程划分为三个阶段，第一个阶段是劳动边际生产率等于零的部分（AD 部分）；第二阶段是劳动边际生产率大于零，但小于不变制度工资的部分（DP 部分）；第三阶段是劳动边际生产率大于不变制度工资的部分（PO 部分）。

费景汉和拉尼斯把农业部门总产出减去农业部门的总消费量的余额称为农业总剩余，这部分剩余是提供给工业部门消费的。在农业劳动生产率不变的条件下，农业总剩余与流出的农业劳动量之间有着密切的关系。例如，如果 AG 数量的农业劳动力被转移到工业部门，农业总产出 GF 减去农业部门总消费量 GJ，JF 数量的总农业剩余就出现了。在农业劳动力转移的第一、第二阶段中，农业总剩余等于 OX 曲线与总产品曲线 ORCX 之间的距离。但是，在第三个阶段，由于按劳动边际生产率决定的工资高于不变制度工资，所以，提供给工业部门的总农业剩余稍微小于这个距离，农业剩余不再是 OQ 的 OR 之间的距离，而变为曲线 OUQ 与 OR 之间的距离。

多余劳动力、伪装失业、不变制度工资等概念以及农业劳动力转移的三个阶段对农业部门的影响可以借助于图 3.2（c）得到更加清楚的说明。图 3.2（c）原点在右下方，横轴 OA 由右向左表示农业劳动力数量；纵轴 OV 从下至上表示农业平均产品，US 曲线表示不变制度工资水平；VUDA 表示边际产品曲线，它也由两部分构成，边际生产率递减的 VUD 部分和边际生产率为零的 DA 部分。VUDA 曲线与图 3.2（b）中的 ORCX 曲线的含义是一样的，当农业劳动力逐渐增加时，边际生产率递减，总产出以递减的速度增加，但当农业劳动力增加到 D 点以后，边际生产率为零，总产出不再增加。

这张图中另一条重要的曲线是 STZO 线，即平均农业剩余曲线。平均农业剩余被定义为撤出的农业劳动力的人均总农业剩余。因此 STZO 曲线表示在劳动转移的每一数量上可以得到的平均农业剩余。

当农业劳动力转移的第一阶段，即当农业劳动力转移在 AD 段中进行，边际劳动生产率为零的多余劳动力从农业部门转移出去时，农业总产品不会减少。因此，这一阶段的平均农业剩余等于制度工资，在图 3.2（c）中，农业剩余曲线 STZO 中 ST 部分与不变工资线 SU 相重合。在这一阶段，农业多余的劳动力从农业部门转移出去时，不会产生粮食短缺问题，也不会影响现行工资水平。当农业劳动力转移进入第二阶段，即当农业劳动力在 DP 段进行，劳动边际生产率低于不变制度工资但大于零的这部分农业劳动力转移出去时，农业部门的总产品就会减少，平均农业剩余就会低于不变制度工资，从而引起平均农业剩余曲线在 TZ 段会下降。这意味着工业部门消费的粮食不足以按制度工资满足工人的需要，结果会造成粮价上升，工资上涨。费景汉和拉尼斯把第一阶段和第二阶段交界处定义为短缺点，表明当平均农业剩余下降到制度工资以下时，农产品特别是粮食短缺的开始。当农业剩余劳动力即伪装失业者转移到工业部门以后，农业劳动力转移就进入了第三阶段。由于边际生产率高于不变制度工资（如图 3.2（c）中上升的劳动边际生产率曲线 UV 所示）农业劳动者现在消费的农产品高于制度工资。结果，供工业部门工人消费的农产品就更少了，平均农业剩余比第二个阶段下降得更快。同时由于农业劳动的边际生产率上升到制度工资以上，工业部门要吸收更多的农业劳动力参加工业生产，就必须使工资水平提高到至少等于农业边际生产率的水平。这时，农业劳动力已成为竞争性商品，与工业部门一样，农业部门也被商品化了。因此，费景汉与拉尼斯把第三个阶段的起点（图 3.2（c）中的 P 点）叫作商业化点。一旦农业劳动力转移进入这一阶段，农业部门也就完成了从传统部门向现代部门的发展，二元经济结构转换的任务也就得以完成。

费景汉与拉尼斯认为，发展中国家经济发展的最大困难是在第二阶段。进入第二阶段，农业总产出减少了，粮食短缺将引起粮食价格和工业工资的上升。这一阶段劳动力转移越多，粮价越高，工业贸易条件越是下降，工业劳动力供给弹性越小。结果在伪装失业者全部转移到农业部门之前，即在经济发展到达商业化点之前，工业贸易条件下降会使得工业利润减少，从而使工业部门的扩张停止，农业剩余劳动力转移停止，经济发展难以进入第三阶段。因此，发展中国家经济发展的关键，在于如何把农业部门的剩余劳动力全部转移到现代工业部门中去，顺利地实现由第二阶段向第三阶段的过渡。费景汉和拉尼斯认为，引起工业部门扩张停止的原因在于农业部门的停滞，解决这一问题的关键是在农业剩余劳动力转移的过程中不断提高农业生产率，如果生产率的提高足以补偿农业劳动力转移所带来的总产出的损失，工业部门的扩张就不致因工业贸易条件的恶化而受阻。因此，要实现二元经济结构顺利地向一元经济结构转换，就必须提高农业的劳动生产率，实现工、农两部门的平衡增长。

三、乔根森模型

1961年美国经济学家乔根森创立了一个新的二元经济发展模型。这个模型不同于刘易斯—费景汉—拉尼斯模型，由于它不是建立在剩余劳动与不变工资基础上的，而是认为包括劳动在内的所有要素都是稀缺的，工资水平是可变的。因此乔根森认为他的模型属于新古典模型。

与刘易斯、费景汉和拉尼斯一样，乔根森把发展中国家划分为两个部门：先进的现代部门和落后的传统部门，前者以工业部门为代表，后者以农业部门为代表。假定农业部门没有资本积累，土地是固定的，因而，农业产出只是劳动投入的函数；在工业部门，假定土地不作为一个要素，工业产出只是资本与劳动投入的函数；无论是农业还是工业，劳动边际生产率都大于零，工资不是固定不变的，而是取决于劳动边际生产率；考虑到技术进步的因素，工农业两部门的产出是时间单调增函数，但技术进步是中性的。

在上述假定的基础上，乔根森从农业发展与人口增长、农业剩余与工业扩张两方面分析了二元经济结构转换问题。乔根森模型的基本结论是：

第一，农业产出增长率超过最大人口增长率是农业剩余产生的基本前提。乔根森把人口增长看作由农业产出决定的内生变量，人口增长速度不会超过农业发展，一旦人口增长速度超过农业发展，人们将由于缺乏必要的农产品供给而降低生育率，从而使人口增长与农业发展保持一致。既然人口增长不会超过农业发展，剩余劳动力就不出现，不变制度工资也失去了产生的条件。如果农业发展顺利，粮食供给充分，人口增长将会达到生理最大量。当农业产出增长率大于最大人口增长率时，农业剩余就产生了。

第二，劳动力从农业向工业转移的规模必须与农业剩余的规模相适应。没有农业剩余，所有人口都必须从事农业。只有当农业剩余出现时，一部分劳动力才会转移到城市工业部门，农业剩余越多，劳动力转移的规模越大。

第三，消费结构的变化是农业劳动力向城市工业部门转移的基本原因。由于乔根森否认农业剩余劳动力的存在，所以与刘易斯、费景汉和拉尼斯不同，他不认为是城乡收入差距导致了劳动力转移，而认为由于消费需求结构的变化，才引起劳动力由农业向工业的转移。由于人们对粮食等农产品的需求是有限的，而对工业品的需求是无限的，当人均粮食产出超过最大人口增长所需的临界水平时，农业部门的进一步发展就会受到限制，于是农业人口就转向工业部门生产工业品，以满足不断扩大的工业品需求。

四、托达罗模型

20世纪60年代末70年代初，美国发展经济学家托达罗发表了一系列论文，阐述了他的二元经济结构模式。

1. 迁移决策与预期收入差距

由于发展中国家城市失业的存在，托达罗认为劳动力从农村迁入城市不仅取决于城乡的实际收入差距，更取决于城乡的预期收入差距。

这种预期收入差距是由城乡实际收入差距与城市获得就业机会的可能性这两个变量之间的相互作用所决定的。实际上，托达罗模式假定劳动者是把在城市部门的预期收入与在农村的平均收入进行比较，只要前者大于后者，劳动者就会做出迁移决策。由于城乡预期收入差距是由城乡实际收入差距和农业劳动力在城市获得就业的可能性这两个变量之间的相互作用来决定的。因此，托达罗在二元经济结构模型中引入了就业概率的概念，用以表示城市获得就业机会的大小，从而在城市失业与劳动力转移之间建立起了联系。显然就业概率与城市失业率是一种反方向的关系。虽然城市失业的存在，导致就业概率下降，从而使预期收入下降，但只要预期收入仍大于劳动力在农村就业的工资收入和迁移成本，劳动力由农村到城市的迁移行为就会发生。这样托达罗就解释了为什么在有些发展中国家城市失业水平很高，农业劳动力仍然会从农村转移到城市。

按照托达罗的观点,现代工业部门的预期收入等于未来某年的实际收入与就业概率的乘积。这样,城乡预期收入差距可以表示如下:

$$d = w \cdot \pi - r$$

这里 w 表示城市实际工资率,r 表示农村平均实际收入,π 表示就业概率。

托达罗进一步认为,在任一时期,迁移者在城市现代部门找到工作的概率取决于两个因素,即现代部门新创造的就业机会和城市失业人数。就业概率与前一个因素成正比,与后一个因素反比,用公式表示为:

$$\pi = \frac{\gamma N}{S - N}$$

在这个公式中,γ 表示现代部门工作创造率,N 表示现代部门总就业人数,S 表示城市总劳动力规模。于是,γ 与 N 的乘积表示现代部门在某一时期创造的就业机会,S 与 N 之差表示城市失业人数。

托达罗进一步指出,现代部门工作创造率等于工业产出增长率减去现代工业部门的劳动生产率增长率,即:

$$\gamma = \lambda - \rho$$

在这里,λ 表示产出增长率,ρ 表示劳动生产率增长率。

根据以上模型,我们可以看到城市失业人口的增加会降低预期收入差距,从而会影响劳动力转移的规模。但由城乡预期收入差距取决于失业概率与城乡实际收入差距,因此,城市工资上升的效应和现代工业部门工作创造率上升效应超过失业人口增加的效应,就会使人口流动规模进一步增大。

以上建立的人口流动行为模式是指一个阶段而言。事实上,迁移者在城市往往不能立即找到工作,往往会等上好几年才能在现代部门找到工作。因此,当我们考察一个较长时间的二元经济结构转换模式,在其他条件不变的情况下,决定劳动力转移到城市的迁移决策就不是取决于由某一时期的就业概率所决定的城乡预期收入差距,而是取决于由未来某期前就业概率的累加值所决定的净收入贴现值。即:

$$V_0 = \int_{T=0}^{n} [P(t) Y_u(t) - Y_r(t)] e^{-rt} dt - C(0)$$

其中,V_0 代表迁移者计划期内的预期城乡收入差异的净贴现值,$Y_u(t)$、$Y_\gamma(t)$ 分别代表 t 期城市和乡村的实际工资率,n 表示计划范围内的时期数,r 表示贴现率,反映了迁移者对消费时间的偏好程度,C(0) 表示迁移成本(如迁移费用等),P(t) 是 T 期以前迁移者找到工作的累加概率,它与 π 不同,后者指的是某一时期迁移者被雇佣的概率,它们之间的关系可以用以下四个式子表示：

$$p(0) = \pi(0)$$

$$p(1) = \pi(0) + [1 - \pi(0)]\pi(1)$$

$$p(t) = p(t-1) + [1 - p(t-1)]\pi(t)$$

$$p(t) = \pi(0) + \sum_{i=1}^{t} \pi(i) \prod_{j=0}^{i-1} [1 - \pi(j)]$$

在这四个式子中，第一个表示第 0 期 P 与 π 相等。第二个式子表示一个迁移者在第 1 期找到工作的累加概率，它等于第 0 期就业的概率加上第 0 期没就业但在第 1 期找到工作的概率的乘积。依此类推，后两个式子表示迁移者在任一期就业的累加概率。

从以上就业概率的公式可知，当其他因素不变时，一个迁移者在城里呆得时间越长，他获得工作的机会就越大，从而预期收入的贴现值就越大，这样就可以说明为什么一些农业劳动力明知道进入城市之后不会很快找到工作，却仍然会进行迁移。基于此，托达罗模型中迁移人数总量 M 也就成了城乡收入差距的贴现值的函数，即：

$$M = f[V(0)] \qquad f' > 0$$

由此，托达罗认为，城乡预期收入差距扩大是发展中国家人口迁移规模猛增的主要原因。

2. 城市失业动态均衡模型

发展中国家的二元经济结构决定了较大的城乡差异，这就必然导致农村人口源源不断地流入城市，造成城市劳动力市场的严重失衡，使失业问题愈加严重。但托达罗认为，在其他条件不变的情况下，通过市场机制的调节，城市失业率会趋向一个稳定的水平。

托达罗用数学公式表述了他的城市动态失业均衡模式。

设城市现代部门劳动力需求方程为：

$$N(t) = N_0 e^{\gamma t}$$

在这里，$N(t)$ 表示 t 期城市现代部门总就业量，N_0 表示 0 期的现代部门总就业量，γ 表示现代部门的工作创造率，它等于工业产出增长率与劳动生产率增长之差，即 $\gamma = \lambda - \rho$。对劳动需求方程中的时间 t 求导，然后除以 $N(t)$，便得到第 T 期的城市部门就业增长率公式：

$$\frac{\dot{N}}{N}(t) = \gamma$$

托达罗认为，城市劳动供给决定于城市劳动力自然增长率和乡—城人口流动规模。于是，城市劳动供给增长率方程可以用下式表示：

$$\frac{\dot{S}}{S}(t) = \beta + \pi(t)F\left[\frac{Y_u(t) - Y_R(t)}{Y_R(t)}\right]$$

设：

$$\alpha(t) = \frac{Y_u(t) - Y_R(t)}{Y_R(t)}$$

于是，劳动供给增长率方程为：

$$\frac{\dot{S}}{S}(t) = \beta + \pi(t)F(\alpha(t))$$

在这里，$\dot{S}/S(t)$ 表示第 t 期城市现代部门劳动供给增长率，β 表示城市劳动力自然增长率，$\alpha(t)$ 表示城乡实际收入的相对差异，以百分比计量，$F(\alpha(t))$ 表示城市迁入人口与收入差异之间的函数关系，$\pi(t)$ 即为第 T 期劳动者被招聘的概率，$\pi(t)F(\alpha(t))$ 表示城市净流入人口增长率。在这里，为分析简便，托达罗假定城乡实际收入差异是固定的，即：$\alpha(t) = \alpha$。根据以上对 π 的定义可知，

$$\pi(t) = \frac{\gamma N(t)}{S(t) - N(t)}$$

于是，劳动供给增长率方程变成如下形式：

$$\frac{\dot{S}}{S}(t) = \beta + \frac{\gamma N(t)}{S(t) - N(t)}F(\alpha(t))$$

设 E(t) 表示 t 期现代部门就业量对城市总劳动力比率，于是有：

$$E(t) = \frac{N(t)}{S(t)}$$

对 t 求导，然后除以 E(t)，便得到现代部门第 t 期就业率增长率公式：

$$\frac{\dot{E}}{E}(t) = \frac{\dot{N}}{N}(t) - \frac{\dot{S}}{S}(t)$$

综上可见，在城市劳动市场上，在 α、β、γ 这些参数不变的条件下，就业概率充当了一个调节机制，使得城市失业率趋向一个稳定的水平。托达罗把这个水平的失业率叫作均衡失业率。设 E^* 代表均衡就业率，$1 - E^*$ 代表均衡失业率。E^* 的均衡条件为就业率增长率等于零，于是有：

$$\frac{\dot{E}}{E}(t) = \frac{\dot{N}}{N}(t) - \frac{\dot{S}}{S}(t) = 0$$

把上述劳动需求增长率公式与供给增长率公式代入，均衡方程就变为：

$$\frac{\dot{E}}{E}(t) = \gamma - \beta - \frac{\gamma F(\alpha) N(t)}{S(t) - N(t)} = 0$$

于是：

$$\gamma - \beta = \frac{\gamma F(\alpha) N(t)}{S(t) - N(t)}$$

由于就业率等于就业量与总劳动量之比，即 $E(t) = N(t)/S(t)$，所以，上式变为：

$$\gamma - \beta = \frac{\gamma F(\alpha) E^*}{1 - E^*}$$

解出均衡就业率，得：

$$E^* = \frac{\gamma - \beta}{\gamma F(\alpha) + \gamma - \beta}$$

这就是均衡就业率方程。设 $T^* = 1 - E^*$，于是均衡失业率方程为：

$$T^* = 1 - \frac{\gamma - \beta}{\gamma F(\alpha) + \gamma - \beta}$$

均衡就业率和均衡失业率方程为参数方程，α、β、γ 都是该方程的参数。如果这些参数为常量，均衡就业率和失业率就不会变化。

均衡失业率的形成过程实际上是城市失业、就业在市场机制作用下的一个调整过程。假设一个具有二元经济结构的发展中国家，在工业化初期，现代工业部门所占的比重很小，绝大多数人口都生活在农村。这时由于城市收入水平很高，工业部门迅速扩张使得城市就业创造率大大超过了城市人口增长率，结果，较大的城乡实际收入差异和较高的就业概率，吸引了越来越多的农业劳动力流入城市。但当城市劳动力供给增长率超过了劳动力需求增长率的时候，如果其他条件保持不变，就会使得城市失业人口增加，就业概率下降，从而预期收入差距下降，人口迁移规模也随之下降，这样的过程最终导致了城市劳动供给增长率下降到等于城市劳动需求增长率。这时，城市就业率和失业率就稳定在一个特定的水平上。假定由于某种原因，失业率下降或上升到这个水平以下或以上，那么，就业概率的上升或下降就使得它恢复到这个均衡的失业率的水平上。

在这一过程中，如果方程中的三个参数发生变化，则可能导致 T^* 相应发生变化。如当城乡实际收入差距增加一个比率时，城市劳动力供给就增加一个比率，这时要使城市就业率和失业率保持在均衡水平上，城市就业增长率必须相应地增加一个比率。设城乡实际收入差异 α 增加一个比率，使得城市净流入人口增率 $F(\alpha)$ 增加一个比率，用 $dF(\alpha)$ 表示；为使城市就业率和失业率保持在均衡水平上，就业创造率 γ 也必须增加一个比率，用 dγ 表示，于是便有如下公式：

$$E_1^* = \frac{(\gamma+d\gamma)-\beta}{[F(\alpha)+dF(\alpha)](\gamma+d\gamma)+(\gamma+d\gamma)-\beta}$$

$$= \frac{\gamma+d\gamma-\beta}{\gamma F(\alpha)+d\gamma F(\alpha)+\gamma dF(\alpha)+dF(\alpha)d\gamma+\gamma+d\gamma-\beta}$$

若使均衡就业率保持在原来水平上不变，即 $dE^*=0$，必须使 $E_1^*=E^*$，于是便有：

$$\frac{\gamma+d\gamma-\beta}{\gamma F(\alpha)+d\gamma F(\alpha)+\gamma dF(\alpha)+dF(\alpha)d\gamma+\gamma+d\gamma-\beta} = \frac{\gamma-\beta}{\gamma F(\alpha)+\gamma-\beta}$$

解出 dγ，即有：

$$d\gamma = \frac{-\gamma^2 F(\alpha)}{\gamma\alpha F(\alpha)-\gamma\beta-F(\alpha)\beta-\beta dF(\alpha)}$$

这个方程表示在均衡就业率保持不变的条件下，就业创造率增长率与城乡实际收入差距增长率之间的函数关系。这一函数关系表明，增加城市就业必须与控制城市收入、缩小城乡实际收入差距结合起来，否则无法解决城市失业问题。

第二节 二元经济理论的发展

在发展中国家的发展实践中，无论是古典主义的二元经济结构模型还是新古典主义的二元经济结构模型，都由于其自身缺陷和不足未能取得显著成效。早期的二元经济分析方法也没有成功地融入主流经济学的分析框架。因此，第二次世界大战后的一段时间，早期的二元经济理论曾一度遭受冷遇[1]。20世纪80年代以来，二元经济结构理论的研究重心和范式发生了变化，二元经济理论融合了凯恩斯主义、新兴古典经济学、新制度经济学的研究方法及分析工具，在研究内容上吸纳了需求约束、分工组织、工资制度、市场分割、收入分配等范畴与思想，取得了新的进展[2]。

---

[1] 夏耕:《中国城乡二元经济结构转换》，北京大学出版社2005年版，第45页。
[2] 胡彬、孙海鸣:《二元经济理论的发展演变及现实启示》，载《上海财经大学学报》2004年第2期，第27~33页；高帆:《交易效率、分工演进与二元经济结构转化》，上海三联书店2007年版，第63~71页；周冲:《西方二元经济理论述评》，吉林大学硕士学位论文，2006年；王检贵:《劳动与资本双重过剩下的经济发展》，上海三联书店、上海人民出版社2006年版，第38~51页。

一、拉克西特的二元经济理论

古典与新古典二元经济理论对发展中国家二元经济结构转换的分析是沿着供给主导思路进行的，着重分析如何通过增加劳动力、农业剩余和工业资本促进二元经济结构转换。然而进入20世纪80年代，一些发展中国家在没有摆脱劳动过剩的特征之前，就出现了比较严重的有效需求不足问题，工农业生产发展因需求约束而受阻，二元经济结构转换进程迟缓。在这一历史条件下，一些经济学家开始改变供给导向的研究思路，开始将凯恩斯的有效需求思想引入二元经济理论，形成了重视需求约束的二元经济理论，这一理论也被称为凯恩斯主义二元经济理论。这一理论的突出代表是拉克西特的二元经济理论。

拉克西特在20世纪80年代初出版的《劳动剩余经济：一种新凯恩斯主义思路》一书，重点研究了发展中国家的有效需求不足问题。拉克西特指出，无论是古典理论还是凯恩斯理论都忽视了发展中国家的有效需求问题，实际上，有效需求不足已成为许多欠发达国家的基本特征。他从商品市场、信贷市场和土地市场三个方面解释有效需求不足存在的原因。他认为商品市场不发达导致交易障碍加大了有效需求不足的可能性；信贷市场中利率波动和金融中介机构的缺乏限制了有效需求；土地市场中土地的不可流动性和不可分割性也会进一步降低有效需求。拉克西特通过数学公式推导，证明非农部门的需求来源于农民、地主和非农居民对非农产品的需求，农民和地主对非农产品的需求必须等于农业部门的市场剩余，因此非农部门的产出水平就由农业市场剩余和非农居民的消费倾向决定；而非农部门的就业水平则取决于城乡居民的工资差距、不同阶层对农产品的消费倾向及农业部门的生产条件。在两部门的生产能力、工资率和不同阶层消费倾向既定的条件下，通过调节自发性支出以达到市场出清，就可以获得最大产出和就业水平。当经济存在需求约束时，凯恩斯的刺激投资需求政策对于实现短期和长期均衡都有作用，一旦两部门产出水平增长，所有阶层的收入都会提高。如果增加政府支出导致了供给约束，政府可以通过限制各阶层消费来达到提高两部门产出水平的目的。

二、新兴古典二元经济模型

在第一节中论述的三种古典与新古典二元经济模型中，二元经济结构对立是外生给定的,它们没有分析二元经济结构的形成及转换的内在原因,只是分析了二元经济结构转换过程本身。出于对传统理论的反思,杨小凯等在新兴古典经济学分析的框架下,从分工演进的角度来解释二元经济结构的形成及转换。

1994年,杨小凯和赖斯建立了第一个新兴古典二元经济结构形成及转换模型[①],其模型显示了城乡二元经济结构的形成及其向一元经济结构的转换都是分工演进和专业化水平提高的结果。在他们的模型中,假定生产每种商品都有专业化经济,即专业化程度越高,生产效率也越高;但同时分工及专业化水平越高,商品交易的种类及规模也就越大,在其他条件不变的情况下,交易费用也就越多;这样就产生了分工专业化与交易费用两难冲突。如果交易效率很低,人们就会选择自给自足,此时没有市场,且城市也不会出现。假如交易效率得到提高,分工结构就会从自给自足发展到局部分工,出现半专业化的农民和半专业化的工业品生产者。如果交易效率进一步提高,分工与专业化水平也会进一步发展,在制造业内会出现专门以制衣、修建房屋、制造家具等生活资料的生产部门,制造业的专业生产者,为了节省交易费用就会集中居住,形成了城市。因此,专业制造业者和专业农民,及不同制造业之间出现了高水平的分工,就出现了城市与农村、工业与农业的分离。由于城市工业品生产者的专业分工可以集中在城市以节约交易费用,所以城市工业品生产者的专业化水平、生产率以及来自市场交易的收入会高于农村居民,就形成了城乡二元经济,即表现为城市工业部门与农村农业部门之间的生产力和商业化收入的差别。杨小凯认为,二元经济结构是经济发展中的自然中间状态,是分工演进和城市发展过程中,全部均衡从自给自足演进到完全分工时,必然会经历的一种不平衡的分工结构。"只要有城乡迁居的自由,城乡之间的真实收入就会均等化……在分工及城市发展的演进过程中,城乡之间的自由迁居、人民的择业自由、自由价格以及私有财产制度都是加速经济发展、消除城乡二元经济状况的条件。当交易效率持续地提高时,经济将发展到完全分工的状态。此时,二元结构将消失,农村和城市之间的生产力水平、商业化程度,以及商业化的收入将趋于一致"[②]。

---

① 杨小凯和张永生称之为"新兴古典城市化一般均衡"模型。具体内容参见:杨小凯、张永生:《新兴古典经济学与超边际分析》,社会科学文献出版社2003年版,第111~125页。

② 杨小凯、张永生:《新兴古典经济学与超边际分析》,社会科学文献出版社2003年版,第113页。

三、要素市场的二元性及其影响

传统二元经济结构模型重点是从资源配置的角度来研究二元经济结构转换，忽略了要素市场二元性及其对二元经济结构转换的影响。20世纪80年代以来，一些学者开始研究要素市场的二元性，并探究要素市场的二元差异对二元经济结构及经济发展的影响。

1. 城乡信贷市场的二元性

学者们认为信贷市场制度不完全，主要是由政府介入信贷分配或道德风险而引起的，它有可能导致特定部门的利率偏低或形成有选择性的信贷配额，这在农村地区表现得尤其严重。分割或不完全的信贷市场对人力资源和物质资本的积累规模（Calor and Zeira，1993；Banerjee and Newman，1993）和劳动力市场（Bardhan and Udry，2002）具有负面效应。因此，落后国家会出现大量资本向现代部门集中的现象，农业发展由于缺少必要的资本积累，只有过分依赖土地并形成土地密集型的农业生产模式，从而强化了经济结构的二元差异和城乡不平等。

2. 劳动力市场的二元性

博斯（1996）延伸了刘易斯—费景汉—拉尼斯二元经济结构思路，指出发展中国家"二元经济"这个概念的确切含义是城乡劳动力市场的明显分割，因而理解二元经济结构转换的关键是思考城乡劳动力市场的内在关系。博斯发现在发展中国家的农业中，消费水平与生产效率两者之间有着明显的正相关性。因此，他认为农业雇主支付给农业雇员的是效率工资。由此出发建立的一般均衡模型表明：尽管农业中高工资可以使农业雇工增加储蓄和延缓非农化转移，但这会影响到农业雇主的长期收益，所以当城市工资上升和劳动力向城市非农产业转移更富有吸引力时，农业雇主的理性选择就是降低工资水平，这反过来又促使农业剩余劳动力转向非农产业。

Akerlof 和 Yellen（1986）的效率工资理论探讨了劳动力市场的二元性，他们认为劳动力市场分割同样可能发生在完全竞争条件下，并将由生产性质和市场结构导致的劳动力二元分化与由单纯制度刚性造成的劳动力市场分割有效地区分开来，从而为现实工资的灵活性变化提供了理论依据。

比较发展中国家与发达国家的劳动力市场和工资结构，是深入分析发展中国家二元劳动力市场的一个重要工具。Lars Ljungqvis（1995）观察到，发展中国家存在着严重的劳动力市场分割和工资水平差异问题，特别是由教育水平所引致的工资差异要远远大于发达国家，换言之，发展中国家的教育回报率超过了发达国家的教育回报率。Lars Ljungqvis 通过一个静态均衡模型证明：工资结构差异与人力资本投资的隐性保险紧密相关。在发展中国家，高素质劳动力的稀缺性使其工资存在上升的可能，造成了劳动力工资水平的较大差异，人们只有在预期收益率较高的前提下才愿意接受教育，教育的预期收益率反过来又进一步强化了工资水平的差异程度。发达国家的情况，与发展中国家的上述逻辑恰好相反。这个分析的政策含义是非常明显的：发展教育是消除二元劳动力市场的根本出路。

四、二元经济结构与收入分配关系的研究

发展经济学对二元经济结构与收入分配差距关系的研究，是沿着解释和检验库兹涅茨"倒 U 型"假设展开的。1955 年美国经济学家西蒙·库兹涅茨发表了题为《经济增长与分配—平等》的论文，提出了"倒 U 型"收入分配曲线假设，即在经济发展初期收入分配的差距日趋扩大，当经济发展到一定水平后，收入分配的差距则趋于缩小①。

库兹涅茨"倒 U 型"假设提出后，引起了许多争论。五十多年来，经济学家运用不同的数据集对这一问题进行了大量的计量研究，然而结论却大不相同。20 世纪 80 年代以后，一些学者在验证和解释库兹涅茨"倒 U 型"假设的同时，把收入分配与二元经济结构联系起来分析。得出了与库兹涅茨"倒 U 型"假设不同的结论。K. Deininger 和 L. Squrie（1998）认为库兹涅茨假设工农业部门劳动生产率是外生的，且没有内生人力资本

---

① 实际根据刘易斯的二元经济模型也可以得出与库兹涅茨"倒 U 型"假设的一致性结论。在刘易斯的"两部门"模型中，二元经济结构转换过程是传统农业部门剩余劳动力向城市现代工业部门转移的过程。在传统农业经济阶段，由于劳动力严重供过于求，农业劳动力的边际生产率为零，每个农民只是得到相当于平均产量的生计工资，这时劳动收入分配差距几乎是不存在的。当经济由传统的农业部门转为工农两部门时，现代工业部门的物质资本所有者利用劳动力无限供给的压力，以略高于维持生计的工资水平吸收农业剩余劳动力，促进资本积累不断扩张，从而使物质资本所有者的收入比重会相应增加，同时，转移到城市工业部门中的农业剩余劳动力的收入也高于农业传统部门，这就不可避免地会拉大收入分配差距。但是随着农业剩余劳动力被现代部门吸收，一方面由于资本日益成为相对充裕的生产要素，其收益转而下降；另一方面劳动力由无限供给变为稀缺要素，农业比较劳动生产率提高，农业劳动者收入水平日益与城市工人的工资水平趋于一致，随着劳动要素的日益稀缺，两部门工人的工资都将上升，这样一来在国民收入中劳动工资份额越来越多，相应的归资本份额就相对减少，其结果必然是社会收入不平等程度降低。

对人口转移的作用，如果考虑这些因素，则财富分配不均等与长期经济增长不仅没有正相关关系，反而有明显的负相关性，历史数据仅能为库兹涅茨"倒 U 型"假设提供微弱的支持。由此出发，发展中国家必须消减城乡居民收入的过大差距，努力提高低收入者的财富获取能力，以此实现结构转变、促进经济发展并走出贫困境地。

此外，J. Temple（1999）基于流动人口的异质特征，对降低现代部门最小工资或给予农民补贴以达到增进分配和降低失业的做法提出了质疑。他指出，技术进步模式不同，不平等与经济发展的关系也不同，这个理解带有对库兹涅茨"倒 U 型"假设支持方和否定方的调和色彩。按照 F. Bourguignon 和 C. Morrisson（1998）的论述，与资本产出率和平均入学率相比，二元经济结构是导致发展中国家收入分配差距的主要变量，这里二元经济以农业与非农产业的劳动生产率差别为特征。在其他条件下不变时，农业经济增长比工业经济增长更能缩小收入分配差距。发展中国家应重视改造传统农业对调整收入分配差距的意义。但该文没有回答：为何平均入学率不能有效解释发展中国家的收入分配差距。对此，T. S. Eich 和 C. Penalosa（2001）利用一个均衡模型来展示技术供求和收入分配之间的关系。主要思想是：人力资本更多供给会直接降低相对工资的不平等性，但人力资本积累会间接地导致对创新和技术工人的更多需求，这又可能拉大收入分配差距，因此教育收益和平等性之间存在着多种均衡。

第三节 二元经济理论忽视了土地资源的配置问题

我们在第一节与第二节中阐述了古典、新古典二元经济理论，以及20世纪80代以来的主要二元经济理论，从中不难看出，迄今为止发展经济学的二元经济转型理论都忽视了二元经济转型中土地资源的配置问题。

以不变制度工资与农业剩余劳动力为假设前提的古典二元经济理论，更多的关注资本积累和工业部门的扩张，虽然与刘易斯转型相比，费景汉—拉尼斯模型尽管强调了农业发展的重要性，但这种重要性是由于工业部门的扩张的必要性所引发的。由于农业部门不发展，农业剩余出现短缺，从而使工业部门的扩张受到制约。在这一模型中农业部门始终处于一种附属地位，没有工业部门的扩张对农业劳动力和农业剩余的需求，似乎很难看到农业发展的重要性。

与刘易斯、费景汉和拉尼斯模型不同，乔根森和托达罗模型不是把农业作为工业化的一个工具来强调其发展的，而是把农业本身作为二元经济结构转换的基本前提，因此农业发展本身就是二元经济转换中的一个重要目标。乔根森模型是通过对农业剩余与工业扩张的关系分析，来论证农业发展对二元经济结构转换重要作用的。虽然在费景汉—拉尼斯模型中，农业剩余也是劳动力顺利转移的关键因素，但前者所说的农业剩余是与剩余劳动密切联系在一起的，而乔根森所说的农业剩余是以最大人口增长率为前提的，只有当人均粮食产出高于临界人均粮食产出水平[①]，农业剩余才会出现，农业劳动力才会由农业部门转移到现代工业部门。因此，乔根森模型与费景汉和拉尼斯模型相比更注重农业的发展；由于托达罗模型把城市失业作为分析的前提和目的，这一模型较好地解释了农业劳动力的转移和城市失业并存的现象。在这一模型中将一国的工业化过程与城市化过程结合起来分析，认为消除发展中国家二元经济结构不是依靠农村人口不断流入城市，而是如何提高农业劳动生产率，增加农民收入，改善农村生活条件。强调在发展中国家二元经济结构转换过程中，通过农村经济的不断发展来缩小工农差别和城乡差别。

20世纪80年代以来二元经济理论的最新进展，在不同程度上弥补了传统二元经济理论的不足，促进了二元经济理论的发展。拉克西特提出通过刺激有效需求促进二元经济转换的凯恩斯主义二元经济理论，从商品市场、信贷市场和土地市场三个方面解释有效需求不足存在的原因，从需求约束的角度论证的工农两大部门的相互联系、相互制约的关系，突破了以刘易斯为代表的供给导向型的二元经济理论；一些学者对要素市场的二元性及其对二元经济结构及经济发展的影响的研究，突破了传统二元经济理论单纯从劳动力流动的角度来研究发展中国家二元经济结构转换的不足，把制度因素引入二元经济结构理论；杨小凯等人的新兴古典二元经济结构模型，克服了传统二元经济理论把二元经济结构视为外生给定的不足，从分工演进的角度探讨了二元经济结构产生及演化的原因，为二元经济结构的研究提供了新的视角。

但从第一节与第二节的内容中我们不难发现，无论是古典与新古典二元经济理论，还是20世纪80年代以来的各种二元经济理论，都很少研究二元经济转型中土地资源的配置问题。其中的原因，可能有以下几个方面。

第一，迄今为止的二元经济理论多是从工业与农业两大部门的角度，而不是从城市与乡村的角度来研究二元经济转型问题。由于只研究生产要

[①] 临界人均产出水平是指当人口达到生理最大比例条件下的人均产出水平。

素在工业与农业两大部门间的配置问题，而不研究城市与农村间的资源配置问题，所以，土地这一重要的生产要素在随着工业化与城市化的发展在城乡间重新配置的问题就没有得到二元经济理论的重视。

第二，杨小凯等人的新兴古典二元经济结构模型虽然涉及了生产要素在城乡间的配置问题，但由于这一模型研究重点是分工演进过程中的城乡间的关系变化，虽然涉及了城乡间的"土地消费"问题，但并没有研究二元经济转型中土地资源的配置及其作用。

第三，土地资源的城乡配置问题无法用传统新古典经济学分析方法得到很好的解释。在经典的阿罗—德布鲁一般均衡模型中，消费者偏好、消费集合和企业都被假设为严格凸性，且不存在规模收益递增现象，因此，完全竞争下的市场价格机制就无法解释二元经济转型中城市化带来的经济活动空间聚集[1]。在西方主流经济学中土地被作为固定资本纳入其分析框架，土地资源城乡配置中所发生的区域差异性、预期收益变化，以及收益分配问题被长期忽视。

第四节 二元转型中土地资源的合理配置及其作用

一、二元经转型中土地资源的再配置

一个国家或地区的二元经济转型过程不仅是其工业化与农业现代化的过程，也是其城市化的发展过程。在这一过程中伴随着农业人口的非农化转移，也必然会发生人口及其他生产要素在城市的聚集。这是因为土地是人类生产与生活的空间载体，任何国家的城市化都包含着"人口城市化"和"空间城市化"的两个维度。从社会生产的角度看，土地不仅农业生产基本条件，其可持续利用直接关系到人类的生存与发展；土地也是工商业的生产与经营活动也必须有相应的土地资源相匹配，无论是制造业还是服务业发展，都需要一定数量的厂房、办公场所、机器、设备，上述设施无不需要相应数量的土地作为建设与承载基础。从人类生活的角度看，无论农村居民还是城市居民都需要相应的居住场所，不论住房的集中化程度如

---

[1] [日]藤田昌久等：《集聚经济学——城市、产业区位与全球化》，格致出版社2016年版，第3页。

何，住房建设总是要有相应的土地作为载体。从人类生产与生活的综合角度看，无论是生产活动还是社会生活，都需要有相应的道路、桥梁等基础设施，以方便人们的出行、交易，以及社会交往。这些生产与生活的基础设施也必须以相应的土地作为空间载体。

经典的二元经济理论告诉我们，二元经济转型的核心问题是农业劳动力的非农化乡城迁移问题。在二元经济转型过程中农业劳动力和农业人口逐渐从农业转移出来，进入城市从事工业与商业活动，伴随着农业劳动力和农业人口的非农化乡城迁移，不仅城市土地规模也会发生相应的变化，土地的利用性质也进行相应的调整，以适应农村迁移人口生产、生活的用地需要。

二元经济转型中土地资源的配置表现为，随着农业劳动力的非农化乡城迁移，土地资源在城乡间，以及城市与乡村内部的重新配置过程。土地资源的城乡间配置，主要表现为原有城市的空间扩张和原有乡村由于人口与非农产业聚集成为新的城市。无论是原有城市的空间扩张还是新的城镇形成，都会涉及土地资源由农业用途转非农用途。土地资源的城市内部配置，主要是随着城市规模的扩大，土地资源在大中小城市与小城镇间的配置。土地资源在乡村内部配置，主要是指在二元经济转型过程中，由于农业劳动力非农化的乡城迁移，土地资源在不改变农业用途条件下的重新配置过程。土地资源在乡村内部的再配置，通常会促进农业规模经营，促进农业现代化进程。

二、土地资源合理配置对二元经济转型的作用

1. 促进资本积累推进工业化进程

首先，二元经济转型中土地资源在城乡间的合配置，可以通过城市聚集经济提高企业效益，从而有利于非农产业的资本积累。二元经济转型过程既是农业劳动力的乡城迁移过程，也是土地在农业与非农业、乡村与城市间的再配置过程，伴随着人口城市化与土地城市化，非农产业及其生产要素在城市聚集，并通过城市的聚集经济，促进资本积累，推进工业化进程。这其中的作用机理是土地资源的非农化使用—生产要素在城市聚集—降低了企业的生产成本、交易成本，扩大了企业的市场需求—提高了企业效益—促进企业的资本积累和非农产业发展—推进了工业化进程。

（1）生产要素与经济活动的空间聚集可以形成规模经济，降低生产成

本。规模经济指的是产出增加的比例大于要素投入的比例,从而导致单位产品成本随着产量的增加而降低的现象。设投入向量为 f(x),如果 f(λ·x) > λf(x),则存在规模经济;如果 f(λ·x) = λf(x),则规模经济不变;若 f(λ·x) < λf(x),则规模收益递减,即规模不经济。

规模经济产生的原因是要素投入的不可分性。在组织社会经济活动中总有一些投入要素是不可分的,如企业生产的机器设备、运输管道、厂房等固定资本;城市基础设施、交通、管理、污染控制等公共产品的投入,都具有明显的不可分性。基本具有固定投入性质的要素不可分性,这些生产要素的集中使用会提高固定要素的使用效率,从而形成规模经济。从企业的角度看,随着企业生产规模的扩大,单位产品的固定资本支出不断减少;大批量生产,有利于提高企业管理效率,通过产品的标准化、专业化和通用化,提高产品质量,降低企业的能源与原材料耗费;企业生产规模的扩大还可以降低企业的招聘员工与培训员工的费用,提高员工"干中学"的人力资本投资收益,降低企业的用工成本。从区域经济的角度,工商业活动的空间聚集可以使企业和居民共享公路、桥梁、机场、车站和供水、供电、通讯等城市基础设施,不仅可以节约基础的建设费用,还会提高企业的生产效率,提高城市居民的效用满足程度;由于现代市场经济条件下,不同产业的生产和经营活动都是密切相连的,关联企业的空间聚集可以大幅度降低企业的运输成本和存储成本;生产活动与人口的空间聚集,会促进生活服务业和生产服务业的发展,从而通过工业与服务业发展的良性互动,提高企业的生产效率;企业的空间聚集有效促进了信息交流和技术扩散,有利于企业的技术创新,并通过技术创新提高企业的生产效率,降低其生产成本。

(2) 生产要素与经济活动的空间聚集可以降低交易成本,提高交易效率。由于农业生产需要占用大量的土地,农业生产不可能在空间上集中布局,而非农产品生产则既可以集中布局,也可以分散布局,但在二元经济转型过程中,工商业活动日益呈现出集中布局的趋势。这其中的一个重要原因是大规模的非农产业集中,会形成多样化的商品集中生产和人口的集中居住,从而大幅度提高了信息交流与商品交换的便利性。这样既有利于生产厂商根据市场需求的变化及时调整生产经营决策,减少流通环节和流通时间;也大幅度节约了劳动者择业的搜寻成本,提高了他们与工作岗位的匹配程度;对于消费者来说,多样化的商品集中也会降低其购物及享受他们服务的成本,提高其消费效用。

(3) 生产要素与经济活动的空间聚集可通过专业化和技术进步扩大市

场需求。分工与专业化生产是近现代市场经济的一种生产方式，而生产的专业化与产业集中相关。只有在大规模生产条件下，分工与专业化生产才能节约生产成本，人们才能分享专业化生产所能带来的经济利益。因此，在生产过程中对专业化利益的追求，必然会伴随着生产要素的空间聚集。在规模经济与分工演进的相互作用中，社会的分工水平与专业化程度不断提高，使得生产的迂回程度不断提高，众多的中间生产部门和为此服务的服务行业之间，通过其产品或服务的相互交换实现彼此联系。这种迂回生产方式，随着分工与生产专业化的发展而不断深化，表现为不同部门间交易范围、交易环节和交易规模的不断扩大。

我们在前面谈到了经济活动的空间聚集有利于企业的技术进步，并通过企业的技术进步降低其生产成本。事实上技术进步不仅可以降低企业的生产成本，还可以扩大市场需求。这是因为技术进步可以开发出新的产品，创造出新的市场需求。当创新活动集中出现时，就会在新的市场需求的带动下出现新的产业群，从而创造更多的就业机会，并通过就业率的提高和居民收入水平的提高进一步扩大市场需求。

其次，二元经济转型中土地资源在城乡间的合理配置可以通过土地的增值收益促进资本积累和城市基础设施建设。由于经济活动的聚集效应为企业与居民带来了外部利益，从而吸引了人口与生产要素在空间集中形成了城市，企业和居民在聚集利益下的区位选择与竞争，则通过土地资源在城乡间的重新配置，带来的土地资源非农化使用的增值收益。在二元经济转型中生产要素在时、空两个维度的合理配置也就是土地要素与其他生产要素的有效配置问题。根据马克思的地租理论，由于土地供给是有限性引起土地所有权的垄断，土地要素所有者获得土地使用权转让的绝对地租；由于特定区位上的土地更加稀缺，这些区位上的土地所有者不仅可以凭借着土地所有权的垄断获得绝对地租，也可以凭借着对地理位置较好土地的经营权垄断获得级差地租。二元经济转型过程中土地资源城乡间再配置过程，实质上也就是通过人口与生产要素的空间聚集土地资源的价值增值过程，即级差地租的形成过程。如果土地要素所有者把土地的增值收益用于非农产业投资，则可以促进资本积累推进工业化进程；政府把与土地增值收入有关的税费收入用于城市基础设施建设，也可以为企业经营创造良好的外部条件，从而促进资本积累。

2. 形成合理的城市空间体系带动乡村发展

在二元经济转型过程中，随着人口与生产要素的空间聚集及土地资源城乡间进行再配置，从而形成城市。二元经济转型中社会资源的合理配置，实际上也就是土地要素与其他生产要素的相互匹配，从而实现最优配置的问题。相对土地要素来说，无论是资本还是劳动力都是可流动性生产要素。在市场机制的作用下，当社会资源得到合理配置时，可流动性生产要素和产品通过市场交换实现市场出清，从而确定均衡要素价格与产品价格；而土地要素则因其他生产要素的空间聚集作用，通过厂商与居民追求利润最大化和效用最大化的区位选择与竞争，使土地利用效率达到了最大化，从而实现了土地租金收入，或土地价格的最大化[1]。

由于空间聚集效应的存在，厂商由于生产成本与交易成本的降低，以及市场需求的扩大，获得了更多的利润；居民由于就业机会的增加、择业成本的降低，以及多样化的商品的集中，增加了劳动要素收入，提高了效用满足程度。无论是追求利润最大化的厂商，还是追求劳动要素收入最大化和消费效用最大化的居民，其在厂址、就业，以及居住地选择上，总是尽可能寻找利益最大化的地点，显然，具有聚集效应的城市区位自然就成为其生产和生活的理想所在。但是厂商与居民向城市聚集也是有成本的，随着生产要素与非农经济活动的集中，必然会增加不可移动性质的土地要素的稀缺性，从而造成地租水平或土地价格的上涨。而地租或土地价格的上涨，又导致了劳动者居住费用的增加，不仅增加了企业的用地费用，也提高了企业的用工成本。同时，由于在一定的经济技术条件下，土地的承载能力是有限的，特定区域的人口与要素聚集超出了土地的最大承载能力，就会由于"拥挤"而产生交通堵塞、环境污染、住宅紧张等各种城市病。上述人口与要素聚集所产生的地租与土地价格的上涨、劳动力成本的提升，以及超出土地承载能力所产生的各种城市病，被称之为聚集不经济。城市聚集不经济对于企业和居民来说，也就是他们在城市空间的聚集成本。

如果说聚集经济作为聚集收益，会形成城市空间吸引力，导致了城市规模的扩大，聚集不经济作为聚集成本，则会对城市规模产生分散力。在聚集经济与聚集不经济的综合作用下，城市规模在人口与要素聚集的边际收益与边际成本相等那一点形成最佳的合理规模。由于土地是人类生产与生活的空间载体，人口与生产要素在不同地域间的聚集与分布动态演变过程，实质上也就是土地资源的配置与再配置过程。城市聚集经济效应如何，不仅取决于各种生产要素和经济活动的聚集总量，也取决于这些生产

---

[1] 吕玉印：《城市发展的经济学分析》，上海三联书店2000年版，第57页。

要素的构成及其与土地要素资源的匹配程度。在这一过程中土地价格的变化，调整各种要素的空间布局。

由于聚集经济的存在，在同样的技术约束条件下，聚集企业比分散企业可以获得更高的利润，于是企业将通过资本积累与资本集中来扩大生产规模；劳动力和人口在城市聚集也比分散在农村具有更高的收入和更大消费满足，显而易见，农业劳动力和农村人口也会向城镇迁移。但是，由于企业和居民对有利区位的竞争，同时也会提高地租并产生其他"拥挤"成本，因此，企业与居民在城市空间的聚集，以及城市空间边界就会在聚集经济所产生的吸引力和聚集不经济所产生的分散力之间错综复杂的相互作用下，在市场主体对聚集收益与聚集成本的权衡之下，演变成不同形态。世界各国二元经济转型中，城市空间结构呈现出由单一中心向多中心演化，空间布局向农村地带蔓延的趋势。首先是独立的聚集中心形成小城镇，并以中小城镇为中心向边缘区域不断扩张，使用小城镇逐步发展为中小城市甚至是大城市，这一阶段是单一中心城市形成并不断扩张的阶段，城市中心区对周边地区具有较强的引力，使得城市边界不断扩大；随着城市边界扩大，城市边缘距中心的距离越来越远，城市中心的聚集力减少，在城市边缘区形成了新的边缘聚集区，城市郊区的原有小城镇开始市区化；随着城市边缘新的聚集区发展成具有相对独立性质又与城市中心区保持密切联系的中小城市和小城镇，就形成了以大城市为中心的城市体系；随着多个或两个城市体系之间的联系不断加强，两大城市体系之间形成大量的中小城市和小城镇，就形成了城市带或城市群。

聚集效应下市场主体在城市聚集的结果，不仅演变形成了城市空间体系，改善了资源配置效率，特别是提高了土地的利用效率，也通过城市对农村腹地的辐射作用，带动了农村经济与社会发展。一个众所周知的事实是，越是邻近城市，农业的现代化程度和农产品的商品化率就越高，农民土地的租金收入也就越高。随着城市规模的扩大，城市对农村腹地的辐射范围越广，而多中心城市体系的形成，特别城市带和城市群的形成，使广大农村都能通过大中小城市和小城镇的城市空间体系受到城市经济的辐射与影响。在开放的城市体系中，城市与农村存在着以分工为基础的相互依存相互促进的关系。一方面广大的农村腹地为城市经济提供食品、农业原材料和劳动力、土地等生产要素；另一方面城市又为农村提供大量非农消费品、农业投资品及其他服务。随着城市空间范围的扩大，城市空间体系的形成，以及城市之间联系不断强化，城乡间通过商品交换、要素流动的联系不断深化，城市对农村腹地的辐射与带动作用也就越加突出。如果说,单一中心的城市发展阶段,城市对农村辐射作用只是体现在中心城市郊区的话,那么,随着多中心城市体系和城市带的形成,城市对农村的辐射作用则表现为通过城市网络体系覆盖整个农村区域。

3. 实现农业规模经营推进农业现代化进程

随着生产要素在城市聚集所带来的城乡间土地资源的合理配置,农村内部土地资源也会出现重新配置。这突出地表现在随着农业劳动力与农村人口在城市聚集经济的吸引下不断流向城市非农产业,农村内部的人均土地资源的占有量的增加,促进了农业规模经营,从而为农业现代化创造了良好条件。

第一,农业规模经营可以通过对农业投资,推进农业现代化进程。发展中国家的农业经济基本上属于小规模经营的小农经济。在小规模经营条件下,农户的资源禀赋表现为土地与资本十分稀缺,劳动力资源非常充裕,加之小规模农业经营抗风险能力差,对于农民来说除了劳动以外的任何对土地的长期投入都是得不偿失的。由于农业投资的预期收益小于成本支出,所有农户的理性选择是尽可能减少对农业的物质资本投入,增加劳动投入。劳动力资源投入过多,物质资本投入过少的,农业技术创新也就只能停留在精耕细作的层面上,难以产生现代化农业。农业的适度规模经营,一是为机械化生产和现代农业技术应用创造了前提条件。二是改变了农民对农业投资成本与收益权衡,使农业投资具有了经济上的可行性。这是因为在规模经营条件下,农业投资可以大幅度提高农业劳动生产率,增加农民收入,从而使农业投资的收益大于其投资成本。三是农业规模经营通过增加农民收入,不仅提高了农民对农业风险的抵御能力,也使农民具有了对农业持续投资的财力保障。

第二,农业规模化经营可以提高农业的专业化和市场化水平。农业现代化不仅表现为农业生产的机械化水平的提高和现代农业技术的广泛应用,还表现为农业生产的专业化分工和农业产品的市场化生产。在小规模农业生产条件下,受土地经营规模的限制,农民不可能对农业进行长期的物质资本投资,只能通过增加劳动投入进行精耕细作,劳动生产率十分低下;虽然土地生产率较高,但由于土地经营面积小,农业生产只能维持农户的基本生存,可用于市场交易的农产品十分有限,因此,农业的专业化分工与农产品的商品化自然也就无从谈起。在农业规模化经营条件下,由于农业劳动生产率的提高,以及土地经营面积的扩大,农户的农产品产量大幅度提高,从而为农业专业化和市场化生产创造了良好条件。农业生产的专业化与农产品生产的市场化,又可以进一步提高农业劳动生产率和农民货币收入,并通过农业投资,进一步促进农业现代化。

第三,农业规模化经营可以利用现代产业组织形式,实现农业产业化经营。现代农业与小农经济的一个重要区别是农业生产的经营方式不再是小规模的自给性农业,而是适度规模的市场化生产。农业经营虽然还表现为以家庭经营为主,但这种家庭经营却采用了企业化运作,并通过农户的分工合作、农户与非农企业的分工合作,将农业再生产的产前、产中、产后诸环节联结为一个完整的产业系统,实现产供销、农工商一体化经营,即农业的产业化经营。显然,利用现代产业组织形式对农业经营方式进行改造,实现农业产业化经营,只能建立在农业规模经营的基础上。这是因为,农业规模经营可以促进农业投资和农业生产的专业化和市场化,而无论是农业的企业化运作还是产业化经营都只能建立在通过农业投资进行扩大再生产,以及农业专业化分工和市场化生产的基础上。国内外农业经济发展的实践表明,二元经济转型中城乡间土地资源的合理配置,促进了农业的规模经营;在农业规模经营的条件下,农业生产日益表现出企业生产的特点,农户之间、农户与非农产业之间的联系也不断广泛与深化。

4. 有利于实现城乡经济发展一体化

二元经济转型中土地资源的合理配置,实际是各种生产要素与土地要素的合理匹配。土地资源在城乡间的合理配置,可以通过人口与生产要素的聚集效应促进非农产业的资本积累,扩大非农产业的生产规模;而非农产业生产规模的扩大可吸收更多的农业劳动力和人口流向城市非农产业,又可促进农村内部土地资源的合理配置,通过农业的规模经营,促进农业现代化进程;农业现代化水平的提升,又会提高农业劳动生产率,进一步推进农业劳动力与农业人口流向城市非农产业,从而形成农业与非农产业相互促进的良性循环。

二元经济转型过程中土地资源在城市内部的动态配置及不断趋于合理化的过程,也是城市由单一中心向多中心发展,大中小城市、小城镇合理分布的城市空间体系,以及城市群和城市带的形成与发展过程。在这一过程中随着城市对农村地区的辐射影响范围不断扩大,城市信息、科技、产品也不断向乡村扩散。这一扩散效应表现为大城市向周边市郊和次等级城市的扩散;中小城市和小城镇向广大农村腹地的扩散[①]。同时,二元经济

---

① 徐同文:《地市城乡经济协调发展研究》,社会科学文献出版社2008年版,第160页。

转型中土地资源在城乡间的合理配置过程，实际上也是城乡间基本比较优势的分工与交换过程，随着城市化规模的优化与城市空间体系、城市群和城市带的形成与发展，城市非农产业和城市居民对农产品的市场需求也会随之扩大，对农产品和农业资源的多样化需求也在不断增加，城乡间的产品与要素的分工与交换，会促进城乡经济越来越向一体化发展。

第五节　实现土地资源合理配置的约束条件

二元经济转型过程中劳动力与人口的乡城迁移过程，也是生产要素和经济活动在城市的聚集过程。如第四节所述，这一过程通过劳动力、资本等流动性生产要素与土地这一非流动性生产要素的合理匹配和优化配置，促进了工业化、城市化和农业现代化，推进了二元经济转型。但是，现实经济的运行远比抽象理论分析更加复杂，由于二元经济转型中土地资源的合理配置，不仅受农业与非农业分工、经济地理条件的影响，还受到影响要素流动、到聚集利益的形成与演变的制度安排制约，因此，实现土地资源的合理配置，通过工业化、城市化与农业现代化的相互作用的良性循环，还需要具备相应的约束条件。

一、健全完善的市场体系

二元经济转型过程中土地资源的合理配置，实际是生产要素和经济活动在空间聚集效应的作用下，土地要素与其他生产要素的动态匹配与优化配置的过程。由于土地要素的空间区位的固定性，二元经济转型的土地资源的配置，就表现为其他可流动性生产要素，在城乡间、城市内部、农村内部的流动与组合，从而形成了人口与产业在不同区域的空间布局。与可流动性生产要素不同，在资源配置过程中土地不会通过自身的物理运动改变其地理位置，但会由于承载其上的可流动性生产要素的流动与组合的变动，发生用途改变，以及所有权或使用权的转让。可见，二元经济转型中土地资源合理配置的前提条件是健全完善的市场体系，以保障商品与生产要素在不同的产业间与区域间的合理流动。

市场体系是指商品市场与劳动力市场、资本市场与土地市场等生产要素市场的有机体系。根据经典的二元经济转型理论，农业劳动力乡城迁移是二元经济转型的核心问题，劳动力与人口的乡城间的再配置是二元经济转型的基本特征。劳动力市场可以实现劳动力和人口在城乡间有序流动，以满足工农两大部门对劳动力和人力资本的需求，并通过其带动其他生产要素在城乡间配置；完善的商品市场可以保障伴随着劳动力与人口的乡城迁移，通过城乡间的商品交换，满足城乡居民的消费需求，以及生产和再生产对生产资料的需求；土地市场则可以通过土地所有权与使用权的交易，在改变土地用途，提高土地利用效率的同时，使各种生产要素实现空间分布的合理化；在市场经济条件下，生产的物的要素和人的要素的流动都要以货币资本的投入和流动为前提，一切经济往来都要通过货币作为媒介才能实现，因此，货币资本市场健全与完善，直接关系到商品市场和其他要素市场资源配置效率。

二、充分发挥市场机制的资源配置功能

由于土地是人类生产与生活的空间载体，任何社会资源的配置都不仅只有生产要素通过不同产业间、企业间，以及企业内部不同分工环节间的流动与重组，也必然涉及生产要素在不同区域间的动态配置。因此，二元经济转型过程中土地资源的合理配置，实际上也就是土地要素与其他生产要素的在时间维度和空间维度的最佳配置问题。就时间维度考察，企业和居民追求利润最大化和效用最大化的市场竞争，会通过生产要素在不同产业间、同一产业内部的不同企业间，以及企业内部的流动与重组，实现市场出清与竞争均衡。从空间维度分析，在存在聚集经济的条件下，市场主体追求利益最大化的竞争，也必然导致社会资源在不同区域间的流动与重组，从而实现生产要素聚集效应的最大化。显然，传统西方主流经济理论，只关注时间维度的社会资源配置问题，却忽略了空间维度的生产要素的配置效率的问题。在新古典经济理论中土地要素被合并为资本要素之中，并作为固定资本进行分析，市场主体的区位竞争所形成的对土地增值的收益分配，以及土地价格对土地资源的配置作用并没进入主流经济学的研究视野。

事实上，由于土地资源具有地理位置的固定性，当我们研究土地资源的合理配置问题，就不可避免地涉及生产要素的产业间与区域间的流动与重组问题。在市场经济条件下，企业追求利润最大化的市场竞争，在商品价格和要素价格的引导下，使用生产要素不断地从利润率低的部门转移到利润率高的部门；从聚集效应低的部门转移到聚集效应高的区域，从而实现社会资源在时空双重维度上的合理配置。因此，要实现二元经济转型中

土地资源的合理配置，就要充分发挥市场机制的作用，在供求、价格、竞争之间相互联系相互作用之下，通过市场主体对利益最大化的追求，促进生产要素的流动与重组。

三、正确发挥政府对土地资源的调节作用

在这一章的上述内容中，我们较为深入地分析了市场主体的区位竞争、要素流动与重组对土地资源的配置作用，结论是通过市场机制的作用可实现社会资源的最优配置。但是这种抽象的理论分析是只考虑了生产要素空间聚集的经济效应，而没有涉及其社会效应和环境效应；只是把市场机制对资源配置看作是一个瞬间实现过程，而忽略了市场机制实现资源优化配置是一个动态的长期过程。如果我们放松上述假设，就会发现虽然在健全完善的市场体系下，追求利益最大化的理性经济人，可以在商品与要素价格的引导下，通过生产要素的流动与重组，最终实现竞争均衡与资源配置的帕累托最优，但不仅涉及社会效应与环境效应的领域会出现市场失灵；在市场机制对资源配置的动态调整过程中，也会伴随着的诸多的交易成本和不确定性所带来的效率损失。更何况，现实中的市场也不是理想中完全竞争的市场，追求利益最大化的市场主体也不是具有完全理性的经济人，市场体系的不完善、垄断因素的存在，以及市场主体机会主义的策略行为都会使市场机制的资源配置功能不能正常发挥。因此，二元经济转型过程中要实现土地资源与其他生产要素在时间与空间维度上的合理配置，离不开政府对土地资源的调节作用。

第一，市场机制无法解决土地资源配置过程中土地增值收益的合理分配问题。在市场机制的作用下，二元经济转型中的土地资源配置是生产要素空间聚集效应的作用结果。在生产要素的空间聚集利益的吸引下，企业和居民向着具有区位优势的地域集中，由于空间聚集效应的存在，企业可以在同样的技术约束条件下，获得更大的产出；居民也可以获得更多的就业机会和更高程度的效用满足。企业和居民在空间聚集的过程，也就是对聚集经济利益的分享过程。但由于土地资源所具有的区位固定性和稀缺性的特征，使企业和居民空间聚集与区位竞争的结果必将导致土地租和土地价格上涨，在竞争均衡的条件下，聚集经济利益完全资本化于土地收益之中。如果土地资源配置过程中土地增值收益完全归土地所有者所有，必然带来巨大的社会收入分配不公。这种单纯由于对土地的占有就能所获得的财产性收入，不仅通过地租与土地价格的上涨提高企业的用工成本和居民

的生活费用，还会诱发对土地与房地产的投机性炒作，严重影响市场机制对土地资源的合理配置。因此，各国政府对土地资源配置过程中土地财产的增值收益，都采取税收、近地补偿①、"减步法"②等不同的制度安排，以实现土地增值收益的社会分享。通过上述制度安排，一方面减少了由于土地占有和土地投机行为所造成的社会收入分配不公；另一方面也可用土地增值收入进行城市基础设施建设，增加公共物品的供给，以扩大生产要素的空间聚集效应，提高土地资源的利用效率。

第二，市场机制无法解决土地资源配置中的负外部经济问题。在市场经济条件下，土地资源在城乡间的再配置是空间聚集经济效应的作用结果。但是市场机制实现资源优化配置的一个重要前提条件是市场主体的经济活动没有外部经济效应。外部经济效应的基本含义是市场主体的生产或消费行为对于其他经济主体所产生的未能或无法由价格体系来反映和计量的影响，通常分为正的外部性与负的外部性。负的外部性是指市场主体的经济活动对他们产生了不利的影响，却没有提供相应的补偿；正外部性则是指市场主体的经济活动给他们带来的有利的影响，而没有索取相应的费用。市场主体经济活动的正外部性是聚集经济产生的重要原因，它促进了生产要素在有利的区位上聚集，并通过聚集经济利益使企业和居民受益。但是市场主体的空间聚集行为也会产生负外部效应，比如要素空间聚集过程中产生的空气污染、水污染，以及交通拥堵等都与土地资源城乡配置过程中市场主体经济活动的外部性直接相关。由于这种负外部效应无法通过市场价格来反映和计量，市场机制也就难以自发的消除负外部效应的影响。因此，二元经济转型中土地资源配置过程中各国政府通常会通过税收限制、建立市场替代等制度安排，通过把外部效应内部化的办法，来消除负外部性的影响。

第三，市场机制无法实现土地的资源配置的社会效益最大化。土地不仅是人类生产与生活空间载体，更是农业再生产不可替代的生产要素。土地不仅具有经济功能，同时也具有满足人们对食品需求、缓解失业压力的社会保障功能，以及涵养水土、调节温度与湿度、维护生物多样性的环境

---

① 近地补偿原则是德国土地征收时对土地所有权人采用的一种补偿办法，是指用被征购土地旁边类似用地作为参照进行征地补偿。华生：《新土改——土地制度改革焦点与难点辨析》，东方出版社2015年版，第Ⅳ页。

② 是日本土地征用时所采用的一种对土地增值收益分配所采取的一种制度安排。是指在近郊和旧城区改造中，涉及土地用途改变时，土地所有权人必须交出相当部分的土地用于公共设施用地和弥补建设成本。华生：《新土改——土地制度改革焦点与难点辨析》，东方出版社2015年版，第Ⅳ页。

净化与保全的功能①。市场机制的作用,会使资源不断地从经济效益低的部门转移到经济效益高的门,追求利益最大化市场主体的迁移流动和要素重组活动,就会导致二元转型中农地配置过少与非农用地配置过多,从而影响土地的保障功能和生态净化保全功能的实现。

二元经济转型中土地资源的配置活动,有可能强化核心—边缘的区域二元结构。我们在第四节中曾分析过二元经济转型中土地资源的合理配置有利于通过城市对乡村的辐射与带动作用,促进城乡经济发展的一体化。显然,城市对乡村辐射与带动作用,是以二元经济转型过程中土地资源在城乡之间合理配置为前提的。二元经济转型中土地资源在城乡间的配置过程表现为城市由单一中心向多中心发展,大中小城市、小城镇合理分布的城市空间体系,以及城市群和城市带的形成与发展过程。但是由于垄断、要素流动成本等因素的存在,城市空间体系以及城市群和城市带的形成是一个长期的动态演化过程。在这一过程中城市地区由于区位条件优越,非农产品的价格需求弹性与收入需求弹性较高,在经济发展中居于核心地位,从边缘地区吸纳要素与资源不断壮大自己,并引起边缘地区的经济衰落。缪尔达尔曾指出,由于不断递增的内部和外部经济的作用,核心区经济增长总是表现为一种上升的、循环的正反馈运动,边缘区则表现为一种下降负反馈运动,因此,"市场力量的作用通常倾向增加而不是减少区际差异"②。消除生产要素空间聚集过程中的核心—边缘的区域二元结构,政府必须通过对土地规划与土地用途管制等制度安排,促进土地资源在城乡间的合理配置。

进一步分析,我们还会发现,尽管土地资源配置中存在着市场失灵,但政府对土地资源的调节与规制也会存在着政府失灵。如土地用途管制与土地增值收益分配中的寻租行为,不仅会使政府的政策目标难以实现,还有可能带来更大的收入分配不公。所以,实现二元经济转型中土地资源的合理配置,不仅要通过土地制度及其相关的制度安排,弥补市场失灵,更要通过对政府官员的激励与约束,尽最大的可能减少政府失灵。

---

① 宋敏、陈廷贵、刘丽军在《中国土地制度的经济学分析》一书中论述了农地的多重功能。认为农地具有生产功能、社会保障功能、环境保全功能和健康保健功能(第32~36页)。
② 转引自:张培刚:《发展经济学》,河南人民出版社1999年版,第37页。

第四章

我国二元经济转型中的土地制度变迁

第一节 改革开放前中国农村土地制度的变迁

改革开放前,我国土地制度的变迁先后经历了私有私营的土地改革、私有公营的农业合作和公有公营的人民公社三个阶段。每一个阶段的变迁所实施的不同产权与分配制度安排对农民形成了不同的激励机制,对农村经济的发展产生了不同的影响,从而使得不同时期的经济绩效差异很大。土地制度变迁过程在外部环境变化的情况下,各方利益集团的约束条件有很大不同,它们构成了博弈的逻辑起点,受各利益集团力量变化的影响,土地制度始终沿着均衡到非均衡再到均衡的轨迹演变。

一、土地改革

始于1950年的土地改革是新中国成立后第一次土地制度变迁,主要是在老区原有土地改革的基础上,针对解放新区所进行的更加彻底的改革,是以党的七届三中全会和《中华人民共和国土地改革法》颁布实施为标志的。改革的路线和政策是依靠贫农和雇农、团结中农,中立富农,逐步消灭封建剥削制度,发展农业。因此,改革的主要内容就是废除地主阶级封建剥削的土地所有制,变为农民土地所有制。没收地主拥有的土地、农具、牲畜和房屋,将其分配给无地和少地的农民进行耕种,地主阶级中除个别需要镇压外,其余的都能取得其应得的一份土地,但是需要自己耕种土地。土地改革期间,政府对富农经济和工商业采取了保护的政策,其中对富农的政策与解放战争期间的土改有很大不同,由过去的征收多余土地财产改为保护富农经济，其目的是通过在经济上的保护使在政治上中立。此次改革共历时近两年，至 1952 年，除了西藏等少部分地区以外，土地改革在全国范围内基本完成。

从土地改革所形成的农村土地制度基本关系来看，土地制度的基本性质是小农私有制。农民成为农业生产的主体，家庭成为农村基本的生产单位。但是土地改革所形成的农地制度与真正的小农私有制还是有较大的不同。农民得到的并不是排他性的私有产权，如土地的自由处置权和契约权，而是土地的使用权。政府对土地有较大的干预权，也就是说在土地产权关系上，政府是高于农民的。这次土地改革主要实现了两个目标：一个是通过改变土地的产权关系调整了相关利益主体的利益关系，充分调动农民生产积极性；二是通过土地关系的调整使土地制度能够更好地适应生产力发展的要求。土地改革没收了全国 43% 的耕地（4500 万公顷）包括地面上的建筑和牲口，再重新分配给了佃户和无地的农民。使全国约 3 亿农民分得耕地 7 亿亩，免除了每年向地主缴纳粮食的地租达 350 亿吨。改变了土地占有极不合理的状况，促进了农业生产力和整个国民经济的发展。

土地制度改革使国家和广大农民获取了巨大的经济收益。由于占农村总人口 70% 的农民获得了土地，并对自产的农产品拥有控制权和索取权，农民平均土地的愿望第一次得到了实现，农民与土地因此有效地结合在一起，农民的生产积极性大大提高，并由此产生了一定的制度绩效。据统计，从 1949 年到 1952 年，全国农业总产值由 1949 年的 326 亿元增加到 1952 年的 461 亿元，年均增长为 18.9%。粮食总产量增长了 39%，每公顷产量增长了 390 公斤，年均增长 5.5%。棉花总产量增长了 43.15%。农村经济的发展带动了农民消费水平的提高，农民人均购买力从 1949 年的 14.2 元增加到 1952 年的 24.6 元，增长幅度为 73.2%。农民增加了生产资料的投入，较之新中国成立前农民的投入相比，贫农增加了 5.2 倍，雇农增加了 2.95 倍，中农增加了 2.13 倍。粮食消费平均增长 10% 以上[①]。农业取得发展的同时还为国家工业提供了原料、劳动力和资金方面的支持，对城市工商业发展起到了促进的作用。封建地主阶级消失的同时，商人和高利贷者也失掉了他们的产业，农民在经济上摆脱了对地主的依附关系，国家形成了一种有利于向现代化发展的新的社会关系。但是，从土地产权的特点和农业生产方式的关系来看，这一土地制度的变革并没有为转

---

① 王琛、许滨：《中国农村产权制度的演变和耕地绩效》，经济管理出版社 2006 年版，第 10~11 页。

变农业生产方式创造条件，由于以家庭为基本经济单位使土地更加分散化，靠手工劳动来推动生产对规模经济和技术进步的促进作用不大，对农业生产力发展所起的作用也是有一定限度的。

二、农业合作化

土地改革形成的小农经济并没有持续多长时间，从1953年开始，中国便开始了农业合作化的土地制度，农业合作化的实质是通过互助合作的形式将生产资料私有制为基础的小私有经济改造成生产资料公有为基础的合作经济的过程。农业合作化先后经历了具有社会主义萌芽的互助组（至1953年底）、土地入股统一经营的初级社（1954～1955年）和土地、耕畜、农具等折价归集体所有高级社（1955～1956年）三个阶段。

互助组是以个体经济为基础，由农民按照自愿互利的原则而形成的集体劳动组织。有临时性、季节性的互助组，也有比较固定的常年互助组。与单干相比较互助组只是以换工形式联合了农民的生产活动，生产技术没什么变化，生产工具和土地仍然归农民个人所有。由于互助合作在一定程度上提高了生产率，农民成立互助组的热情逐渐高涨。

从1954年开始，国家为了吸收更多的农民入社，从各个方面给予了大力的支持。初级社是在互助组的基础上发展起来的，将社员的土地交给合作社统一使用，归并了农民的主要财产，如耕畜、大型农具等。农产品由社里统一支配。每年农民按照土地的数量和质量从集体收入中获取相应的报酬，拥有牲畜和大农具的农户，也会获得合理的收入补偿，此外，农民依据自身参与劳动的多少及质量，获得劳动报酬。从这一点来看，产品分配部分地实现了按劳分配的原则。所以从本质上看，农民是通过土地入股来实现其所有权的。在这个阶段，农民还拥有对土地的处分权和退股权，但是初级社部分地改变了私有制，促进了生产力的发展，是由个体经济转变为社会主义集体经济的过渡形式，农业合作化标志着中国农村土地制度已经具有半社会主义的性质。

高级社阶段是农业合作迅猛发展的阶段，是合作社经济和集体化经济的一个重要分水岭。高级社不再像初级社那样承认农民的私有权利，社员私有的土地全部无代价地转为集体所有。其私有的耕畜、大型农具等由公社按照一定合理的价格购买成为集体财产，因而在高级社阶段不再有土地和牲畜分红，并用集体积累购置公有性质的牲畜和农具。土地与农民的主要生产资料归入社集体所有后，合作社作为劳动的基本组织单位进行计划生产。对于取得的收益主要用于扩大再生产，仅有一小部分可以用于农民个人消费。所以说，高级社阶段土地产权归集体所有，土地制度已经完全变为公有制，即便如此，国家政策仅仅在一定程度上限制和干预了农民的个体所有权，并没有在法权上加以消灭。此时，政府还承认农民与合作社之间在经济业务方面是平等的法律主体。

由此可见，作为一种生产资料，土地的性质在这三个阶段中逐渐发生改变，由私有转变为集体所有。此次土地制度变革是在政治因素推动下，由新民主主义向社会主义过渡时期总路线的基本内容之一。可以说，农业合作化的过程是将以生产资料私有制为基础的个体经济改造成以生产资料公有制为基础的农村合作经济的过程。农村土地关系再一次发生了根本性变化，由土地私有制改造成集体公有制，农民丧失了对土地的独立经营权，不再作为一个单独的经营者存在。因而农村中的经济关系由原来的国家与农民二者之间的关系变成了国家、集体和农民三者之间的关系。集体在很大程度上取代了农民原有的经济利益而成为国家处理与农民之间关系的一个中间组织。

土地的集中所有虽然解决了私有制下土地分散的问题，便于增加对农业生产的投入和规模经营，但是在国家、集体和农民之间随着国家地位的突出，集体经济组织和农民的利益难以得到保证，集体经济组织没有足够的实力发展农业生产的基础设施建设。

三、人民公社的建立

农村合作化的盲目推进，暴露了土地制度中各种各样的缺点和不足，由于受冒进的"左倾"情绪的影响，在遗留的问题尚未得到解决之前，1958年，北戴河中共中央政治局扩大会议又通过了《关于在农村建立人民公社问题的决议》，发动了人民公社运动。该决议指出，"人民公社将是建成社会主义和逐步向共产主义过渡的最好的组织形式，它将发展成为共产主义社会的基层单位。"正是决议的这种观点导致人民公社比农业合作化推行的速度还快。人民公社的特点是"一大二公"，"一大"主要表现在规模大，一个公社平均有500户，1000个劳动者和1000亩土地；"二公"指的是公有化程度高，社员的一切土地连同耕畜、农具等生产资料以及一切公共财产都无偿收归公社所有。在管理机构设置上分为管理委员会、生产大队和生产队三级，其中生产队是基层劳动组织，公社统一负责生产盈亏。至此，国家彻底改变了农村社会的所有权形式，国家控制开始全面深入到乡村一级。

人民公社阶段，除了以社会为基本的核算单位追求生产资料的高度集中，还采用"干活不记工，吃饭不要钱"等极端方式，使平均主义和"大锅饭"泛滥，土地由集体所有向全民所有转化的趋势。由于这种所有制严重背离了当时中国的生产力发展水平，中央不得不采取紧急措施对产品交换、收益分配方式和社员生活的组织和安排等方面予以补救。1960年中央发出《关于人民公社当前政策问题的紧急指示》规定将生产队作为基本的核算单位，即由全民所有改为由公社、大队、生产队队三级所有，至少7年不变。1962年，中央发出文件，将该年限延长至30年。但是"三级所有"是一种上下行政隶属关系，仍然存在生产管理权力过于集中的问题，它的职能在很大程度上取消代替了经济组织的职能，仍然没有有效解决土地产权的界定问题。

四、人民公社对我国社会发展的影响

1. 人民公社是积累工业化资金的制度保障

首先，人民公社降低了国家与农民之间较高的交易成本。自土地改革后，地主作为一个阶级被消灭的同时也使政府开始直接面对几亿拥有土地的农民。这些农民虽然在乡村治理中与原来地主阶级的地位不可同日而语，但是土地均分使农民成为独立的经济主体，作为"小私有者"，他们的利益是高度分散的。经济人"有限理性"的特征决定了他们会根据个人利益最大化的逻辑确定其行为选择，这种选择可能会与政府的目标存在冲突。具体表现在土改后农民的粮食供应与政府需求之间的矛盾。由于农民对粮食的供应呈高度分散化，导致国家收购粮食产生的交易成本过于高昂。从供给来看，在土改前，地主和富农是城市粮食的主要供给者。因为受地主高额地租的盘剥，农民向地主上缴的农产品数量占产量很大比重。所以，全国范围的粮食有30%～40%由地主所掌握。作为农村纳税主体，地主人口仅占农村总人口的8%，消费比较少，除一少部分自用外，其余全部供应给城市，成为规模流通主体。而从需求来讲，粮食本身的需求弹性就很小，城市中的低收入群体在一定收入下的约束下对粮食的消费又存在不足。所以相比而言，粮食供应一直是比较充足的，城乡之间农产品和税费的交易成本比较低。但是当地主作为一个阶级在土改中被消灭后，与之关联的流通体系也随之彻底瓦解。正因为如此，土地改革后，中国的

粮、油、棉、肉等一直处于供应紧张状态。正像毛泽东在一次会议上曾指出的那样"个体所有制与大量供应是存在冲突的"。为了解决这个问题，国家首先对农产品实行了统购统销。例如，规定农民粮食和棉花等种植面积、品种和产量等生产指标，对产出定购定销，并对私自雇用劳动力、租佃和民间借贷进行了严格的限制，关闭并切断了农民与私商所有的联系通道，降低农产品销售的机会成本。但是，在新的生产和流通主体没有形成之前，国家粮食部门因为缺乏相应的组织载体使农产品收购存在着困难，相当一部分农产品从可能形成的工业积累转化为农业消费。国家与高度分散的小农之间的交易成本必然高到无法交易的程度。为降低交易成本，人民公社推行完全公有化，计划经济体制建立并逐渐巩固，取消了市场及市场主体，农业剩余高度集中的集体所有制完全得以确立。政社一体的集体公有制，构造了截然不同于传统中国农村的制度和组织基础。

所以说，人民公社是国家控制农村经济的一个产物，是实行统购统销及合作化的同时演变形成的农村基本制度。究其实质来说，它的存在并不是村社内部农民与农民之间权利合作的纽带，而是国家为积累工业化所需资金，降低土地集体所有制下的交易成本的组织载体。

2. 不利于生产要素的最优配置

人民公社化的实质是生产关系的"大跃进"。由于盲目地废除了农民对土地拥有的产权，挫伤了农民的生产积极性，导致了激励机制的丧失，提高了劳动监督成本和组织成本，国家、集体和农民都未从这种制度安排获取自身利益的最大化。

现实中，市场功能的正常发挥是以市场供求关系和价格变动作为调节杠杆的，商品价格是商品价值的货币表现，它受供求关系的影响，不会偏离价值太远。因而从长期来看，不会出现商品供给满足不了需求的情况。但是充分发挥市场的调节作用必须具备一些环境条件，即价格是商品价值、货币价值和供求关系等市场诸因素合力作用的结果。也就是说，必须发挥市场机制的调节作用。而在集体化土地制度及相关配套制度下，农产品市场、劳动力市场及土地市场功能全部锁定，无法实现资源的最优组合。

在国家最初提出统购统销的1953年，因为农业增长，国家在此基础上还可以按照市场价格对农产品进行收购，但是第二年，长江淮河流域发生严重灾情，国家为了救灾在非灾地区多征收了35亿公斤粮食，需求增加使粮食价格随之上涨。随后的两年中，由于粮食部门亏损2.5亿多元，虽然从 1959 至 1961 年间有 3000 万人从农业生产转移到工业中，1961 年的人均农业产值与 1957 年相比还是下降了 31%。但是为保证工业化生产，粮食被优先分配给了城市人口，导致上百万的农村居民死于饥荒。饥饿致死和人口出生率的降低导致 1959 年到 1961 年人口下降了 600 多万。在此期间，国家财政连续 3 年亏损使城市的工业化大生产难以维持。国家不可能再按照市场价格向农民收购粮食，而是从粮食供给这个源头上开始实施控制，用统购统销来稳定物价。统购统销的实质是在利用工农产品的"价格剪刀差"积累工业化启动资本的同时，完成了以行政性指令对自愿契约经济的替代。由于农产品不是按照市场价格进行交易并通过市场买卖完成，因而农产品市场是缺失的，人为抑制了农产品供给，造成供给短缺。从表面上看来，统购统销是一种商品交换，但是它违背了商品的等价交换原则，其实质是国家从农村转移资金对国民收入重新进行分配的一种方式。国家对农民创造的收入进行了一次再分配，使社会福利从农民向城市居民转移。农民每低价出售一份农产品，他就向国家缴纳了更多的税赋，城市居民每从国家手中低价购买一份农产品，就相当于获取了更多福利。他们在享受福利的同时却不需要承担粮食和其他农产品供求变动带来的任何价格风险。

从劳动力市场和土地交易市场的关系来看，如果土地交易市场是自由的，农民通过购买或租用土地提高土地的边际效率，可以使其工资维持在一个市场水平。如果土地交易市场不活跃，但是劳动力市场高效的话，农民可以通过向其他市场转移来影响劳动力供给，提高劳动力的均衡价格，劳动力工资仍然是市场工资。但是如果劳动力市场和土地交易市场都没有效率，是不完善的，基本处于锁定状态，农民向外转移劳动力发生困难，因而向土地投入劳动的机会成本大大降低。对于农民来说，最优的选择就是向土地投入过多的劳动力，以劳动替代资本及其他生产要素来维持农业生产。此时，农民的劳动力价格会被压低而产生"剥削和自我剥削"的情况。林毅夫提出的"退出论"[①]从农村劳动力流动锁定的角度对我国集体化的制度成本做出了很好的解释，土地集体化形成的以户籍管理为核心的城乡隔离制度使土地所有权和土地使用权固化，同时禁止农民的退出，农村劳动力大量富余并积压下来，迫使农民就地就业，使土地市场和劳动力市场实质上的灭失。农民别无选择，只能在土地上投入过剩的劳动，获得

---

① "退出论"最早是由苏联经济学家恰亚洛夫提出来的，他在 1962 年对俄国农业生产者进行研究时指出，当农业人口过剩时，农户会在有限的土地上投入过多的劳动和时间，而不考虑生产利润，恰氏称之为"农民的自我剥削"。其后，林毅夫也提出同样的观点。

较少的产出，农民收入低于正常水平，从而产生了农民的自我剥削。纵观我国 1952 年至 1978 年劳动力锁定的情况，我国工农业产值的比例在这 26 年中发生了很大的变化，从原来的 3∶7 转变为 7∶3，农业总产值占国民收入的比重下降了 33.5%。但是，城市和农村人口与劳动力人口的分配形态却没有改变。至 1978 年，农村劳动力占全国劳动力总量近 74%，26 年间仅下降了 10% 左右。这是我国工业化发展中出现的一种极为特殊的现象，是与世界其他国家经济发展规律相悖的。反观世界其他发达国家，当其外延型经济迅速发展之时，工业规模的扩张增加了对劳动力的需求，会吸纳大量农村劳动力向城市转移。在外延型经济转向内涵型经济时，产业结构的调整和劳动力配置已基本趋向合理。而我国，除了重工业资本对劳动力的排斥以外，城乡分割的户籍管理制度加大了农村劳动力向城市转移的难度。加之耕地资源的不可再生性，农村劳动力增长与耕地这种稀缺资源之间的矛盾变得更加突出。而工业化不断发展对农产品需求的增加要求农业增加对物质技术的投入，在过剩的劳动力和固定的农产品价格下，农业生产成本必然大大提高。在生产领域控制农业生产范围，降低农产品生产的机会成本，削弱了农民的生产积极性，国家在流通领域的高度垄断经营使农产品无法满足城市居民的多样化需求。

第二节 转型期中国农村土地制度变迁

一、转型期中国土地制度变迁初始条件的形成

1. 结构性失衡下经济收益偏离政府预期

土地集体化是在我国落后的生产力基础上，依靠扩大公有制范围并消灭商品经济来实现的，其最终目标是迅速建设社会主义并过渡到共产主义。国家之所以采用一些跃进方法就是因为预期能够实现中国经济的根本改观。从 1952 年到 1978 年，我国工农业总产值增长了将近 7 倍，平均年增长 8% 以上，即使与同期的发达国家相比也表现出较快的发展速度。农村土地集体化有效地保证了将从农村提取的积累投入到城市工业化，从这个角度来讲，集体化制度对国家工业化是有效的，但是这种快速的工业化运动却并没有将中国带入到现代化的行列中。通过深入剖析我们会发现，

在高速增长的经济背后其实隐藏着严重的结构性危机,它成为制约中国经济发展的"瓶颈"。1940~1978年工农业总产值情况见表4.1。

表4.1　　　　　　　　1940年~1978年工农业总产值情况

年份	1940	1952	1957	1978
工业总产值比重(%)	30	43	57	72
农业总产值比重(%)	70	57	43	28

资料来源:农业部政策研究室:《中国农村经济概要》,农业出版社1982年版,第202~211页;中国财政年鉴数据。

由于在重工业发展战略下国家对工农业投入的比例严重失衡,农业还要承担为工业化积累资金的重担,造成工农业发展严重失调。1952年至1978年这26年间我国工业总产值共增长了15倍。相比之下,农业总产值只增长了1.3倍。占全国总人口82.1%的农村人口只创造了经济总产值的28%。即使是工业内部结构,重工业与轻工业的发展速度也是严重失调的,表现出"高积累、低消费、低效率"的特征。这使得工业化发展并没有带来经济和社会结构的转型。在"非农工业与农业对立"等错误思想下,绝大多数地区限制发展第二和第三产业。一些商业、运输业基本上是由国营商业和供销合作社独家经营,只有部分地区开办社队工业,由此导致我国农村产业结构非常的单一。同时,由于国家对农产品生产数量和种类进行了严格的规定和限制,不允许农民私自搞家庭副业,所以农民生产的农产品也很单一,只能满足国家统购任务的完成和基本的生活需要。截至1978年,我国种植业占农业生产总值的76.7%,而其中粮食生产比重却高达80%以上,林牧副渔业总共不过20%左右。虽然一些地区拥有丰富的林、牧、渔副业资源,但是这些资源经常被随意地损坏为粮食生产让路,一些发展林、牧、渔、副业也被视为资本主义倾向而遭到批判,这使得虽然从事农林牧渔的劳动力比重始终占到了农村劳动力总数的90%以上,但是大部分是从事粮食作物的种植。此外,由于对家庭生产的排斥并过于强调集体劳动的优越性,人民公社体制造成了劳动力的浪费,从1956年到1978年,每个劳动力负担的土地面积减少了41.3%,而与此同时,机械总动力的投入增加了近100倍[①],这无疑使大量的劳动力闲置下来,在国家对人口流动的限制下,这个问题变得更加严重。

---

① 根据国家统计局官方网站相关数据整理所得。

正是因为经济结构的严重失衡，在我国经济增长表象下经济运行的效率是极其低下的，人民的生活水平和消费水平都没有得到很大的提高。特别是微观农业经济，集体土地制度的制约作用使农民收入和农村经济长期在低水平徘徊。我们将土地集体化与土地改革期间的数据（见表4.2）进行比较，1949年到1952年三年间，土地改革曾经使生产力得到解放，全国农业总产值由1949年的326亿元，增长到484亿元，增长总额约占48.5%，平均年增长率为14.1%。1952年全国农作物产值达到346.6亿元，比1949年增长了54.5%，平均每年递增15.65%。粮食和棉花总产量分别比1949年增长14.1%和26%，年均增长分别为6.8%和5.93%。林牧渔副业产值也以平均每年14%的速度递增。在随后的几年中增长率虽然呈下降趋势，但是最初实行集体化合作经营的期间，农产品产量还是有不同程度的增长。1955年与1952年相比，农业总产值增长18.8%，粮食、棉花和油料总产量分别增长8.64%，16.4%和15.1%。另外，据农业部农政司1955年初对东北、华北40个农业生产合作社的抽样调查统计表明，合作社农产品的单位面积产量和个体农民单干相比，有了不同程度的增长。这说明此时农地制度对农业生产的发展还是有极大促进作用的，农地制度的安排是高效率的，其原因也在于这个时期的产权制度对产权的界定还具有完整性和排他性的特点，制度安排符合广大农民的意愿，适应当时生产力发展的需要。

1959年和1960年全国粮食生产受自然灾害的影响出现连续大量减产，产量分别为475亿元和415亿元。比1952年还要低，相当于农业总体生产水平在向后倒退，其中粮食产量与1952年的数据相比下降了12.4%以上，粮食供应出现紧张情况。特别是随着农村土地逐渐收归国家所有，农业总产值开始一直呈显现负增长。我们通过以下博弈过程分析集体土地制度下低效率均衡状态的形成：

假设博弈中有两个参与人，分别为政府和农民，信息是完全的。政府的收益由经济收益 p_{ge} 和政治收益 p_{gp} 构成，并且 $p_{ge} = \alpha p_a + \delta$。其中 δ 为非农经济发展为政府带来的经济收益。税率 α[①] 代表了政府在整个社会收益中可获取的分配性利益或者租金。政府根据对两种收益的偏好来确定整体发展目标、宏观经济政策和经济发展水平，并以此来调整 α 的大小，$\alpha \in [0, 1]$。

---

① 税率在这里可以看作农民投资收入的产权保障指数，它包括了国家对农民施加的各种成本，如各种显性税、价格管制等隐性税及通货膨胀、没收等。税率越高表示国家对农民投资收入的保障程度越低，国家提取的农业剩余越高，农民的剩余收益越少。

第四章 我国二元经济转型中的土地制度变迁

表 4.2　1949~1978 年农业基本情况

年份	1949	1952	1955	1957	1958	1959	1960	1962	1970	1975	1978
农业总产值（亿元）	326	484	575	537	549	475	415	584	1058	1042	1027
农作物总产值（亿）	224.3	346.6	408	381	389	327	295	414	764	732	697
粮食总产量（万吨）	14364	16390	18394	19505	14980	14582	14350	16000	23995	28450	30475
棉花总产量（万吨）	103.1	130.4	151.8	164.1	159.25	132.46	103.2	75	227.7	238.1	216.7
油料（万吨）	256.4	419.31	482.7	419.6	380.19	386.24	243.17	200.3	377.16	452.1	521.79
猪牛羊肉（万吨）	—	—	—	398.5	—	—	—	194.5	596.5	856.3	214.9
水产品（万吨）	—	—	—	311.6	281.1	—	—	228.3	318.5	465.3	149.3
农民人居收入（元）	44	—	—	87.57	—	—	—	111.5	129.25	133.4	151.79

资料来源：农业部政策法规司，国家统计局农村司：《中国农村 40 年》，中原农民出版社 1989 年版，第 132 页；农业部计划司编：《中国农村经济统计大全》，农业出版社 1989 年版，第 46~47、第 146~256 页。

假定博弈中政府先决策，一定生产力发展水平下，税率受政府相关政策的影响，政府的战略空间为 $\{\alpha_N, \alpha_L\}$，α_N 为政府出于长远利益考虑，关心农业与非农经济的均衡发展，其获取更多的税收收益是以提高农业收益为前提，在农业收益的再分配中只占有合理的份额，也就是说将 α 定在一个比较合理的水平；α_L 为政府牺牲农业部门的利益以获取更高的非农收益，会将税率定得很高，其实质是增加国家在农业剩余利润中的分配比例，这对农民的利益具有一定的掠夺性。

农民在观测到政府的选择后决策，即根据预期的税率进行决策，税率能够改变生产者的生产与投资激励。农民有两个信息集，每个信息集上有两个可以选择的行动，s_n 为正常的生产投资规模，s_l 为较低的生产投资规模。所以农民的四个纯策略为 $\{s_n, s_n\}$，$\{s_n, s_l\}$，$\{s_l, s_n\}$，$\{s_l, s_l\}$。

在正常税率下，农民可以选择正常投资（包括劳动力投入或资本投入）和降低投资。如果农民进行正常的生产投资会保证农业健康稳定的发展，政府和农民都获取农业收益中稳定的份额，设二者的收益分别为 7 和 6。如果降低投资，整体农业收益降低，政府和农民的收益都降低，设二者的收益分别为 6 和 5。高税率下，农民同样有两种选择的行动，即正常投资和降低投资。在正常投资下，由于政府提高了收益分配比例，在整体收益不变的情况下，农民的收益大大降低，设二者的收益分别为 11 和 2。反之，生产者会压缩其生产投资规模，降低劳动效率，这会影响全社会可用于分配的收益数量，进而使整个社会的福利水平降低，但是农民由于增加了闲暇，其收益与前者相比略有增加。设政府的收益为 8，农民的收益为 3。那么博弈的扩展式表述如图 4.1 所示，表 4.3 为政府和农民博弈的战略式表述。

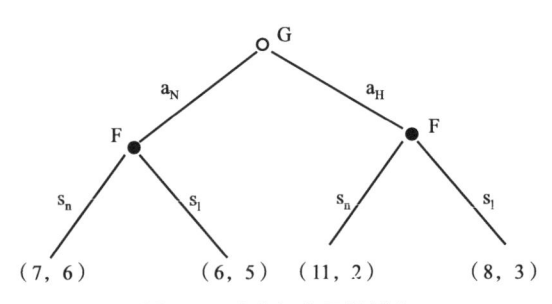

图 4.1 政府与农民的博弈

表 4.3　　　　　　　　政府与农民博弈：战略式表述

		农民			
		$\{s_n, s_n\}$	$\{s_n, s_l\}$	$\{s_l, s_n\}$	$\{s_l, s_l\}$
政府	α_N	7, 6	7, 6	6, 5	6, 5
	α_H	11, 2	8, 3	11, 2	8, 3

从博弈结果来看，$(\alpha_H\{s_n, s_l\})$ 是子博弈精炼纳什均衡。即政府选择高税率，而农民选择降低生产投资。

税率 α 取值的变动对农业收益的影响主要表现在农产品均衡产量的变动上。如图 4.2 所示，当国家调整对农业剩余的提取比例（以降低收购价格为例）时，农民的供给会发生变动。在市场调节下，产量 Q^* 为均衡产量。P^* 为均衡价格。当国家试图以价格 P_1 收购农产品时，其能够获取的产量为 Q_1。此时，如果国家的实际需求量为 Q_2，高于 Q_1，在无法运用市场调节来实现供求平衡的情况下，只能采用强制手段来实现。农民的损失为 $(P^*-P_1)\times Q_2$，这部分利益由国家取得。同时，本期较低的收购价格改变了农民对未来的预期，会对下一期农民的生产行为产生影响，它进一步影响农产品的供给曲线，使其向左移动（由 S 变成 S'）。另外，在政府的干预下，农产品的供给价格弹性减少，曲线趋于陡峭。除非国家对农产品需求下降，否则，无论是需求保持不变还是在国家投资增长下需求曲线的右移，都会导致新的均衡价格进一步提高。特别的，当国家在投资增加情况下，同等价格下对农产品需求量大大增加，可能导致需求曲线右移的同时趋于平缓，即需求量对价格变动更加敏感，有可能引起新的均衡产量低于原有均衡产量。农民的生产行为呈现消极状态，农民会通过减少生产、投资和交易数量使国家获取农业剩余变得越来越困难，同时农民会增加协调成本的方式减少政府收益。从实际情况上看，从 1953 年到 1978 年，农民为我国工业化提供的资金占农业收入的 1/3 以上，农业部门的收益大量流失，由于较低的农产品收购价格严重挫伤了农民的生产积极性，降低了农民的生产积极性和扩大再生产的能力。在以后长达将近 20 年的时间里，全国人均占有的主要农产品产量并无明显增长，每个农业人口为社会提供的农产品产量也在明显下降。1957 年我国粮食总产量与 1955 年相比仅增长 6.04%，从 1957 年到 1978 年这二十一年间，虽然粮食、油料、棉花、肉产品及水产品都有一定程度的增长，但是增长幅度不大，除了肉产品外，其他农产品年均增长率都在 2% 以下。相比之下，中国人口从 1957 年的 64653 万人增加到 1978 年的 96259 万人，平均以每年

4.436%的比率增长,远高于农产品产量的增长速度。农民人均分配到的口粮在1957年为203公斤,在1978年为73.9公斤,虽然人均产量平均每年增加200多克,但是人均口粮和油的消费折合成贸易粮和食用油之后实际是下降的。因为1977年的贸易粮和食用油的消费与1957年相比分别下降了8.3%和45.9%。农业投资长期处于低水平和不稳定状态,农业发展速度极其缓慢,农业成为计划经济下牺牲最大,发展最为缓慢的,国民经济中最为薄弱的部门。截至1978年,全国仍有2.5亿处于极度贫困地区的农民还没有解决温饱问题,城乡生活水平的分化使两者的消费比例出现畸形,这直接导致了农产品供给和工业品需求的双重不足,并最终使农业成为制约整个国民经济发展的"瓶颈",使其缺乏长足发展的潜力。

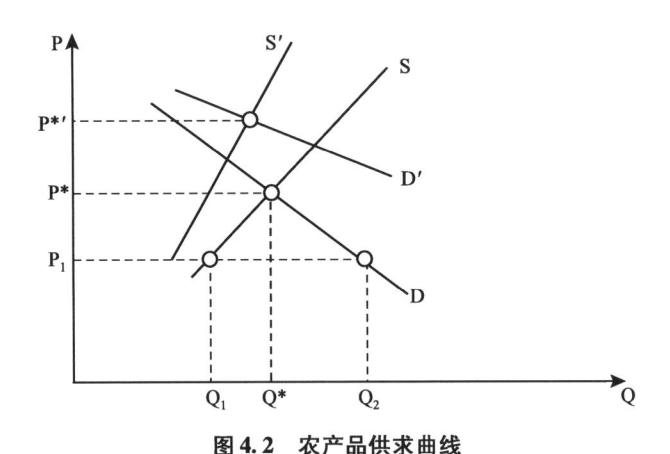

图4.2 农产品供求曲线

2. 委托—代理成本过于高昂

在土地集体所有制下,国家对土地的管理通过建立多层级的委托代理关系来实现。我们着重考察1962年至1978年农村土地的产权关系。第一重委托代理关系是普通社员和公社管理人员之间由经济性授权链而形成的表达性委托代理关系。集体组织中公社管理者是最终的代理人,社员是初始的委托人,大队和生产队的管理人员既是代理人又是委托人,农民拥有土地的剩余索取权。第二重委托代理关系是由公社管理人员到普通社员由行政性授权链而形成的现实性委托代理关系[①]。在这个链条上,农民是终极代理人,对土地拥有的仅是使用权,国家拥有土地的终极所有权,也是

---

① 黄宗智在《中国乡村研究(第二辑)》中曾将表达性委托代理关系定义为象征性的关系,这种关系不具有实际的现实意义,而现实性委托代理关系才是实际的、客观性的关系。

初始委托人。由于国家不能直接行使对土地的管理职能，所以将对土地的管理权限逐一下放到下属各层级。公社、大队管理人员、生产队既是委托人又是代理人，但主要是代理人。因而农村土地在名义上是归农村集体所有的，集体组织虽然可以行使土地所有权职能，但要受上一级别行政权力的制约，它仅拥有控制权。此时所有权的归属是虚拟的，现实性委托—代理关系实质上取代了表达性委托—代理关系，以行政性授权为基础的"差序原则"压倒了以经济性授权为基础的"平等原则"。

所以在土地集体产权庞大体系中，实际活动着以集体组织名义出现的形形色色的代理人，每一个层级中的委托人和代理人都是具有独立人格的"经济人"，他们之间在利己动机下都会存在利益冲突，代理链的层级越多，利益冲突和分歧越大，利益的冲突主要表现在对"地租"的分享上。在私有制条件下，土地所有者对土地拥有的权益会在经济上有所体现，这就是我们通常所说的"地租"。而集体土地制度制造了土地剩余控制权和剩余索取权的分离，必然会使土地所有者和控制者对土地使用者在地租上有要求，形成租金的"耗散"。只不过这种地租是一种经济地租，租金的水平取决于国家的垄断地位和集体组织的控制能力。他们既不对土地拥有合法的个人产权，也不对任何拥有土地产权的个人负责。所以从理论上讲，集体所有权将土地保留在公共领域内，这对代理人的道德有着过于苛刻的要求，要求土地必须用于谋求公共利益。但是，由于不具备外部市场的约束，因享有控制权和信息方面的优势，这些代理人要么从农民手中寻求经济租金，要么需要从国家获取行政或经济激励，而中央的行政体系只延伸至乡镇一级，农村干部无法获得行政升迁的机会。这样造成的后果是，国家虽然在制度安排上取消了集体组织的剩余索取权，但是却无法回避农村基层管理者对经济激励的需要。为追求自身利益的最大化，基层管理者可以采取机会主义行为对处于公共领域内的土地尽可能的攫取，从而导致土地租金的耗散。所以说这种产权的残缺导致了基层干部对集体生产的监督激励不足。

现实性委托代理关系的存在会使产权关系弱化，并最终使土地成为处于"公共领域"的资源。并不是法律没有界定该资源的所有权，只是执行该所有权的交易成本过于高昂。同时，"退社权"的丧失使农民与集体之间的"重复博弈"变成"一次性博弈"。这里，假定政府限制农民退社权，甲和乙抵制的收益为 Y，成本都为 C。如果甲和乙对政府的抵制达成一致，会实现最大收益，如果甲不抵制，则乙的抵制不会奏效，产生的效率损失为 2m，由二者均摊，同时因为抵制政府行为，甲需要承担惩罚成本 n，相反，乙却能获得一定奖励 t。由此所构成的收益矩阵为：

表 4.4 　　　　　　　　　　农民的收益矩阵

		乙	
		抵制	不抵制
甲	抵制	Y－C，Y－C	Y－C－m－n，Y－m+t
	不抵制	Y－m+t，Y－C－m－n	Y－m，Y－m

如果，c＞m－t，虽然甲、乙同时进行抵制的收益最高，但是个人无法完成相互之间的协调，此时，甲乙的最优策略都是"不抵制"。这种一次性均衡结果导致农民与国家在租金水平上处于非平等的关系，一方面，农民利益集团无法在土地使用中获取正常收益；另一方面，因为农业作业地域空间监督困难使集体生产的分配环节平均主义严重，农民的个人收益无法得到有效保证。与个人收益和监督难易程度呈正向相关的农民生产积极性大大降低。农民产生"偷懒""懈怠"的动机和"搭便车"等败德行为，通过减少自身劳动消耗而提高单位劳动投入的剩余。此时租金的耗散是通过减低劳动效率实现的。所以当集体劳动所产生的规模收益无法抵偿监督的高成本和生产的低效率时，低效的制度由此产生。在人民公社建立以后，全国村社普遍出现了"出工不出力"等有效劳动力投入下降的现象。

综上所述，由于委托代理关系的完全脱节，较多的委托—代理环节使代理人手中的权力异化，土地的使用和目标收益在各代理人追求自身利益的同时被扭曲变形，高昂的代理成本由此产生，并被逐级扩大。处于代理链中最高层级的委托人——国家成为最高的成本承担者。

3. 成本——收益结构的变动对制度供求的影响

国家进行什么样的制度安排归根结底要受交易费用和经济规律的支配。作为制度变迁主体进行制度供给的基本原则就是制度变迁的收益能够大于制度变迁的成本。如果制度供给与制度需求之间的矛盾加剧，会使国家维持原有制度的成本上升，造成成本收益结构的严重失衡。新中国成立之初的几次土地制度变迁产生的制度成本和制度收益都是不同的，显示出制度供给与制度需求之间相互影响的均衡作用。

图 4.3 显示了从 1952 年至 1978 年间国家对农村进行控制的成本和收益指数的变动情况。其中，收益指数为农业税、农产品收购、农产品换

汇、农民在国家银行的储蓄及农民对体制的认同和政治支持的加权平均数；成本指数为国家财政支农基金、农用生产资料销售补贴、国家银行开支、集体经济的管理费用、国家银行对农村的贷款和控制农民离心倾向的意识形态投资的加权平均数。从中我们可以看出在这二十多年间，除了1952年到1955年收益略微高于成本以外，绝大多数时间的成本指数和收益指数是倒挂的，国家承担着过高的制度成本，特别是1957年到1961年，因为提高公有化程度，制度成本在1960年达到顶点，此后国家为继续维持强制性的制度供给，试图通过席卷全国的政治运动来改变制度的成本收益结构，但是在1961年使收益大幅度降低，甚至低于1952年的水平。相比之下，中国人口在此期间增长了5%，工业规模增长了4倍以上，工业发展对农产品需求的增长与农产品供给之间的巨大矛盾导致了全国性大饥荒的产生。这场农业经济危机是绝对的粮食供应短缺造成的，并且由于危机在全国范围内的蔓延，随时可能产生更加严重的政治危机。政府意识到这种无效率的产权带来的成本已经超出其所能承受的范围，于是在维系人民公社体制的框架下，对制度进行了微调，包括承认村社的地缘界限为土地所有权的边界，改善生产队的内部管理，缩小生产单位的规模以提高劳动力投入与产出的关联度，在一定程度上开放城乡自由市场并允许一些农民采用家庭经营的方式拥有一些自留地和少量拾边地，经营家庭副业。这些措施实质是赋予了农民一部分退社权力，虽然在一定程度上缓解了土地产权制度与劳动投入之间的矛盾，降低了农民劳动的监督成本。但是到了1964年，农业总产出恢复以后家庭经营又被取消了。虽然此时家庭经营相对于集体经营已经显示出一定的制度优越性，但是为了继续对工业化提供发展资金，实现从农业部门的转移支付，政府忽略了集体所有制对农业发展基础的负面影响。但是农业基础受到损害必然需要增加农业投入才能够取得更多的收益。从图4.3可以看出，虽然从1970年开始，国家收益总体呈上升趋势，但是同期成本指数以更快速度增长。从表面上来看，以低价征收再低价出售农产品为主要特征的统购统销是公平分配的，但是统购统销作为抑制粮食等农产品需求的手段，使城市居民每月获得低廉、固定供应价格的口粮，以较低的工资保证了国家工业化的低成本，其实施的结果却逐渐演变成了代价高昂的福利措施。在定量供应和不变的收购价格下，国家和农民要承担所有由于供求关系变动所导致的价格风险。其中，农民要承担的是刚性收购价格所带来的风险，而国家通过统购统销来抑制需求却使需求刚性增长，加大了供需之间的缺口。国家需要同时承担来自销售价格倒挂和农产品供应短缺时的进口压力，积累资金的途径反而变成了增加政府支出的一个方面。需求增长下，价格倒挂补贴的快速增长势必越来越超出政府的支付能力范围。这些迫使政府采取各种措施提高农业的规模收益。

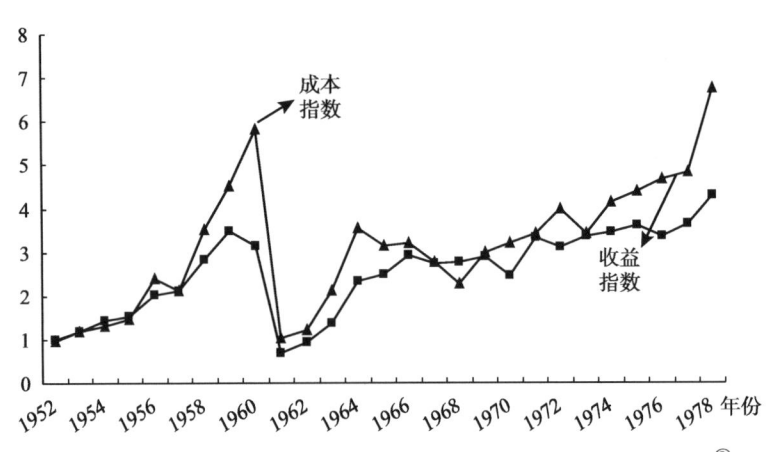

图4.3 1952年至1978年国家控制下农村成本收益指数变动情况①

据相关资料统计，从20世纪50年代中期开始，为使农业产生规模收益，政府先后组织约1.2亿农户进社，使农村劳动力达到10000多个。同时，国家还投入了大量的资金发展农业，从1950年到1976年这26年间，国家仅机械设备投入一项每年就增长7倍，特别是在严重的农业危机下，国家工业化发展战略被迫暂时为"农业优先"的战略所取代，广泛采用种植高产作物并使用化肥，增加灌溉面积等一些支农政策，这些政策虽然在一定程度上缓解了危机，但是为维持收益的增长，国家付出了沉重的代价。获取工业化资金的农业部门却越来越成为政府的难以承受的负担。

根据威尼基（1986）的观点，只有在两种情况下才能够发生真正的制度变迁：第一种情况是统治阶层内部原有的共同看法出现分歧，从维持政治权力和在经济领域中维持现存的产权结构方面受益的政党组织和官僚机构遭到失败；第二种情况是随着经济增长放缓甚至衰退，维持现有体制的成本增加，导致整个社会的绝对财富下降，执政党控制经济和非经济活动的成本提高，影响到其政权的稳定性，迫使执政党逐步实施自我限制，主动地进行产权结构的根本性调整。根据前文分析，70年代末期，国家的经济收益大大降低，政权的稳定性与合法性受到威胁，中央政府维持旧体

---

① 图中数据来自周其仁：《产权与制度变迁》，社会科学文献出版社2002年版，第13页。

制的成本—收益结构发生改变。而制度作为一种重要的公共物品决定了一个社会的激励机制，迫使其对土地的供给向制度需求靠拢。中央政府主动进行土地制度改革需要突破来自两个方面的阻力，一是僵化的计划经济体制；二是强化的意识形态。

4. 中央政府主动进行经济体制改革

1978年，党的十一届三中全会召开并重点讨论了未来工作重点的问题。共产党重新阐述了社会主义的主要矛盾，提出"我们的生产力发展水平还很低，远远不能满足国家和人民的需要，这就是我们目前时期的主要矛盾，解决这个主要矛盾就是我们的中心任务。"[①] 提出改变一切不适应生产力发展的管理方式和思想方式，并将工作重点转移到社会主义现代化建设中，使发展经济成为国家的长期战略。至此，"以阶级斗争为纲"被"一心一意搞建设"所取代，国家开始实行对外开放，并大力发展市场经济，进行经济体制改革。有了朝着新方向及更市场导向的一系列实际的举措，并努力为制度创新提供更多的激励。

打破僵化的计划经济体制是一个系统工程。而如何对各种复杂的制度之间的互补关系进行合理的架构取决于政府对制度的设计能力和制度环境的全方位分析。一般来说，发展中国家在从计划经济向市场经济转轨过程中，渐进式改革被普遍认为是比瞬间激活的"休克疗法"更有效的变迁方式。相对于苏联，中国实行计划经济的时间还不算太长，处于工业化的初期，集中化程度远不如前者高，所以无论是思想观念还是价值取向都相对容易转变，因而与苏联激进式改革不同，中国政府决定采用渐进式改革方式，即在传统经济体制不发生实质性变化的情况下，暂时避开国有经济部门，在国民经济发展最薄弱的部门采用体制外培育新体制，并随着新体制在原有体制中总量的不断增长，逐步将改革的重点转移到国有经济的核心部门，即工业部门，从而形成"多米诺骨牌"效应。所以渐进式改革相对于激进式改革来说比较容易启动，并且在实施过程中产生的摩擦成本比较小。另外，新体制成长过程中积累下来的成功经验对后续改革的示范作用能够有效降低改革的风险。

为什么农业成为改革的突破口？这是因为在公有产权下，国家资源主要被掌握在工业部门，权利的控制者对资源的租金也享有控制权。他们除了获得短缺经济中的高工资以外，还能够通过对经济活动的控制和干预获

---

① 中共中央党史研究室：《中国共产党的七十年》，中共党史出版社1991年版，第493页。

取特权下的国家租金。如,掌握经济权利的官员与掌握政治权利的政府官员从私下支付、短缺配给和行政任命中获取租金。虽然在寻租过程中所耗费的社会成本是巨大的,但是从他们个人利益的角度来看有激励维持现有运行机制。与工业部门相比,中国农业在计划经济中因为承担繁重的资本原始积累的任务,中国农业扩大再生产的能力被严重削弱,成为计划经济体制下牺牲最大、最受压抑的部门,也是计划经济体制中最薄弱的部门,其缓慢的发展速度已经成为制约国民经济总体发展的"瓶颈"。同时,与工业部门相比,农业部门的农民生活水平低,并且由于从未享受过政府提供的福利,获取的租金的机会较少,利益更小,具有帕累托改进的余地。因此,国家将它作为经济体制改革的突破口不需打破原有的利益格局,可以最大限度地减少改革的成本。从这一点来看,中央政府在为后来的土地制度变迁创造外部环境的过程中确实具备了很好地掌控全局的能力。它选择了一种能够不影响执政党政治支持的最小化交易成本的变迁方式。

5. 计划经济体制的意识形态弱化

国家在经济体制改革过程中还要克服的另一个阻力是来自于意识形态。因为意识形态不发生改变,个人无论是通过什么样的方式来积累财富都是与社会普遍存在的价值观相矛盾的。当公有产权否定对个人利益追求的同时,也就否定了基于理性而进行的产权安排。因此,在后来的土地制度变迁中我们会发现,正是意识形态的弱化使土地制度创新成为可能,为维持国家政权,国家首先打破原有体制的低效率均衡,并为转轨期的土地制度创新提供了适宜的环境。

十一届三中全会之前,我国经济处于高度集中的经济模式中,与之相对应的意识形态也是高度统一的。由于对马克思主义的曲解,人们受"左倾"思想的长期束缚,将土地的公有产权、计划经济和平均分配看作公有制的本质特征,与之相悖的任何制度创新都被认为是偏离社会主义的道路,农民和农村干部的制度选择集合受到严重的制约,凡是不符合阶级斗争要求的都被说成是路线问题和立场问题,人们在意识形态中逐渐被"左"的思想所同化。阶级斗争理论被当作人们行为选择的一把尺子到处套用,成为评判是非的标准和行动的准则。例如"农业学大寨"运动本身是一个搞好山区经济建设的典型,但是在推广先进经验中脱离实际,强制命令,把它变成了一个政治典型来搞,并借此之名向人们灌输"左"的思想,如"割资本主义的尾巴""堵资本主义道路"等。学大寨就是不走资本主义道路,反之就是"走资派"。一些地方甚至对每人可以耕种的蒜苗数量做出了规定，多种就是种"资本主义的苗"必须割掉。这些现在看来非常荒唐的举动其实是极"左"的意识形态约束的必然结果。农民只能在"政治路线"规定的框架内进行制度选择，而不是将制度效率作为制度选择的首要因素来考虑。例如，"包产到户"最早出现在浙江省温州地区的永嘉县，在1957年该地区就曾有1000多个农业合作社实行过这种办法，当时虽然已经显示出一定的制度绩效，但是由于被认为是与社会主义计划经济观念背道而驰而被政府明令禁止。可见在意识形态的约束下制度创新的交易费用是非常高昂的。因此，在中国要进行经济体制改革，意识形态是一个很大的障碍。

1978年召开的十一届三中全会重点讨论了实践是检验真理的唯一标准，"极左"的政策退出了历史舞台。中央政府在公报中指出的"必须首先调动我国几亿农民的社会主义积极性，必须在经济上充分关心他们的物质利益，在政治上切实保障他们的民主权利"成为农民进行制度创新的政治保证。十一届三中全会废除了"无产阶级专政下继续革命"的理论，停止使用"以阶级斗争为纲"的错误口号并按照实事求是的原则有步骤地解决新中国成立以来出现的一些历史遗留问题，从中央到地方对右派"摘帽"，对一些文化大革命期间的冤假错案进行平反，使受到迫害的各级党政机关领导的名誉得到了恢复。计划经济是以公有制为基础的，这使土地公有制成为我国农村土地制度的唯一选择。其他任何所有制形式都会因为农民与国家之间高昂的交易成本而无法实现。而计划经济向市场经济的转化意味着土地所有制的选择范围得以扩大，并进一步影响土地制度变迁中各利益主体的行为选择集，进而影响农村土地的经营方式。通过开展真理标准的大讨论，农民解放了思想，冲破了原有旧体制下制度偏好的束缚，在发展经济过程中打破了原有意识形态的惯性，坚持按经济规律办事，实事求是，并不断尝试新制度、新思维，可以选择的制度安排逐渐增加。原来被排除在外的"包产到户""家庭联产承包"等制度安排被纳入各利益主体的选择集合之内。

6. 贫困地区制度创新条件趋于成熟

在中央政府公布农村土地实行多种形式的生产责任制后，一些贫困落后的地区具备了制度创新的环境条件。

首先，国家供给的外部制度环境使中国经济由计划经济逐步向市场经济转变，旧体制带来的束缚减弱。当国家放开经济体制的约束后，农民的行为选择集扩大，各种能够增进自身效用的制度都可以考虑进来。特别是落后地区的农业生产和农村经济面临很多困难,农民生活极度贫困,收入少得可怜,制度创新会为农民带来较高的经济效益,在村社范围内更容易达成制度创新的共识,降低了农民之间因谈判、缔约和执行契约所发生的成本。这在后来其他贫困地区的农民与地方政府的博弈中也可以看出来,农民生活越贫困,制度变迁的愿望越强烈,行为也就越彻底,改变原有制度的动力很强。而农村干部虽然属于集体干部,也有一系列的考核指标,但是他们不在国家行政编制之内,原有制度框架内的绩效影响农村干部的效用函数。因为落后地区集体的工副业基础非常薄弱,社队企业不发达,不存在既定的利益格局,作为普通农民中的一员,土地收益决定他们大部分收入。从这个角度来讲,这些地区农村干部与农民的目标函数基本趋于一致,他们有着与农民同样的利益诉求,进而决定了农村干部与农民对制度创新的态度容易达成一致。同时,因为中央政府权利的下放使生产队拥有了一定的生产自主权。这使得农村干部有可能在生产队范围内对土地产权制度做出公共选择,当意识形态弱化后,农村干部在提供村社内部公共物品方面的优势显现出来。他们会从自身的利益出发,在生产队范围内做出公共选择,对相关规则进行制度化,甚至可能在一定程度上背离国家原有的政策和制度,支持农民进行制度创新,包括征求和平衡农民的意见,在农民之间进行利益的协调,制定相关规则并将其制度化,采用各种手段共同保障社队范围内的制度实施。这些公共物品的提供成为直接影响制度创新的关键因素。

其次,意识形态领域的开放大大降低了农民进行制度创新的机会成本,在人民公社体制下,因为农业生产和销售的高度统一,农民只能参与集体生产和收益分配,它在否定了个人产权的同时也排除了农民对个人利益追求的可能,只能在约束条件下实现最优选择。从1956年至1962年这六年间,为反对公有产权,农民曾经多次进行"包产到户"的尝试,包括1956年浙江永嘉、山西榆次、四川江津、安徽凤阳和河南新乡;1960年的四川、安徽和广西;1964年的云南贵州及1970年的江西、广东和福建等省。但是农民的行为被批判为犯方向性、政策性错误。因此由旧制度向新制度转换的成本过于高昂。当制度转换成本过于高昂时农民与政府之间继续博弈就会变得不经济,这阻止了农民进一步创新的可能。但是这种土地制度还是深深扎根于农民的思想意识当中。而意识形态的开放使农民利用一切生产机会和资源进行制度创新的能力得到最大限度的释放。扩大了农民的行为选择集,与政府之间的冲突成本大大降低,即使创新失败,农民也不会承担过高的成本。制度创新的预期收益足以补偿成本的发生,这成为农民进行制度创新的内在动力。

二、各博弈主体的形成及其博弈地位

1978年"十一届三中全会"后,中国共产党确定了实现现代化的发展目标,并将经济建设作为其未来的工作重心,政治上取代了长期以来阶级斗争所占据的主导地位。国家在经济转型的过程中形成了多样化的利益主体,农民和中央政府作为土地制度变迁的主体依然存在,与此同时,随着经济性分权和干部考核机制,地方政府突破了传统体制下权利和财力等因素的制约,其角色被重新定位,在行政管理结构体系中的地位更加显著,其利益主体的地位经随着济转型不断得到强化,成为土地制度变迁中另一个主要的利益主体。

1. 中央政府——博弈主导地位

从我国土地制度变迁过程来看,封建所有制的废除是经过独具特色的制度变迁过程实现的,Stavis(1982)对这次土地变迁过程进行了这样的描述:"土地不是通过和平和行政的程序再分配的,这使得政府在组织和领导无地的农民平分土地运动中具有决定性的作用。"正是因为政府的认可使土地的所有权迅速完成合法化。政府在领导了土地私有化运动同时,自然地居于主动地位,无形中把自己的意志注入了农民的私有产权当中。因此,政府所确定的秩序便顺理成章地成为合法的秩序,"一切经济和社会活动都是按政府事先制定的共同目标和计划程序进行"①。它使社会主义公有制在很大程度上意味着政府对公共资源的终极所有权。因而从表象来看,正因为土地是可以被分配的,在土地产权界定的同时没有相关法律对农民产权进行有效保护,农民对其分得的土地实际上只拥有"占有权",以纳税的形式向政府支付租金,中央政府对土地拥有最高层次的"所有权"。这决定了中央政府在未来土地制度变迁中的主导地位。只是由于经济转轨和意识形态的弱化,中央对基层的控制力呈衰减趋势,可能作为"第二行动集团"参与土地制度变迁。

其主导作用主要表现在:(1)通过放松或加强宏观与微观机制来控制进入博弈过程的主体,并通过影响技术、市场规模、要素市场和产品市场

---

① 张桂文:《中国二元经济结构转换的政治经济学分析》,经济科学出版社2011年版,第64页。

等因素间接影响土地制度需求，制定博弈规则改变个人行动选择的自由度并影响各利益主体的收益预期以加速或抑制自发性的制度变迁的生成。(2) 通过对意识形态的投资加大社会主流思想对个体行为的影响，以一整套价值观、态度进入人们的效用函数，成为影响该函数的重要变量以协调人们的行为，从而对现有的战略选择形成与政府相对一致的看法，增强参与人行为的趋同性。从而降低现行制度的运行成本。(3) 由于与土地制度变迁相关的各主体博弈力量是不均等的，政府的介入与否影响博弈路径和均衡点。在政府不介入的情况下，制度变迁路径和结果会由自发博弈来决定，在通常情况下，强势集团由于其极强的谈判地位和社会影响力会成为制度变迁的绝对受益者，最终成为新制度安排下的既得利益集团；当政府以主导者参与制度变迁时，它会根据自身的偏好对土地制度进行选择使某一利益集团从土地制度中获益或受损。(4) 由于制度具有准公共物品的特性，拥有强制力的中央政府在提供制度服务方面具有重要的作用，如，在宪法秩序发生改变的情况下创造与土地有关的法律环境使"初级利益集团"制定的新规则得以强制执行，通过法律法规的认可，政府可以将自发性土地制度变迁所形成的非正式规则上升为一般化的正式制度，并运用行政权力通过基础性制度结构的改革进行制度的推广，增强制度变迁的针对性，同时设计符合一定目标的实施机制，这是对土地制度变迁进行事后的追认，可以有效降低制度实施中可能发生的交易成本以产生规模收益。

所以说中央政府在制度变迁中的主导地位决定了中央政府的偏好对制度变迁的路径和结果起着决定性作用，其他相关利益主体只能通过改变政府预期收益来影响其下一轮决策。

2. 地方政府——强势利益主体

在经济转型的大背景下，地方政府在土地制度变迁中的博弈地位是随着分权制改革的推进而不断强化的。

十一届三中全会上，中国共产党提出我国经济管理体制的一个重要缺点是权力过于集中，应当让地方拥有更多的经营管理权。在党中央的精神下，人民公社解体，乡镇政府逐渐恢复了建制，中国的财政体制也开始了由高度集权向分权的转变。70年代末，新的财政体制办法——"固定比例包干法"① 开始在江苏试行，该体制打破了吃"大锅饭"的局面，改变了过去按"条条"分配支出的原则，对地方政府形成了很好的激励，显示

---

① 固定比例包干实质是按照该省地方历史上的收支比例确定一个收入上缴和留用的比例。

了财政包干制度的优越性。1980年,财政体制改革在全国范围内展开,中央政府确立了"划分收支、分级包干、五年一定分成比例"的体制,扩大了地方财权的同时加强了地方的财政责任。1982年和1984年,中央政府相继将立法权和投资决策权下放给地方,地方政府在计划、外贸、财经方面有了更多的自主权。经过这几步改革,我国逐渐实现了集中型财政体制向分层财政体制的过渡。1994年,中央政府再一次实行新的财政管理体制改革,此次改革的主要原因是随着地方政府自主权的提高,预算外收入占比越来越大。为减少地方政府操纵预算外税收的威胁,中央政府将地方税收有效地引入到预算内的轨道中来。这次改革以"财政收入集中,财政支出责任不变"为特征,将地方的财政包干制改为以合理划分中央和地方事权为基础的分税制度。此次税制将税收分为国税、地税和中央地方共享税三种,通过提高中央在预算内收入中所占的比重,将主要的税种重新控制到了中央政府手中。中央政府确定了与地方政府的财权分配比例为52:48,减少了地方政府在预算内占比,而事权的分配比重却为3:7[①]。加大了地方政府的支出责任。地方政府不但要负责当地的经济增长,还要为本区域提供义务教育、基础设施建设、重点工程配套资金、环境保护、安全生产和社会治安等公共产品服务。同时,中央政府取消了地方政府对地方企业的一些税收减免的权力。

从1978年到1993年的财政体制改革的特征来看,主要是以中央政府下放权力为主。由于地方政府在财政上取得了一定的自主权和剩余索取权,其利益主体的地位得到强化,激励了其积极发展与"以工业为中心的税收结构"相一致的地方税基[②]。分税制建立后的一段时期,虽然中央与地方政府的利益分配在不断调整中,但是由于事权的下移,地方预算又不必再像原来一样报中央政府审批,减少了中央政府对地方性事务的控制和约束,地方政府在区域决策中获取了大量的自由裁量权,在地区性事务中的自主管理不断强化,突出了地方政府特殊的经济利益。地方政府一方面具有计划经济中管理社会经济的经验;另一方面与中央政府相比距离市场更近,因此地方政府在制度变迁中具备了第一行动集团和第二行动集团的特点,能够在强制性制度变迁和诱致性制度变迁中发挥重要作用。

---

① 刘小明:《1994改革热点评述(之二)分税制财政体制改革评述》,载《中外房地产导报》1994年第Z1期,第14~16页。
② 1994年税费改革后,商业税成为地方政府重要的税收资源,激励地方政府开始热衷于发展当地商业,而不是工业。

地方政府的强势地位主要表现在：(1) 当中央政府所制定的公共政策可能有损于地区局部利益时，由于中央政府与地方政府上下级信息链条传递过长，地方政府可能会利用信息优势制定一些表面与中央政府一致而实质相悖的政策，并通过信息垄断诱使中央政府做出有利于自己的制度安排或形成既定事实迫使对方接受或默许。此时，地方政府的博弈行为对中央政府产生了"倒逼效应"，这种效应可能会对中央政府的制度缺陷进行矫正，促进其对宏观调控政策的研究和改进，但是地方政府基于地区最优决策的博弈也可能以牺牲全国范围内的整体利益为代价，从而产生负的外部效应。(2) 地方政府介于中央政府和农民两个利益主体之间，能够为改革探路，并能促使制度变迁向着中央政府、地方政府和农民等多方利益主体"共赢"的方向演进。但是作为政治权力的代理主体，地方政府相对于农民具有绝对的强势地位，很容易导致其与农民之间所发生的经济关系是基于行政而非市场交易的结果。

3. 农民——较弱的谈判能力

纵观新中国成立以来形成的各种土地制度，虽然具体制度安排的形式是不同的，但是都兼顾了农民对公平的诉求。首先，均田思想是由我国有史以来紧张的人地关系决定的，即使在人均耕地最高的盛唐时期，人均耕地也仅为17.88亩[1]，到了90年代中期，人均耕地不足1.2亩[2]，仅为世界平均水平的1/3。因此，从世界范围内看没有任何一个国家的农民像我们国家那样对土地如此的依赖。这决定了农民在制度变迁中的行为首先是对"克服生存压力的一个集体回应"[3]。

农民作为一个利益主体虽然拥有众多的人数，但是由于劳动作业的分散性具有较高的组织成本，同时受意识形态和"搭便车"的影响，因而有着如奥尔森所说的"集体行动困境"。他们虽然有共同利益却无法直接表达自己的利益诉求。更为重要的是农民通过不同的途径取得的产权，其谈判能力也是不同的：

(1) 农民对土地拥有的产权是通过平等的契约关系在产权市场进行交易取得。在传统的土地市场上，如果农民作为独立的交易主体拥有充足资金可以一次性购入土地，在资金不足的情况下可以先租后买。不论以上哪

---

[1] 郭庆：《现代化中的农村剩余劳动力的转移》，中国社会科学出版社1993年版，第43页。
[2] 温铁军：《中国农村基本经济制度研究——"三农"问题的世纪反思》，中国经济出版社2000年版，第195页。
[3] 姚祥：《自由公正与制度变迁》，河南人民出版社2002年版，第196页。

种方式取得土地,此时他所获得的是拥有独立契约的产权。在这种情况下获得产权后,农民拥有与国家平等的、独立的谈判地位和受市场规律支配的利益关系,因此可以利用利益关系调整双方的行为。他可以对国家服务的质量做出评价并以此为依据决定是否对国家的服务付费或纳税。在他对政府提供的服务不满意的条件下,他可以选择完全让渡产权而无须再购买国家的服务。当然,由于双方拥有和控制的资源不同,其拥有的影响力会有很大的区别。

(2) 产权市场不是自发交易的,在一定程度上要受到国家的干预。国家的干预可能包括限制土地的地租率、产权交易的对象或价格。例如,我国抗日战争时期,共产党在根据地对农民的地租率进行了相关规定,规定了农民缴纳的地租占总产出的比重不能超过一个限度。农民在这种干预下比较容易积累资金,成为受益者。当然他拥有足够的资金购买土地后,向外出租土地的租金仍要受国家的干预。而国家对产权交易的限制如第二次世界大战后的日本。日本政府采取强硬的措施废除封建土地所有制,按照一定价格强制从地主手中收购来土地,然后以较低价格出售给无地少地的农民,并由此确立了自耕农体制。还有韩国,在20世纪80年代为遏制由于个人、企业对不动产的投机所导致的地价持续上升的恶性循环,出台一系列限制土地所有权的法律,如《有关宅基地所有上限的法律》《土地区划整理事业法》,这使得农民取得了在正常市场价格下所无法获得的产权。在这种情况下,农民产权的取得是政府干预的结果,它是受政府约束的,是不完全的产权。农民的谈判地位跟第一种情况相比也有了一定程度的降低。

(3) 产权市场不具有自发性,是完全受国家干预的,农民在没有任何支付的情况下即获得了土地。通常这种产权的获得是国家组织的政治运动的产物,所以其合法性首先需要由国家认可,在这种情况下,农民的博弈地位与国家是否对其土地产权进行清晰的初始界定有关。当土地在最初取得时的私有产权能够得到国家保护与清晰的初始界定,农民可能会获得第一种情况下的博弈地位。像独立之初的美国,政府从印第安人手中掠夺了土地,将它无偿分配给拓荒者和资本家。虽然这种财产权也是国家干预的结果,但是在1886年,美国颁布的宪法对农民的产权进行了保护,它规定居住年限达到5年的移民就能够无偿获得土地160亩,截至1980年,美国个人无偿领用的土地已经累计达到6500万亩,同时得到国家土地赠与的还有一些资本家。70年代之初,联邦政府和地方政府还划拨给铁路集团支配的土地就有21500万英亩,这个面积等于现在的法国、意大利和比利时国土面积的总和①。与此同时，国家颁布的宪法对私有产权和人权进行了严格的保护。这部保护农民产权的宪法被很好地维持到今天。

从我国农民取得土地的途径来看，作为落后阶级的农民只有在工人阶级的领导下才走上社会主义道路，农民取得的土地所有权是通过国家组织的政治运动实现的，在土地改革中农民取得土地产权的途径决定了其在谈判中居于弱势地位。相比之下，我国农民所取得土地的初始私有权并没有像西方国家那样消除了国家对财产的影响，农民对政治权利的敬畏使土地产权天然地注入了国家意志的印记，土地的取得会受国家意志的影响。农民只能获得国家指定的所有权，无法将自己的意志上升为法律，这使农民在与国家博弈时不具备平等的谈判能力，无法形成对自身绝对最优的制度选择。

但是，这并不是说农民无法对未来的土地制度变迁施加影响。虽然从历史的角度来看，农民作为弱势集团在土地制度变迁的博弈中始终处于被动地位，但是在特定条件下，它有可能成为制度变迁的主导利益集团，因为他们总是通过影响政府所推行制度的运行成本来间接影响制度变迁。当一种有效产权有可能响应资源相对价格变动时会存在外部利润，农民也会产生制度创新的动力，但是他们的创新却无法单独得到国家的保护，国家在自身的约束条件下通常也不会自动这样做，因为其租金最大化与保护新的产权可能会存在冲突。因为人数众多其生产行为始终影响着整个制度运行的交易费用，进而直接或间接地影响土地制度的变迁，农民在这里要想实现制度的变迁，必须利用农民人数众多的优势，超越个体水平而集体行动来影响原有制度运行的交易费用。同时提高国家守护旧产权形式的成本和保护产权创新的收益，使国家维持原有制度的收益无法补偿制度成本，直至国家重新建立获取租金的新的约束结构，使国家租金最大化与保护新产权之间达成一致。此时，国家会选择支持或主动进行制度创新。另外，当农民在意识形态的约束力减弱，交易环境利于制度创新的特定情况下，农民进行创新的自发行为可能会形成一个由点到面的集体行动，成为制度变迁的巨大推动力。

三、转型初期农村土地制度变迁的博弈分析

我们考察 1978 年的情况，我国农民每人年均从集体分配到的收入仅

---

① ［匈］瓦尔加：《1845~1935 年世界经济危机》（第一卷），世界知识出版社 1958 年版，第 161~164 页。

有151.79元，但是该收入却占到农民收入总和的58.32%（如表4.5所示）。年均收入100元以上的人口不到农业总人口的25%，收入不足50元的生产队有180万个，人口占到农业总人口的1/3以上，涉及的农民有2亿之多。其中1.12亿人每天只能挣到一角一分钱，1.9亿人每天能挣到一角三分钱，有2.7亿人每天能挣一角四分钱。甚至很多农民辛辛苦苦干一年算下来不但挣不到钱，反而还欠生产队的钱。致使农村贫困人口高达2.5亿人，贫困人口高达30.7%以上[①]。从农民与非农居民消费水平来看，我国农村居民消费水平增长仅为57.4%，相当于城市居民消费水平增长速度的一半。1957年农民与非农居民消费比例为1:2.6，而到1978年该比例下降到1:3.1，城乡差异呈扩大趋势。因而农民具有制度创新的动力。与此同时，70年代末期，国家供给的外部制度环境的变化大大降低了农民进行制度创新的机会成本，农民的行为选择集扩大，对资源进行重新配置的能力提高并发挥着越来越重要的作用，农民利用一切生产机会和资源进行制度创新的能力得到最大限度的释放，各种能够增进自身效用的制度都可以考虑进来。增加国家维持原有制度的成本，促进制度变迁向更大范围推广。所以1978年我国所进行的土地制度创新正是由有着强烈创新需求的农民发动起来的。下面我们分析转型期我国土地制度变迁的博弈过程。

表4.5　　　　　　　1957~1978年农民收入、支出与税收情况

年份	1957	1962	1965	1970	1975	1978
农民人均收入（元）	87.57	111.53	117.27	129.25	133.45	151.79
集体收入的比重%	49.56	47.09	53.86	60.62	56.99	58.32
家庭副业收入（元）	41.2	45.36	36.97	32.83	36.85	35.58
其他收入（元）	9.24	7.55	9.17	6.55	6.16	6.1
与非农居民消费比例	1:2.6	1:2.5	1:2.67	1:2.72	1:2.84	1:3.1
农村人均储蓄（元）	3.2	1.7	2.2	2.2	4.6	5.1
农业税收（亿元）	29.7	22.8	25.8	21.7	25.9	26.2

资料来源：农业部政策法规司、国家统计局农村司：《中国农村40年》，中原农民出版社1989年版，第131~132页；农业部政策研究室：《中国农村经济概要》，农业出版社1982年版，第202~211页，中国财政年鉴数据。

---

① 国家发展改革委农村经济司2008年公布的比较数据。

设博弈中有三个参与人，中央政府、地方政府和农民，假定"所有参与人是理性的"是共同知识，信息是完全的，"自然"为中央政府供给的初始制度环境。农民在自然下首先进行行动，农民有两个行动可以选择：创新与不创新。如果农民选择创新，下一轮地方政府行动。地方政府有两种选择：支持创新与反对创新，如果反对农民创新，博弈结束；如果支持农民创新，中央政府开始行动，地方政府和农民希望通过博弈获得中央政府的政策支持。

设农民不创新的支付为0，如果选择创新，由于意识形态和制度的约束减弱，即使创新失败，其成本也不是太高，因此设在地方政府反对下其支付为 -1，在中央政府反对下的支付为 -2，但是如果制度创新成功会有很高的经济收益，设该支付为4。

地方政府在制度变迁中的行为选择是对分权激励的一个强有力的回应，70年代末的财税制度改革使地方政府在很大程度上实现财政自给，并对中央政府履行税收义务，这同计划经济时代下级政府指望中央政府的预算分配来支撑地方开支有很大的不同。它使得地方政府在为当地提供公共物品的同时需要将一部分税收上交给中央政府，地方政府实质上被置于财政自筹的境地；但是地方政府又不能借鉴中央政府通过计划体制进行资本积累的经验，只能利用地方经济的发展来形成资本积累，增加了他们对土地所带来的税收需求。这极大地刺激他们去发展地方经济，为改善相对于其他地区的经济绩效而进行制度创新，在博弈过程中必然根据自身的利益最大化的原则，依托其自然条件、人文环境和经济发展水平等资源禀赋使土地制度变迁朝着对自己有利的方向发展。因此设制度变迁后地方政府的支付为5，如果中央政府反对，地方政府需要为此承担一定的惩罚成本，所得支付变为 -1，如果地方政府不支持变迁其支付为0。

设中央政府在农民不创新的情况下支付为1。如果农民创新而地方政府反对时，农民会增加现有土地制度的执行成本，使整个制度收益降低，设此时中央政府的支付为0。如果地方政府也支持农民进行制度创新，而中央政府反对的话，现有制度的执行成本会增加更多，中央政府的支付下降为 -1，相反如果它选择支持制度创新，会有较高的收益，设其支付为8。

因此我们构建了如图4.4所示的扩展式表述博弈。从上述博弈树来看，该博弈的纳什均衡解为（创新、支持、支持）。

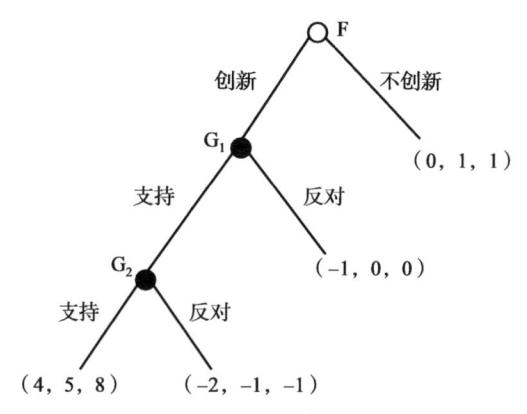

第四章 我国二元经济转型中的土地制度变迁 ·93·

```
                    F
              创新／ ＼不创新
                G₁●
           支持／   ＼反对      (0, 1, 1)
            G₂●
       支持／  ＼反对    (-1, 0, 0)
  (4, 5, 8)  (-2, -1, -1)
```

图 4.4　中央政府、地方政府与农民之间的博弈

　　1978 年，安徽省凤阳县小岗村的农民在强烈的需求下对土地制度进行创新。在此过程当中农村干部起到了举足轻重的作用。农民自发搞包产到户时，县委曾经委派农村干部对农民的创新行为进行制止和纠正，但是农村干部从自身利益出发先是采用默许的态度，后来公开为农民实行包产到户大开绿灯，使县委推行"大包干"的交易费用增加，最后不得不将包产到户作为一种新的制度形式在全县加以推广。小岗村的包产到户因为有了农村干部的支持取得了非常明显的经济绩效，但是为了不触及政府利益集团的利益，农民主动满足政府的要求，不触及土地所有权，以家庭为单位的土地使用权换取低效的体制，并认可家庭承包经营为集体经济的一部分。这一阶段的制度变迁只涉及农民集团当中的一部分人，但是小岗村的做法在秋收时开始被其他一些贫困地区纷纷效仿，到 1979 年，安徽省全部实行包产到户的生产队已经达到 10%，其中的肥西县有 90% 以上生产队实行了包产到户，固镇县也占到 48% 以上[①]。从 1980 年 5 月到 1981 年 2 月，甘肃、内蒙古、云南等地也纷纷实行了包产到户，随着参与人数的增多，包产到户已经成为广大农民稳定的均衡行为选择。为了获取长久稳定的制度收益，农民努力将该制度创新向外扩散，使其在更大范围内合法化，开始了同地方政府利益集团的博弈。

　　地方政府最初因为担心该做法与中央政策相违背而影响自己的政治收益，于是通过组织对农村干部施加压力，对农民采取各种措施强行纠正，但是农民在预期收益的激励下顶住压力坚决推行包产到户，使地方政府同农民博弈的成本增加，给地方政府实施的各种决策带来了很大的阻力。另

---

① 杜润生：《当代中国的农业合作制》（下），当代中国出版社 2002 年版，第 27～28 页。

外需要说明的是,包产到户显示出来的绩效使地方政府逐渐认识到该制度创新对农村经济水平的提高具有十分明显的作用,能为地方政府带来巨大的经济收益,因而具有一定决策权的地方政府在不影响自身政治收益的情况下对原有的制度安排进行了调整。各地方政府制度调整的方式是不一样的,有的虽然不提倡包产到户,但是允许在困难地区进行试验,如甘肃省提出"在集体经济十分薄弱、人民生活严重困难的地区,只要群众要求,可以实行包产到户";有的是在变通的方式下允许搞包产到户,如云南提出在"社会主义原则下,采取与当地生产水平、管理能力相适应的比较灵活一点地组织形式"①;也有的地方政府对包产到户的态度是积极支持的,如安徽省和山东省。当时的安徽省省委书记万里曾在一次农业会议上提出"在特定条件下允许一部分生产队搞包产到户,作为责任制的一种形式是可以的"②。可见在甘肃、内蒙古等一些比较贫困的省份,地方政府对农民的制度创新在不同程度上都给予了制度上的保护。

正是因为地方政府对农民的默许和支持,中央政府维持旧制度的成本明显提高。这些改革的地方政府为减少制度推行过程中来自中央政府的阻力,将自己的地方政策作为经验进行推广,希望得到中央政府的认可以实现全国范围内的合法化,进而增加自身的收益。经过地方政府与中央政府的讨价还价,中央政府最终对包括包产到户在内的等多种责任制安排的合法性进行了肯定。

我们可以从1978年到1983年中央下发的一些文件看出中央政府对包产到户的态度转变的过程,在1978年的土地制度变迁之前,中央政府公布的土地制度是在不动摇人民公社制度的情况下对旧体制进行修修补补,1978年12月,中央政府在《人民公社工作条例(试行草案)》中提出农村土地采用多种形式的生产责任制,认为"三级所有,队为基础的制度适合于我国目前农业和生产力发展水平",虽然将具体方案的决策权下放,但是明确提出"不许包产到户,不许分田单干"③。1979年9月,中共十一届四中全会通过的《中共中央关于加快农业发展若干问题的决定》第一次将原有草案中"不许包产到户,不许分田单干"改为"不许分田单干"。1980年9月,在一些省、市、自治区党委第一书记参加的座谈会上讨论了关于如何加强和完善农业生产责任制的问题,会后下发了《关于印

---

① 杜润生:《当代中国农业合作制》(下)当代中国出版社2002年版,第39~40页。
② 《当代中国农业合作化》编辑室:《建国以来农业合作化史料汇编》,中共党史出版社1992年版,第927页。
③ 《当代中国农业合作化》编辑室:《建国以来农业合作化史料汇编》,中共党史出版社1992年版,第906页。

发进一步加强和完善农业生产责任制的几个问题的通知》,第一次提出"对于包产到户应当区别不同地区、不同社队采用不同的方针……已经包产到户的,如果群众不要求改变就应该允许继续实行"①,从这个规定中我们可以看出,在一些贫困落后地区允许按照农民的意愿进行包产到户。中央政府虽然没有赋予农民对土地的所有权,但是从某程度上来讲认可了农民对土地拥有使用权。此后,农业生产责任制在全国范围内迅速推广。针对一些地方因思想认识不统一而出现的对包产到户排斥、否定的消极现象,1982年1月,中央政府在《全国农村工作会议纪要》中对关于农村土地制度的热点问题进行了清晰地界定"我国农村实行的各种责任制,包括小段包工定额计酬,专业承包联产计酬,联产到劳,包产到组,包干到户、到组,等等,都是社会主义集体经济的生产责任制……将会逐步发展更为完善的集体经济",这份文件还指出人民公社要从两方面进行改革,"实行生产责任制,特别是联产承包制;实行政社分立"。文件下达之后,实质在政策上宣告了人民公社的解体,并在制度上突破了仅在贫困地区实行包产到户的最初设想,以包干到户为主要形式的家庭联产承包制迅速在全国各地扩散。至此,家庭承包经营在全国范围内得以确立。中央政府在1978年以后制定的一系列与土地相关的制度对家庭承包制的推行确实起到降低交易成本的作用。

可以发现上述过程是包产到户逐渐在中央政府层面制度化的过程。正是因为对各方来说,制度变迁的预期收益都高于预期成本,土地制度变迁获得了不同经济当事人"一致性同意",包括政府、农民甚至城市利益集团。利益及预期的一致性使制度变迁平稳实现。从以上过程我们也可以看出土地制度变迁中各利益集团的偏好和行为选择,中国的土地制度变迁始终以与中央政府的利益取向保持一致为前提。它既是不同参与人进行制度创新的结果,也是政府偏好和利益的反映。只有在制度创新需求与供给双方没有根本利益冲突的情况下,创新才会发生,一项地方性经济政策才会最终成为全国性的经济制度。

四、农地制度的特点及改革所带来的深远影响

1. 农地制度的特点

1978年到1999年为转型期我国农村土地制度确立的时期,在此期间

---

① 《当代中国农业合作化》编辑室:《建国以来农业合作化史料汇编》,中共党史出版社1992年版,第927页。

它相继完成了土地承包经营制度的确立、土地制度基本框架的构建、土地承包制度的推广与创新及系统性制度安排与规范等。

始于1978年的家庭承包制是农民的一次伟大的制度创新，并于1983年前后开始在全国范围内全面实行，由此我国确立了"土地集体所有、家庭承包经营、稳定承包经营权、鼓励土地合法流转"的土地制度框架。从使用制度来看，它的具体内容包括（1）土地所有权归集体所有并由其统一管理和安排（2）承包期一般应在十五年以上，一些周期长和开发性项目承包期可以适当长一些。承包形式主要包括含包产到户、包干到户两种。（3）承包的土地可以转包，但是转包须基于原集体承包合同由承包户自行寻找对象，转包条件由双方商定。但是自留地和承包地不准买卖和出租，也不准转作宅基地和其他非农业用地。对于弃耕和荒芜的土地集体应当及时收回。（4）生产形式根据包产到户和包干到户有所不同。包产到户是以户为单位承包，包工、包产、包费用；包干到户是不规定生产费用限额和产量指标，生产者自行安排生产活动。（5）包产到户的分配原则在限定生产费用的范围内完成生产任务；而包干到户在向国家和集体交足农业税和公共提留以外，其余全是自己的。

1986年颁布的《土地管理法》第十条对土地相关权利做出具体的规定：集体所有的土地依照法律归农民集体所有，由村农业生产合作社等农业集体经济组织或者村民委员会经营、管理。已经属于乡（镇）农民集体经济组织所有的，可以属于乡（镇）农民集体所有。经营权归农民所有，为满足农民对公平的要求，一般采取按劳动人口平均分配集体土地的方式，不准买卖。

1987年我国进行土地流转制度改革，国有土地使用权开始入市参与流转。相比之下，集体用地中的农用地在原有用途下仍需按照《农村土地承包法》的相关规定进行，如果改变用途转为建设用地只能通过国家征收。对集体土地流转的限制还出现在1995年10月1日开始实施的《担保法》中。该法特别规定了耕地、宅基地、自留地等集体土地的使用权不得用于抵押，与之相比，对国有土地使用权的抵押却没有这方面的限制。

在1998年修订的《土地管理法》第十条中，农地所有权又被重新进行了界定：农民集体所有的土地依法属于村农民集体所有的，由村集体经济组织或村民委员会经营、管理；已经分别属于村内两个以上农村集体经济组织的农民集体所有的，由村内各该农村集体经济组织或村民小组经营、管理；已经属于乡（镇）农民集体所有的，由乡（镇）农村集体经济组织经营、管理。同时对第二轮土地承包年限以法律的形式固定下来，将土地承包期限延长为30年。

由以上特点来看，作为一项制度安排，土地使用制度发挥了重要的就业功能和社会保障功能，即它最大限度地增加了农民依靠土地经营来就业的机会，又为从事非农产业和进城务工人员提供最后的保障。但是从经济学角度来讲，产权对于它的拥有者来说应当同时具有以下权能：占有权、使用权、处置权和收益权。而我国的土地制度对农民产权的赋予并不是充分和完备的。并且由于这种产权关系是一种基于行政而非市场形成的契约关系，它缺乏市场机制下契约的稳定性和安全性。

2. 农地制度改革所带来的深远影响

首先，农地制度改革解决了农业生产的激励问题。农地制度改革动摇了人民公社制度的经济基础，使人民公社随之瓦解，国家全面控制农村的方式随之消失，取而代之的是相对独立的"乡政村治"，这使国家职能最低延伸至乡镇一级，乡镇一级行使的行政职能上承国家，下接乡村社会。同时权力行使的方式也由刚性统治变为弹性管理。

由于家庭承包制改变了原来"三级所有，队为基础"的结构性财产关系，并强调了以自然村地缘界限为土地的产权边界，这实际上分离了土地的所有权和经营权，明确了集体对土地的所有权及农民对土地的使用权、对生产经营的自主权和财产权，并形成了国家、集体和农户之间的产权合约。以家庭为最基本的生产单位确立了农户为经济主体的地位，农民与国家之间的关系也由身份依附转变为经济契约。对农民来说，产权关系的明确使其对未来有了更加明确的预期，在"交够国家的，留足集体的"这样一种机制下农民对农地的使用权和剩余索取权得到保障，减少与政府博弈成本的同时也减少了外部行为，解决了农业生产中的劳动计量和监督的问题。剩余索取权在生产中的激励功能激发了农民的劳动热情，增加了其对土地的投入，有利于农民个人财产的积累，使农业生产朝着自主经营、自负盈亏的方向转变。与此同时，农民的角色随之发生巨大的改变，由原来简单的劳动者和消费者变为劳动者、经营者及投资者。与土地相关的财产权益增加，农民向社会提供更多的农产品，保证了以农产品为原料的轻工业生产的正常进行。通过将农地和其他生产要素在各农户之间的平均分配也满足了农民对公平的追求。家庭承包制使农业生产得到全面恢复，保证了包括工业部门和其他部门既得利益集团在内的所有相关利益各方没有因为制度变迁而受损，因而节约了制度的运行成本。农民收入增加，改善广大农民的生活，购买力提高，生活有了较为明显的改善。产权制度变迁效率增进明显，因此对农业生产发展的促进也是极为明显的。1978年，粮食总产量只有3亿吨，家庭联产承包制后，粮食生产连续登上两个新台阶，分别在1982年和1984年达到3.5亿吨和4亿吨，而第二个台阶正是家庭承包制在全国范围内普遍推广的两年。1980~1984年中国农业增长速度超常，1984年农业总产值达2380.15亿元，以1978年为基数，年平均增长7.8%。农民消费水平增长了7.3%。1978年到1988年是中国农村经济增长最快的几年，第一、第二和第三产业的增长速度都远远超过了过去的平均速度。1988年，农村社会总产值增长了2.43倍，以每年13.1%的速度增长[1]。截至1997年，平均每公顷农作物总产值增长了1910元，年增长5.4%，净产值增长了1168元[2]。农村经济的发展提高了农村对国民经济的参与程度。

其次，农地制度改革推动了工业化和城市化的进程。农业是一个国家的基础产业，其生产效率的高低决定是否有足够的剩余产品为非农产业提供原材料支撑，为工业化发展提供充足的劳动力资源，保证整个经济长期稳定的发展。

农地制度改革以后，劳动生产率大大提高。1978年，粮食、油料、棉花等主要作物的用工量为每公顷537个工作日，1984年下降为331个工作日，平均每年下降幅度为6.3%。而到了1996年几种农作物的平均用工量下降到1978年的51%。劳动生产率提高的结果使大量劳动力从农业生产中释放出来，成为长期过剩的生产要素，这为农村工业化和城镇化提供了大量的低成本劳动力，带动了非农产业的发展。根据刘易斯提出的二元经济模型，当劳动力相对于资本和自然资源成为剩余生产要素时，农业部门劳动的边际生产率小于等于零，在一定范围内农业产量不再受劳动力减少的影响。因此在城市工业不能创造出足够的就业岗位吸纳劳动力的情况下，如何将农村剩余劳动力转变为现实生产力就成为农村经济所面临的问题，乡镇企业就是在这样一个背景下应运而生。从1978年到1995年，乡镇企业迅猛发展，其数量在十七年间增长了15倍，虽然乡镇工业不能达到现代工业的劳动生产率，但是其劳动生产率和工资报酬率都要高于农业，并且有着大量的劳动力需求。从1985年到1995年这十年间，乡镇企业共吸纳剩余劳动力5883万人[3]。远远超过了公有经济的就业人数，使得我国出现城市与农村双重工业化的格局。这不但为开辟农民新的收入来源

---

[1] 邓力群、马洪、武衡：《当代中国的农业》，当代中国出版社1992年版，第265~270页。
[2] CNKI中国统计年鉴数据库。
[3] 1996年《中国统计年鉴》。

奠定了物质基础，还形成了工业化与城市化相互促进、协调发展的交互关系。

同时农地制度改革后，土地关系的两权分离不仅是保证土地得以正常使用的条件，也是培育土地市场的基础，对于农村生产要素的重组和资源利用效率的提高都具有重要作用。市场机制的引入改变了过去单纯以行政手段配置资源的方式，充分发挥其调节作用，在合理配置资源方面降低了交易成本。农村社会逐渐由封闭走向开放，封闭经济逐渐形成开放的经济，农民作为市场独立的微观主体与外界的联系和交换日益频繁，其消费需求得以释放，市场潜力得到挖掘，失衡的经济结构在不断纠正过程中逐渐向均衡方向发展。与此同时，越来越多的农民从农村涌入城市，从事第二、第三产业，并融入城市化和工业化的进程当中，这为农民实现从"身份"到"契约"的根本性转变创造了条件[①]。

五、土地制度改革的纵深推进

从2000年开始，我国的土地制度改革开始沿着两条主线向纵深推进，一条主线是以法律的形式规范土地承包制度；另一条主线是对农村土地征用制度和建设用地制度进行改革。

1. 土地承包制度的立法规范

土地承包制度的立法规范和改革的推进主要包括两大方面，一是稳定土地承包关系，延长土地承包期限。为稳定土地承包关系，保障土地使用权合理流转，2001年，中央政府下发了《关于做好农户承包地使用权流转工作的通知》，该通知第一次完整规范了农村土地的流转。文件要求将土地承包延长30年不变落实到具体的农户和地块，发包方必须与承包方签订承包合同并发放承包经营权证书。在承包期限内，村集体组织无权单方面解除合同或强迫农户放弃、更改合同。土地的流转必须在承包期内，其流转主体主要是农户，而土地是否流转及采用什么样的流转形式都是建立在农户自愿的基础上，农民获取的土地收益既包括土地直接经营收益也包括土地流转收益。

2003年3月，《农村土地承包法》开始颁布实施，该法确定了农村土

---

① 沙国武等：《家庭承包经营给农业和农村社会带来的影响》，载《新华文摘》1999年第6期。

地承包采用村社范围内的家庭承包方式，对于荒山、荒沟、荒滩等农村用地可以采用拍卖、招标等方式承包。《承包法》还规定了土地承包方和发包方的权力与义务，强调妇女与男子享有平等的土地承包权，在承包地被依法占用或征用时，有权依法获得相应的赔偿。保护土地承包户依法自愿有偿进行土地承包权流转，由承包方自主确定流转对象和流转方式，并将发包方对土地流转的批准权限仅限定在土地承包经营权。流转方式可以为转包、出租、互换等，但是不得改变土地的所有权性质，未经批准不得将承包地用于非农建设。作为受让方，同等条件下集体经济组织成员具有优先权。应当说，该法的实施减少了土地流转过程中由于人为因素造成的障碍，是继《土改法》之后改善农民经济地位的一部重要法律。

2004年我国颁布的《农村土地承包经营权证管理办法》首次以法律凭证的方式确认了农户对承包土地的经营权，旨在加强对土地承包经营的规范管理。2005年在《农村土地承包法》的基础上，国家又制定了《农村土地经营权流转办法》，进一步对土地流转当事人、流转方式、流转合同及流转的过程管理进行了规范。相关法律法规的制定表明了中央政府将家庭承包经营制度作为一种长期的制度来执行。

2007年10月1日《物权法》正式实施，明确界定土地承包经营权为用益物权的一种，为土地更开放地流转奠定了法理基础。承包经营权的物权属性决定了承包人不仅可以对抗土地所有权人，使得土地发包方不能随意撤回发包，还可以避免和消除侵害农民利益的一些违法行为，提高了承包经营权的法律地位。但是鉴于农村社会保障体系还没有全面建立，宅基地使用权的转让和抵押条件还不成熟，所以其使用和转让继续遵循《土地管理法》等相关法规的规定。

2008年，十七届三中全会通过了《中共中央关于推进农村改革发展若干重大问题的决定》指出：赋予农民更加充分而有保障的土地承包经营权，现有土地承包关系要保持稳定并长久不变，允许农民以多种形式流转土地承包经营权，并对土地承包经营权流转进行了原则性和方向性的规定。

2013年11月十八届三中全会通过的《中共中央关于全面深化改革若干重大问题的决定》继续坚持十七届三中全会农村土地承包关系长久不变，允许农民以多种形式流转土地承包经营权的基本思路。在此基础上提出允许土地承包权抵押、担保。但土地承包权抵押、担保并未进入立法程序，目前还仅处于试点探索阶段。

2. 农村土地征用和建设用地制度改革

2004年，中央一号文件要求各级政府落实耕地保护制度并积极探索集体非农建设用地入市的途径和办法。同年，全国人大第二次修订了《土地管理法》。《土地管理法》的第四条强调了国家对土地实行用途管制制度，严格限制农用地转为建设用地，并明确定义了农用地、建设用地和未用地。同时，在强调"国家为公共利益的需要可以依法对集体所有土地实行征用"外，第六十三条还规定"农民集体所有的土地使用权不得出让、转让或者出租用于非农建设，但是符合土地利用总体规划并依法取得建设用地的企业，因破产、兼并等情形致使土地使用权发生转移的除外。"所以，新法使土地流转更加具有政府垄断性，由于集体土地所有权不得转让，国家征用成为农地转为非农用地的唯一途径。对于补偿范围和标准，《土地管理法》第四十七条规定，补偿费包括土地补偿费、安置补偿及地上附着物和青苗的补偿费。其中土地补偿费为该耕地被征前三年平均年产值的6~10倍，每位农业人口的安置补偿费按耕地被征用前三年年均产值的4~6倍计算。同年，国土资源部出台了《关于完善征地补偿安置制度的指导意见》，具体规定了征地的三个工作程序，第一，告知征地情况……将拟征地的用途、位置、补偿标准及安置途径等以书面形式告知被征地农村集体经济组织和农户；第二，确认征地调查结果，包括土地及附着物的权属、种类、数量等；第三，对补偿标准及安置途径等组织有农村集体经济组织及农户参加的听证会。同时提出征地应该采用多种补偿安置并存的办法：（1）为农民提供必要的耕作土地，进行农业生产安置。（2）为农民提供免费的劳动技能培训进行重新择业安置。（3）以建设用地土地使用权作价为优先股进行入股分红安置。（4）由政府统一组织实行异地移民安置。

2010年，国土资源部发出《关于进一步做好征地管理工作的通知》，该通知是继《关于完善征地补偿安置制度的指导意见》之后关于征地管理方面最全面的文件。与以往文件相比它主要有以下几个突出特点：一是要求按照当地经济发展水平和人均收入情况2~3年提高补偿标准；二要求补偿费直接拨付给农民个人；三是对于加入新农保的农民，由用地单位承担其社会保障。

2008年的十七届三中全会和2013年十八届三中全会都强调改革征地制度，严格界定公益性和经营性建设用地，缩小征地范围，完善征地补偿机制。

2008年中央出台的一号文件要求严格农村集体建设用地的管理，禁止通过"以租代征"等方式提供建设用地，禁止城镇居民购买农村宅基地或"小产权房"，2010年4月国务院发布《关于严格规范城乡建设用地增减挂钩试点切实做好农村土地整治工作的通知》，实行城镇建设用地和农村建设用地增减挂钩，缓解建设用地刚性需求与耕地面积硬性约束之间的矛盾。

2013年12月十八届三中全会通过的《中共中央关于全面深化改革若干重大问题的决定》指出，在符合规划和用途管制前提下，允许农村集体经营性建设用地出让、租赁、入股，实行与国有土地同等入市、同权同价；保障农户宅基地用益物权，改革完善农村宅基地制度，选择若干试点，慎重稳妥推进农民住房财产权抵押、担保、转让，探索农民增加财产性收入渠道。目前，农村集体经营性建设用地与国有土地同等入市、同权同价，以及农民住房财产权抵押、担保、转让政策也没能进入立法程序，仅处于试点探索阶段。

第五章

中国土地制度缺陷及对二元经济转型的影响

第一节 农村土地制度概况

一、农村集体土地产权制度

农村土地产权制度是指农村土地的所有权、使用权、收益权、处置权等各项权能的设置和划分，是以农村土地作为客体的财产权利的一系列规则和习惯，是农村土地制度的核心内容。

农村土地所有权制度主要包括土地所有权的内容（即占有、支配、使用和处置等权益）、土地所有权的实现方式（即自己使用、转让他人等）、土地所有权的法律确定形式。关于农村土地的所有权，我国《宪法》和《土地管理法》规定：农村和城市郊区的土地，除由法律规定属于国家所有的以外，属于集体所有；宅基地和自留地、自留山，也属于集体所有。

农村土地使用权制度的核心内容则是确立独立于农村土地所有权之外的土地使用权规范，以达到农村土地财产有效合理利用的目标。在现行法律框架下，我国农村土地权属实行所有权和使用权相分离的制度。农村土地使用权是指农民集体土地的使用人依法利用土地并取得收益的权利。农村土地使用权可分为农用土地使用权、宅基地使用权和建设用地使用权三种。农用地使用权是指农村集体经济组织及其成员或者农村集体经济组织以外的单位和个人从事种植业、林业、畜牧业、渔业生产的土地使用权。宅基地使用权是指农村村民住宅用地的使用权。其他集体建设用地使用权是指农村集体经济组织兴办乡（镇）企业和乡（镇）村公共设施、公益事业建设用地的使用权。

农村土地收益权制度的主要特征为农村土地所有权收益与使用权（或经营权）收益的分离。由于农村集体土地所有权主体和使用权主体的分离，因此，两种权利主体都享有法律允许范围内的相应的收益权。

农村土地处置权指农村集体土地所有者及使用者依法对土地进行处分的权利。农村集体土地所有者对土地进行处分的权利实际上由国家来控制，主要表现农村集体土地通过国家征收转变为国有建设土地，所有权转移的同时往往伴随着土地用途的转变。农村集体土地使用者对土地进行处分的权利是指在保持农村集体土地所有权不变的前提下，土地使用权的转移，包括土地承包经营权流转、集体建设用地在法律约束下的流转。

二、农村集体土地征收与补偿制度

2004年，我国宪法第四修正案明确了土地征收和土地征用是两个不同的概念，此后，2004年8月经第二次修订的《土地管理法》及2007年出台的《物权法》规定，土地征收是国家为了公共利益的需要，依照法定程序，强制性取得他人的土地所有权并给予合理补偿的制度。土地征用是指国家基于抢险、救灾等紧急需要，强制使用他人的土地且给予合理的补偿，待使用完毕后，将土地归还所有人或使用人的制度。目前人们讲的征地，主要是指土地征收。土地征收制度是我国农地非农化制度安排的最主要组成部分，其与耕地资源保护、农民土地权益保护、城乡经济健康发展密切相关。我国《宪法》《土地管理法》《土地管理法实施条例》《土地征用公告办法》《关于完善征地补偿安置制度指导意见》等法律法规对土地征收进行了详细的制度安排，本文从土地征收目的、征收程序、征收补偿等方面进行分析。

1. 土地征收目的

《宪法》第十条和《土地管理法》第2条明确规定："国家为了公共利益的需要，可以依法律规定对土地实行征收或征用并给予补偿。"可见，"公共利益"是征地的唯一目的。除此以外，各种法律法规中都未对"公共利益"需要的具体类型和范围予以界定，导致经济发展过程中土地征收权的滥用。为此，十七届三中会通过的《中共中央关于推进农村改革发展若干重大问题的决定》指出："严格界定公益性和经营性建设用地，逐步缩小征地范围，完善征地补偿机制"，这为我国征地制度改革指明了方向。

2. 土地征收程序

我国现行土地征收程序大体可以分为以下四个阶段。

（1）土地征收方案的拟定及报批阶段。

①建设用地单位就项目进行可行性论证，并向建设项目批准机关的同级土地行政主管部门提出建设预申请。受理预申请的土地行政主管部门依据土地利用总体规划、年度内农用地转用计划和国家土地供应政策，对建设项目的有关事项进行预审，出具建设项目用地预审意见书；②建设用地单位向市、县人民政府土地行政主管部门正式提出建设用地申请，市、县人民政府按照土地利用总体规划和土地利用年度计划拟定四案一书（即农用地转用方案、补充耕地方案、征收土地方案、供地方案和建设项目用地呈报说明书）并逐级上报有批准权的人民政府批准；③有批准权的人民政府土地行政主管部门对四案一书即有关资料进行审查，并组织进行现场踏勘提出审查意见，报有批准权的人民政府批准；④农用地转用和土地征收经省人民政府或国务院批准后，由同级土地行政主管部门下发批复，同时批准农用地转用和批准征收的，在同一文中一并批复①。

（2）土地征收的公告登记阶段。

我国法律规定征地要实行"两公告一登记"制度，即要进行土地征收方案公告、补偿安置方案公告、补偿登记。在土地征收方案批准后，由被征地所在地的市、县人民政府组织实施，将批准征地机关、批准文号、征地用途、范围、面积等，在被征地所在地的乡（镇）、村予以公告，即土地征收方案公告。被征地的所有权人、使用权人应在公告规定的期限内，持土地权属证书到公告指定的人民政府土地行政主管部门办理补偿登记。土地征收决策作出后，市、县人民政府土地行政主管部门会同有关部门拟订征地补偿与安置方案，并要在被征收土地所在地的乡（镇）、村予以公告（即补偿安置方案公告），听取被征收土地的农村集体经济组织和农民的意见。在报批拟征地项目的补偿标准和安置方案之前，土地行政主管部门应书面告知当事人有要求举行听证的权利，当事人在法定期限内申请的，应当组织听证，报批时应附具听证笔录（有关征地补偿安置方案听证的规定，并未体现于法律中，仅在《征用土地公告办法》《国土资源听证规定》等部门规章中有规定）。对已批准的补偿标准有争议的，由县级以上地方人民政府协调；协调不成的，由批准征收土地的人民政府裁决。征

---

① 郝晓燕：《我国农村土地征收程序制度研究》，广东商学院硕士学位论文，2012年。

地补偿、安置争议不影响征地方案的实施。

为改进征地补偿安置工作，国土资源部在2004年11月16日发布的《关于完善征地补偿安置制度的指导意见》中强调，"在征地依法报批前，当地国土资源部门应将拟征地的用途、位置、补偿标准、安置途径等，以书面形式告知被征地农村集体经济组织和农户，并且被征地农村集体经济组织和农户对拟征土地的补偿标准、安置途径有申请听证的权利。"

（3）土地征收补偿阶段。

土地征收的各项费用自征地补偿、安置方案批准之日起3个月内由用地单位全额支付。

（4）土地征收完成阶段。

在征地补偿完成以后，就可以办理土地变更登记，完成土地征收。

3. 土地征收补偿的范围、标准、方式

（1）土地征收补偿范围。

土地征收补偿范围包括三部分，即土地补偿费、安置补助费以及地上附着物和青苗的补偿费。土地补偿费是指对被征土地所有者和使用者因征地对土地投入和收益造成损失的补偿。安置补助费是指为了安置以土地为主要生产资料并取得生活来源的农业人口的生活，所给予的补助费用。地上附着物和青苗补偿费指对被征地农民在被征收土地上建筑物及其他设施的补偿及尚未成熟的农作物、林木及其他具有一定价值的经济作物的补偿。

（2）征地补偿标准。

我国最新《土地管理法》第四十七条对征地补偿标准作出规定：按照被征收土地的原用途给予补偿。补偿费用包括土地补偿费、安置补助费以及地上附着物和青苗的补偿费。征收耕地的土地补偿费，为该耕地被征收前三年平均年产值的6~10倍。安置补助费标准为该耕地被征收前三年平均年产值的4~6倍。但是，每公顷被征收耕地的安置补助费，最高不得超过被征收前三年平均年产值的15倍。

①土地补偿费 P_1。

$$P_1 = \frac{1}{3} \times n_1 \times \sum_{i=1}^{3} \frac{R_i}{M} \tag{5.1}$$

式中：R_i 为征地前三年的每年耕地收益；M 为耕地面积；n_1 为补偿倍数，$n_1 = 6、7、8、9、10$；$i = 1、2、3$。

2004年《国土资源部关于完善征地补偿安置制度的指导意见》中指出，土地补偿费的分配主要按照用于被征地农户的原则，在农村集体经济组织内部合理分配。具体分配办法由省级人民政府制定。土地被全部征收，同时农村集体经济组织撤销建制的，土地补偿费应全部用于被征地农民生产生活安置。山西省2005年第182号《办法》规定"土地补偿费要不低于80%支付给被征地户"。《海南省土地征收补偿安置管理办法》第13条规定"农村集体经济组织或者村民自治组织没有条件调整数量与质量相当的土地给被征地农民继续承包经营的，土地征地补偿费应当按不少于70%的比例支付给被征地农民"。《山东省土地征收管理办法》规定："土地征收补偿安置费的80%支付给土地承包户，其余的20%支付给被征收土地的农村集体经济组织"[①]。

②征收耕地的安置补助费P_2。

$$P_2 = \frac{1}{3} \times n_2 \times m_2 \times \sum_{i=1}^{3} \frac{R_i}{M} \qquad (5.2)$$

式中：n_2为安置补偿费的补偿倍数，n_2为整数取值范围（4~15）；m_2为每亩地负担的人口数；M为土地的面积；R_i为第i年的土地收益，$i=1$、2、3。土地补偿费和安置补助费的总和不得超过土地被征收前三年平均年产值的30倍，即

$$P_1 + P_2 \leqslant \frac{1}{3} \sum_{i=1}^{3} \frac{R_i}{M} \times 30 \qquad (5.3)$$

《中华人民共和国土地管理法实施条例》规定：征地的安置补助费必须专款专用，不得挪作他用。需要安置的人员由农村集体经济组织安置的，安置补助费支付给农村集体经济组织，由农村集体经济组织管理和使用；由其他单位安置的，安置补助费支付给安置单位；不需要统一安置的，安置补助费发放给被安置人员个人或者征得被安置人员同意后用于支付被安置人员的保险费用。

③青苗及附着物补偿费P_3。

$$P_3 = Q \times P_q \times a \qquad (5.4)$$

式中：Q为被征土地上的农作物产量及附着物数量；P_q为农作物价格及附着物价格；a为补偿系数。

《中华人民共和国土地管理法实施条例》规定：地上附着物及青苗补偿费归地上附着物及青苗的所有者所有。

---

① 杨维富：《完善现行征地补偿法规 化解农村征地社会矛盾》，载《中国经济时报》2013年10月31日。

④《土地管理法》规定的征地补偿标准计算公式。

根据公式 4.1、4.2、4.3 整理得出：①

$$P = \frac{1}{3} \times n_1 \times \sum_{i=1}^{3} \frac{R_i}{M} + \frac{1}{3} \times n_2 \times m_2 \times \sum_{i=1}^{3} \frac{R_i}{M} + Q \times P_q \times a$$

(5.5)

《土地管理法》规定的征地补偿标准是按土地原用途进行补偿，导致农民无法分享土地转变用途的增值收益。土地补偿只是对土地的生产价值进行补偿，忽视了土地对于农民的多重功能价值。土地补偿费和安置补助费的总和不得超过土地被征收前三年平均年产值的 30 倍，违背国家规定农民土地承包合同长久不变的政策。这些都是造成农民土地权益受损的制度安排。

（3）土地征收补偿方式。

依据我国法律规定，土地征收补偿原则上以货币方式进行。为改进征地补偿安置工作，国土资源部在 2004 年 11 月 16 日发布的《关于完善征地补偿安置制度的指导意见》中指出了应给予被征地农民的几种新的补偿安置方式：农业生产安置、重新择业安置、入股分红安置、异地移民安置。

三、农村集体土地使用管理制度

1. 农村集体土地承包经营管理制度

我国农村土地承包经营制度主要是在《农村土地承包法》的规范下运行的，其包含两个方面的内容：家庭承包经营制度与其他方式的承包经营制度。

（1）家庭承包经营制度。

家庭承包经营制度就是指以家庭经营为基础，统分结合的双层经营体制，在这种体制下，集体统一经营层次与基础经营层次（全国绝大多数以家庭为基础经营单位）之间，根据宜统则统、宜分则分的原则，实现两者的有效结合。在集体对农业基础设施等进行统一经营的基础上，采用家庭承包的方式进行农业生产，即将集体所有或国家所有归其使用的土地等生产资料依人口发包给本组织的家庭承包经营。农户在向国家和集体上缴税

---

① 刘永湘：《农村土地所有权价格与征地制度改革》，载《中国软科学》2004 年第 4 期，第 50~55 页。

费之外，完全自主决定土地经营事务，并占有除上缴法定税费之外的全部收益。

①家庭承包经营制度的特征。第一，两权分离。家庭承包经营制度在坚持土地公有制的前提下，通过承包的方式将土地所有权与和经营权分离开来，在保留发包土地归集体所有的情况下（农村土地中极少数属于国家所有），赋予农民家庭独立的土地经营使用权。

第二，有统有分、统分结合。农村集体经济组织是集体统一经营层次的主体，其职责为经营管理土地和其他集体资产的职责。在保证农户拥有独立自主经营权的基础上为农户提供产前、产中和产后服务，组织公共性的基础设施建设和集体资源开发，发展集体经济，提高农民福利。农户是家庭经营层次的主体，其基本职能是：承包使用集体土地等生产资料，自主地、独立地从事农业生产经营活动，直接对经营成败负责，具有自主经营决策权及经营成果支配权。

统一经营层次与家庭经营层次二者是相辅相成的，两个层次的经营主体在履行《农村土地承包法》规定的权利义务及其他法律法规相关规定的基础上，在生产经营中积极配合、相互补充，有效克服了人民公社高度集中和高度平均的弊端，调动了农民的生产积极性，有效推动了农村经济的发展。

②家庭承包经营制度的主要内容。根据《农村土地承包法》的规定，家庭承包必须在遵循公平合理原则、民主协商的合法程序下进行。

第一，承包主体与客体。家庭承包方式下的承包主体有承包方和发包方。发包方指农村集体经济组织、村委会或村民小组。由于大多数农村地区农村集体经济组织名存实亡，故发包方一般都是村委会或村民小组，一些农村地区由村民小组发包存在困难，也由村委会代为发包。承包方是农户。农村集体经济组织的每一个成员都有承包土地的权利。家庭承包是人人有份的承包，因此，每一个成员都有权承包应属于他的那一份承包地。但家庭承包是以户为单位的，只有由若干个家庭成员组成的"农户"才可以作为承包方，每户承包耕地的数量按其户口下的本集体经济组织成员数来确定。集体经济组织内的单个成员不能成为承包方，除非他自己就是一户人家。

家庭承包方式下的承包客体指在本集体经济组织内能够做到人人有份的，且适合采取家庭承包方式的农村土地。

第二，承包期限和承包合同。首先，关于承包期的规定。根据《物权法》第一百二十六条、《农村土地承包法》第二十条的规定，耕地承包期为30年，草地承包期为30年至50年，林地承包期为30年至70年，特殊林木的林地承包期，经国务院林业行政主管部门批准可以延长。国家为了稳定承包关系，将家庭承包地的承包期从现行土地立法规定的30年延长至现行政策性文件中的"长久不变"，土地承包经营权将成为农民永续享有的永佃化的权利①；其次，关于承包合同的规定。发包方应与承包方就发包方、承包方名称及发包方负责人和承包方代表的姓名、住所，承包土地的相关情况，承包期限和起止日期，发包方和承包方的权利、义务及违约责任等签订书面承包合同。

第三，土地承包经营权的保护。首先，《农村土地承包法》为保护承包方的土地权益，作了如下规定：承包期内，发包方不得收回承包地。当承包方全家迁入小城镇落户时，要根据承包方的意愿，保留其土地承包经营权或允许其依法进行土地承包经营权流转。只有当承包方全家迁入设区的市，转为非农业户口的，其承包的耕地和草地才必须交回给发包方，承包方对其在承包地上投入而提高土地生产能力的，有权获得相应补偿；承包期内，发包方不得调整承包地。因自然灾害严重毁损承包地等特殊情形对个别农户之间承包的耕地和草地需要适当调整的，必须经本集体经济组织成员的村民会议2/3以上成员或者2/3以上村民代表的同意，并报乡（镇）人民政府和县级人民政府农业等行政主管部门批准。承包合同中约定不得调整的，按照其约定；承包期内，承包方可以自愿将承包地交回发包方，但在承包期内不得再要求承包土地。妇女结婚，在新居住地未取得承包地的，发包方不得收回其原承包地，而妇女离婚或丧偶，仍在原居住地生活或者不在原居住地生活但在新居住地未取得承包地的，发包方也不得收回其原承包地。其次，土地承包经营权的物权性质得到明确。《农村土地承包法》对土地承包经营权的内容作了全面的规定，从内容规定上看，其确立了土地承包经营权的物权属性，但却未直接宣示土地承包经营权的物权性质。《物权法》虽然在内容上未超越《农村土地承包法》，但其将土地承包经营权明确界定为用益物权。

第四，土地承包经营权的流转。根据《农村土地承包法》的规定，通

---

① 2008年中国共产党第十七届三中全会通过的《中共中央关于推进农村改革发展若干重大问题的决定》第一次提出了"现有土地承包关系要保持稳定并长久不变"，较《物权法》第一百二十六条的"前款规定的承包期届满，由土地承包经营权人按照国家有关规定继续承包"的附加规定及《农村土地承包法》第四条的"国家依法保护农村土地承包关系的长期稳定"的规定更有利于稳定农民对土地承包经营的预期，强化了农民地权的稳定性。2013年11月中国共产党第十八届三中全会通过的《中共中央关于全面深化改革若干重大问题的决定》中就又再次强调，要"坚持农村土地集体所有权，依法维护农民土地承包经营权，发展壮大集体经济。稳定农村土地承包关系并保持长久不变"。

过家庭承包取得的土地承包经营权可以依法采取转包、出租、互换、转让或者其他方式流转，且流转双方应当就双方当事人的姓名、住所，流转土地的用途及相关情况，流转期限和起止日期，价款支付，双方当事人权利、义务及违约责任等条款签订书面合同。土地承包经营权流转应当在遵循平等协商、自愿、有偿及在不改变土地所有权性质和土地农业用途的原则下，由承包方依法自主决定是否流转和流转的方式，流转的转包费、租金、转让费等，应当由双方当事人协商确定。流转的收益归承包方所有，任何组织和个人不得擅自截留、扣缴。承包方对其在承包地上投入而提高土地生产能力的，依法流转时有权获得相应补偿。承包方在有稳定的非农职业或稳定收入来源的情况下，经发包方同意后，可将全部或部分土地承包经营权以转让方式流转给其他从事农业生产经营的农户，原承包方与发包方在该土地上的承包关系即行终止，由该受让方同发包方确立新的承包关系。采取转包、出租、互换或者其他方式流转的，应当报发包方备案。承包期内，发包方不得单方面解除承包合同，不得假借少数服从多数强迫承包方放弃或者变更土地承包经营权，不得以划分"口粮田"和"责任田"等为由收回承包地搞招标承包，不得将承包地收回抵顶欠款。

(2) 其他承包方式下的经营制度。

①其他承包方式的承包主体。与家庭承包方式一样，其他承包方式的承包主体仍然包括承包方和发包方，其发包方也同家庭承包方式一样，但承包方不限于农村集体经济组织内部成员，本集体经济组织以外的单位和个人皆可承包经营，从事种植业、林业、畜牧业、渔业生产。其他承包方式的承包客体是指不宜采取家庭承包方式的荒山、荒沟、荒丘、荒滩等农村土地或者由于数量少无法做到人人有份的园地、养殖水面等。根据国家有关政策规定，"四荒"土地必须是农村集体经济组织所有的、未利用的土地。耕地、林地、草原以及国有未利用土地不得作为农村"四荒"地。

②其他承包方式的运行方式。荒山、荒沟、荒丘、荒滩的承包者，要遵守相关法律、行政法规的规定，避免水土流失，保护并改善生态环境。荒山、荒沟、荒丘、荒滩等可直接通过招标、拍卖、公开协商等方式实行承包经营，也可将土地承包经营权折股分给本集体经济组织成员后，再实行承包经营或者股份合作经营，且应当签订承包合同，由当事人双方协商确定相应权利和义务、承包期限等。以招标、拍卖方式承包的，承包费通过公开竞标、竞价确定。以公开协商等方式承包的，承包费由双方议定。在同等条件下，本集体经济组织成员享有优先承包权。发包方将农村土地发包给本集体经济组织以外的单位或者个人承包时，应事先经本集体经济

组织成员的村民会议2/3以上成员或者2/3以上村民代表的同意,并报乡(镇)人民政府批准。

通过招标、拍卖、公开协商等方式承包农村土地,经依法登记取得土地承包经营权证或者林权证等证书的,其土地承包经营权可以依法采取转让、出租、入股、抵押或者其他方式流转;通过招标、拍卖、公开协商等方式取得的土地承包经营权,该承包人死亡,其继承人依照继承法的规定继承其应得的承包收益;在承包期内,其继承人可以继续承包。

可见,相比家庭承包经营,以其他承包方式承包获得的土地承包经营权更完整,它可以依法进行抵押流转。

2. 农村集体建设用地使用管理制度

农村集体建设用地是指乡(镇)村集体经济组织和农村个人投资或集资,进行各项非农建设所使用的土地。主要包括宅基地及乡(镇)村企业用地、乡(镇)村公益事业和公共设施用地等其他集体建设用地。依据《土地管理法》的规定,农村集体建设用地应符合乡(镇)土地利用总体规划和土地利用年度计划,应按照村庄和集镇规划进行合理布局、综合开发与配套建设,应依据《土地管理法》的相关规定办理审批手续。

(1)宅基地使用管理制度主要内容。

宅基地作为与房屋不可分割的组成部分,是指农村专门用于建造房屋的那部分土地,包括建了房的土地、建过房屋但已无上盖物的土地及准备建房用的规划地三种类型。根据我国农民的长期生活习惯,宅基地一般包括居住用房等主建筑物和厨房、仓库、厕所等一些附属建筑、构筑物,以及晒场、庭院、宅基地附近绿地、围墙等用地。我国宅基地使用管理制度主要内容可概括为"集体所有、农民使用、一宅两制"的宅基地产权制度及"依法申请、一户一宅、限定面积、福利分配、免费使用、无偿回收、限制流转、严禁开发、禁止抵押"的宅基地管理制度。

①集体所有、农民使用、一宅两制。依据我国法律规定,"集体所有、农民使用"指农村宅基地属于农民集体所有、农民家庭使用,集体对宅基地具有所有权,农民对宅基地具有使用权,宅基地所有权和使用权相分离。在我国农村,农民的"宅"是宅基地与地上房屋的复合体与总称,"一宅两制"指农村宅基地制度与其之上的农村住房产权制度不同。一方面,农村居民只拥有宅基地的使用权。根据《物权法》的规定,宅基地使用权属于用益物权,宅基地使用权人依法对集体所有的土地享有占有和使用的权利,有权依法利用该土地建造住宅及其附属设施。另一方面,农村

住房属于私人所有，宅基地之上的房屋归农户个人所有，是农户的私有财产，农户拥有所有权。

②依法申请、一户一宅、限定面积。依据《土地管理法》的规定，农村村民一户只能拥有一处宅基地，其宅基地的面积不得超过省、自治区、直辖市规定的标准。农村村民住宅用地，应当符合乡（镇）土地利用总体规划，并尽量使用原有的宅基地和村内空闲地。并且，农村村民向本集体经济组织提出的宅基地使用申请，需经乡（镇）人民政府审核后，再报经县级人民政府批准，其中，涉及占用农用地的，要依法办理审批手续。农村村民出卖、出租住房后，再申请宅基地的，不予批准。

③福利分配、免费使用、无偿回收。"福利分配、免费使用、无偿回收"指的是宅基地使用权的取得与回收制度。农村宅基地的分配依照福利保障原则，农村村民依集体成员资格可申请无偿取得宅基地使用权，非本集体经济组织成员包括城镇非农业户口居民不得申请取得宅基地使用权。1995年原国家土地管理局发布的《确定土地所有权和使用权的若干规定》指出，"空闲或房屋坍塌、拆除两年以上未恢复使用的宅基地，不确定土地使用权。已经确定使用权的，由集体报经县级人民政府批准，注销其土地登记，土地由集体收回"。1997年原国家土地管理局发布的《关于进一步加强土地管理切实保护耕地的通知》中指出，"农村居民每户只能有一处不超过标准的宅基地，多出的宅基地，要依法收归集体所有"。依据原国家土地管理局的以上规定，宅基地使用权回收制度得以确立，即当农民宅基地闲置不用时，集体无偿回收，农民无偿退出宅基地。

④限制流转、严禁开发、禁止抵押。"限制流转"指农村宅基地使用权不能流转给集体以外的其他机构和个人。"严禁开发"指严禁利用农村集体土地开发"小产权房"。"不得抵押"指法律法规不允许以宅基地使用权作为抵押品获取贷款。在1999年5月6日，《国务院办公厅关于加强土地转让管理严禁炒卖土地的通知》中要求，"农民的住宅不得向城市居民出售，也不得批准城市居民占用农民集体土地建住宅，有关部门不得为违法建造和购买的住宅发放土地使用证和房产证。"自2000年以来，针对城郊农村宅基地使用权流转市场的不断发展壮大，国务院和国土资源部等部门多次发布相关政策性文件，严令禁止"小产权房开发"，要求城镇居民不得到农村购买宅基地、农民住宅或"小产权房"。我国法律不允许宅基地使用权作抵押，《担保法》与《物权法》中均明确规定，耕地、宅基地、自留地、自留山等集体所有的土地使用权不得抵押。

(2) 其他集体建设用地使用管理制度的主要内容。

①其他集体建设用地的两种类型及相关概念。第一，乡镇企业用地及乡镇企业用地使用权。乡镇企业用地是指乡镇企业建设所使用属于乡镇农民集体所有的土地，村办企业建设所使用的属于本村农民集体所有的土地、村民组办企业所使用的本村民组所有的土地、个人办企业所使用的其所在农民集体组织的土地，以及农民集体经济组织使用本集体所有土地与其他单位和个人以土地入股、联营等方式共同兴办的企业等，我们把这些企业占地统称为乡镇企业用地。乡镇企业用地使用权是指乡镇企业为生产经营活动而取得的对一定范围内集体土地的使用权。该项权利的主体是乡镇企业，权利的客体是农村集体所有的土地。第二，乡（镇）村公共设施和公益事业建设用地。乡（镇）村公共设施和公益事业建设用地包括农村道路、农田水利设施、学校、通信、医疗卫生、敬老院、村委会办公室等一些为公共服务的建筑设施用地，尽管这些建设用地为公共使用，但是其土地所有性质属于农民集体所有，属于集体建设用地的范围。

②其他集体建设用地的抵押与流转。由于《土地管理法》规定只有农村宅基地、乡镇企业和乡村公共设施用地可以使用集体所有的土地，这就导致集体建设用地使用权的流转受到限制。根据《土地管理法》的规定，符合土地利用总体规划并依法取得建设用地的乡（镇）、村企业，其企业用地使用权也只有在破产、兼并等情形下才可以流转。这条规定虽为集体建设用地流转提供了一定的法律空间，但对于流转这部分集体建设用地时该如何操作，法律没有作出更详细的规定。另外，根据《担保法》的规定，"乡（镇）、村企业的土地使用权不得单独抵押。以乡（镇）、村企业的厂房等建筑物抵押的，其占用范围内的土地使用权同时抵押。"

20世纪90年代以后，在城市化水平不断提高，特别是在市场经济发展和乡镇企业改制等综合因素作用下，集体建设用地出现了大量隐形流转，在这种背景下，1999年以来，国土资源部开始了集体建设用地流转的试点工作。1999年11月24日，经国土资源部批准，安徽省芜湖市成为全国第一个农村集体建设用地流转试点市。2003年2月和6月，国土资源部又设立了河南新乡、安阳、江苏苏州、昆山、上海南汇、浙江湖州，福建古田，广东顺德、深圳等多个集体建设用地流转试点地区。2004年国务院在《国务院关于深化改革严格土地管理的决定》中首次规定："在符合规划的前提下，村庄、集镇、建制镇中的农民集体所有建设用地使用权可以依法流转"。

尽管集体建设用地流转活跃的地区都已相继出台了地方性流转法规，对流转形式、范围、条件、收益分配等作出了相关规定，以对长期自发的流转行为进行规范，但截止目前，相关规定还没有上升到国家的法律层面。

第二节 现阶段农村土地制度缺陷

一、农地所有权主体虚置

《宪法》第十条明确规定："农村和城市郊区的土地，除由法律规定属于国家所有外，属于集体所有；宅基地和自留地、自留山，也属于集体所有"。此外，《土地管理法》第十条、《物权法》第六十条、《农业法》第十一条均确定了乡（镇）、村、村民小组三个层次的农地产权主体（农民集体）及相应的乡（镇）农村集体经济组织、村集体经济组织或村委会、村内各该农村集体经济组织或村民小组等经营管理主体。由于集体是由一定地域的成员共同组成的，其不是法人也不是自然人，是一个抽象的、没有法律人格意义的集合群体。在这种制度架构下，一方面，作为"农民集体"组成要素的"农民个体"实际上根本不能履行集体土地所有权。虽然农民有维护自己土地权益的欲望，但在政府及其他权势阶层看来，他们面对的是看不见、摸不着的"农民集体"，而对于"农民个体"的权益可以忽略不计。因此，被那个虚拟的"农民集体"替代了的"农民个体"当然无法成为维护自身权益的法律主体。另一方面，由于"农民集体"的虚幻性，其自然不具备法律人格，更不可能对土地利用行使有效的监督管理职能，这实际上造成了司法意义上的农村集体土地所有权的虚置。

对于乡（镇）、村、村民小组三个层次农民集体所有的土地，国家在法律上指定了对应的集体产权代理人和执行者，即乡（镇）农村集体经济组织、村集体经济组织或村委会、村内各该农村集体经济组织或村民小组，然而，集体经济组织在概念上已难以把握。随着人民公社经营制度的解体、家庭联产承包责任制的全面建立，以公社为组织形式的大型集体经济组织已经不复存在，而且由于个体农户对土地使用权的分割及国家对农村土地管理权限的扩大、各类村办企业市场经济独立参与人地位的确立，生产大队、生产队一级的经济组织丧失了组织赖以存在的物质基础,其地位和功能逐渐萎缩,实际上已由村民自治组织—村委会所替代。而且,村委会作为一个村民自治组织,在国家政权下移、不断强化对农村管理、控制的过程中,事实上也承担着国家基层政权在乡村的代理人角色,承载着政权末梢的功能,和地方乡(镇)政府有着实质意义上的上下级关系。在征地过程中,就征地补偿与安置方案问题有权去谈判、协商的是村委会成员,而在村委会成员行政与经济职能混同及双重代理角色的矛盾冲突下,难于保证其代表农民利益行使集体产权代理人的职能。对于土地补偿费如何分配和使用问题,尽管各地方政府在制定征地补偿方案时,均有相关明文规定,但在实际操作中,由于农地具有产权主体虚置下的集体所有性质,乡镇政府、以村委会为代表的村级组织都以集体财产管理者的身份参与利益分享,村委会还以发展集体经济、投资兴办企业及清偿集体债务为名,尽量压低农民的分配比例。而且,由于农地产权主体虚置而无法实施监督职能,村干部往往向村民隐瞒部分信息,农民根本没办法充分了解政府的实际补偿数额以及补偿款的分配和使用明细,有些村干部甚至借机贪污、挪用土地补偿款,结果最后到达农民手中的补偿费只有很少一部分。

二、土地承包经营权缺乏稳定性

第一,由于土地承包经营权仍承担着绝大多数农民家庭的社会保障功能,因此导致了农民地权的不稳定。《宪法》第十条明确规定:"农村和城市郊区的土地,除由法律规定属于国家所有外,属于集体所有;宅基地和自留地、自留山,也属于集体所有"。此外,《土地管理法》第十条、《物权法》第六十条、《农业法》第十一条均确定了乡(镇)、村、村民小组三个层次的农村集体。由于农村社会保障制度不健全,时至今日,对于绝大多数农民家庭而言,土地承包经营权是他们的生存保障。虽然国家为了稳定承包关系,将土地承包期从现行土地立法规定的 30 年延长至现行政策性文件中的"长久不变",土地承包经营权即将成为农民永续享有的永佃化的权利,但农民的土地承包经营权仍存在潜在的不稳定性,因为在农民的观念里,集体所有制就是人人有份,而且作为生存保障,集体所有制也应该人人有份,"人人有份"与"增人不增地、减人不减地"[①] 和"长久不变"产生冲突。因此,在农村集体成员因迁入、迁出、出生、死

---

① 1993 年 11 月 5 日中共中央、国务院《关于当前农业和农村经济发展的若干政策措施》。

亡等因素导致数量不断变化的情况下,农民就有了对承包地进行调整——即根据人口增减来调整承包地的需求。据本课题组 2015 年 2~5 月间对辽宁省 500 个农户开展的问卷调查发现,有 47% 的农户认为应在承包期内根据每家人口的变化对耕地进行调整,并且,有 33% 的农户反映所在村庄的承包地每隔几年就重新调整一次。

  第二,法律制度的不合理规定造成了农民地权的不稳定。首先,征地制度中"公共利益"界定不清造成的土地征收范围宽泛使农民丧失了本该属于自己的土地承包经营权。对于世界上的许多国家来讲,土地征收是"最高地权"的行使,征地的公益性是征地唯一合法性的理由,对于征地权的启动,政府十分慎重,轻易不会使用。我国《宪法》规定,国家因公共利益的需要,可以依法对农民集体土地实行征收或征用并给予补偿。但《宪法》却未对公共利益作出明确界定。在《土地管理法中》,不但也没对公共利益内容作出明确界定,而且还进一步指出,"任何单位和个人进行建设,需要使用土地的,必须依法申请使用国有土地","依法申请使用的国有土地包括国家所有的土地和国家征收的原属于农民集体所有的土地",据此,土地征收成为农村集体土地转为国有建设用地的唯一合法途径,且客观上已经将征地范围从公共设施、公益事业等"公共利益"用地需要扩大为包括非公共利益需要的一切用地项目,这在世界各国的征地制度中是绝无仅有的。此外,为了确定土地征收的公共利益需要是否存在,国外及中国港台地区的土地征收程序一般都比较规范,注重被征收人及利害关系人参与,通过程序权利来保障实体权利不受侵犯,同时也监督行政机关依法征收。而我国内地关于土地征收程序的立法却比较简单、粗糙,土地征收程序上存在较多弊端以及不完善之处。根据《土地管理法》《中华人民共和国土地管理法实施条例》《征用土地公告办法》等法律法规的相关规定,我国征地项目的审批是政府行为,土地权利人没有任何机会参与决策,征地方案被批准后才予以公告。这既成事实的公告没有给予被征收土地的所有权人、使用权人提出异议的机会与权利,只是旨在催促权利人进行征地补偿登记,导致土地被征收主体就征收目的是否合法性问题丧失了发言权。尽管为改进征地补偿安置工作,国土资源部研究制定的《关于完善征地补偿安置制度的指导意见》中强调,"在征地依法报批前,当地国土资源部门应将拟征地的用途、位置、补偿标准、安置途径等,以书面形式告知被征地农村集体经济组织和农户",但这一指导性的意见在我国征地实践中却未能落到实处,农民的知情权、参与权从征地伊始就被剥夺了,这在一定程度上造成土地征收权的滥用,严重侵犯了农民合法的土地权益；其次，《农村土地承包法》第二十六条"承包期内，承包方全家迁入设区的市，转为非农业户口的，应当将承包的耕地和草地交回发包方。承包方不交回的，发包方可以收回承包的耕地和草地"的规定显失公平，已经不合时宜，与《国务院关于进一步推进户籍制度改革的意见》中的"现阶段农民进城落户不得以退出土地承包经营权、宅基地使用权、集体收益分配权为条件"这一规定不相协调，与《物权法》平等保护国家、集体和个人土地财产权利的立法精神相悖，也造成了地权的不稳定。

第三，产权凭证的不完善导致农户地权的不稳定。农户凭借承包合同和以合同为依据而发放的承包经营权证来证明自家的土地承包情况，所以承包合同的签订情况、承包经营权证的发放情况决定着承包经营权的效力和稳定性。根据2012年末的统计数据，我国农村土地家庭承包合同的发放率除天津为79.97%外，其余省市地区均在90%以上，北京、海南、贵州甚至达到了100%。而从土地承包经营权证发放的情况来看，除江苏（土地承包经营权证发证率为99.36%，高于合同发放率96.28%）、海南（土地承包经营权证发证率及合同发放率均为100%）外，其余各省市的土地承包经营权证发证率均不同程度地低于合同发放率，一些省份的土地承包经营权证发放率过低，如天津市、吉林省、广西省分别为69.77%、74.03%、77.87%。此外，由于农村基层情况非常复杂，导致承包经营权证的发放中出现了许多问题，比如承包经营权证记载的内容可能与承包合同不一致，也可能与农户实际承包土地情况不符等[1]，这些问题导致农户拥有的土地承包经营权不够明晰且存在不稳定性。

三、农地处置权残缺

农村集体土地处置权是农村集体土地产权中最核心的权力，农村集体土地处置权残缺包括农地城市流转权受限、土地承包经营权流转权受限、宅基地流转权受限及有偿退出制度缺失、其他集体建设用地流转权受限等几个方面。

1. 农地发展权制度缺失

（1）土地发展权的内涵。

土地发展权（Land Development Rights），也称土地开发权，这一概念

---

[1] 赵金龙、熊凤山等：《产权制度对农地流转的影响分析》，载《经济体制改革》2015年第2期，第89页。

最初源于采矿权可与土地所有权分离而单独出售和支配，它既可以由土地所有权拥有者拥有、支配，也可以由不拥有土地所有权而只拥有土地发展权者拥有、支配，是土地处分权中最重要的权利。在人类对土地利用水平不高的农业社会，人们通常认为拥有地表的所有权即意味着拥有该块土地横向范围内地下与上空的一切权利，这就是罗马法的"上及天宇，下至地心"的绝对土地所有权。到了近现代，西方国家工业化与城镇化迅猛发展，城市规模不断扩大，环境问题日益突出，城镇土地出现多元化立体开发利用的要求，同时，土地所有权理论也发生了重大变化：所有权社会化取代绝对所有权，土地权利的重心转向利用。一些国家认识到，对土地拥有者来说是最优的土地利用方式，对于地区或整个社会来讲未必是最优的，因此，要对土地利用进行直接控制，而国家控制土地开发的手段除土地国有规划管制外，还要有对土地发展权的控制。为合理配置土地资源，强化政府调控能力，从1947年英国首次设立土地发展权制度开始，美国、法国、德国、意大利、加拿大、新加坡、韩国以及我国台湾地区等都陆续建立了土地发展权制度或类似于土发展权的土地开发管理制度。

关于土地发展权的内涵，一般认为，土地发展权就是发展（开发）土地的权利，包括变更土地用途和改变土地利用集约度的权利，是一种可与土地所有权分割而单独处分的财产权，按照利用土地的方式，可分为土地开发权和空间（高空、地下）建筑权[1]，例如，将城市郊区农业用地转为城市建设用地、提高原有土地上的建设容积率，即建设更高的楼层等，均是对土地发展权的行使。总之，当转变土地用途或提高土地利用强度而导致土地收益增加时，土地发展权问题就出现了。

就我国土地制度而言，土地发展权在制度设计上是缺失的，无论是集体土地还是国有土地都未明确土地发展权，但在土地管理实践中土地发展权却客观存在。根据我国土地制度的情况，土地发展权包括农用地发展权、建设用地发展权和未利用地发展权。农用地发展权是指农用地转为建设用地的权利，包括国家通过征地将农村集体农用地转为城镇建设用地、农村集体农用地依法被转为农村集体建设用地及国有农用地依法转为国有建设用地等三个方面[2]；建设用地发展权是指在土地作为建设用地使用的前提下，具体在工业、住宅和商业用地等之间进行调整时，通过提高土地利用集约度，从而获取土地增值收益的权利；未利用地发展权指未利用地

---

[1] 胡兰玲：《土地发展权论》，载《河北法学》2002年第2期，第143~146页。
[2] 王万茂、臧俊梅：《试析农地发展权的归属问题》，载《国土资源科技管理》2006年第3期，第8~11页。

进一步开发利用的权利①。从土地发展权的概念可以看出,农村集体土地发展权就是指农村集体土地变更土地用途和改变土地利用集约度的权利。

由于国有土地使用制度的不断完善,在我国二元经济转型中,我国土地发展权制度缺失导致的矛盾主要表现在农村集体所有的土地上,因此关于土地发展权制度问题本书主要讨论农地(农村集体土地)发展权。

(2)农地发展权制度缺失下国家对农地发展权的垄断。

土地发展权之所以在西方国家是一种较为普遍的权利形态,是因为他们普遍实行土地私有制度,或土地私权观念占绝对优势,国家对土地开发进行控制或管制时公权力直接介入比较困难,于是土地发展权成为一个很好的手段与机制。在我国农村土地制度中,国家在农村土地产权关系中处于十分重要的地位,国家控制着建设用地总量,对耕地实行特殊保护,严格限制农用地转为建设用地,对土地资源配置起着决定性作用。因此,在改革开放与经济发展的初期阶段,耕地与生态环境保护压力还没有呈现,国家征地中农民与地方政府等强势利益主体间利益矛盾也没有显化出来,国家以土地利用总体规划和农地转用审批制度实施土地调控的能力还未显不足,这样,国家设置农地发展权制度的必要性也不突出。同时,在改革开放初期,农民还根本没有意识到农地发展权对他们而言有多么重要,即使农民意识到了农地发展权的重要性,在农地巨大的价值增值没有显现之前,理性的农民是不会花费巨大的成本与国家进行讨价还价的,这时,只要农业生产赖以进行的土地使用权被界定清楚,在农业生产领域内农地的产权就是均衡的。随着改革开发的不断深入,工业化、城镇化的快速发展,土地价值凸显,耕地与生态环境保护压力加大,围绕土地发展权收益的分割,农民与地方政府等强势利益主体间产生的矛盾日益显化,但由于我国农地制度与西方国家土地私有制度相比的复杂性、我国社会经济发展中面临问题的特殊性,农地发展权制度的构建需要考虑的因素与西方土地私有制国家相比要复杂得多,因此,我国农地发展权制度始终处于缺失状态,主要表现在以下几个方面:第一,在相关法律、法规及土地产权、管理等制度中,没有明确设立"农地发展权"这一权利种类,也没有对农地发展权概念或其内容与归属作出统一而清晰的规定,即农地发展权在我国的相关制度安排中处于"缺位"状态;第二,农地发展权与相关土地产权关系模糊。由于农地发展权制度尚未设立,权能界限没有明确界定,必然导致其在土地权利体系中与相关土地产权关系的模糊,尤其是农地发展权

---

① 范辉、董捷:《试论农地发展权》,载《农村经济》2005年第6期,第28页。

与农地所有权、农地使用权在实际运行过程中混为一体；第三，农地发展权市场运行机制缺失。农地发展权具有可交换的市场特性，其作用的充分有效发挥必须借助市场机制，但在我国关于农地发展权的市场价格和市场交换等方面没有相应法律制度保障。

尽管我国农地发展权制度始终处于缺失状态，但依据我国相关法律规定，国家基本垄断了农地发展权。《宪法》虽然规定了国家征收土地要满足公共利益的需要，但没有明确公共利益内容。而《土地管理法》不但也没对公共利益内容作出明确界定，而且还进一步指出，'除兴办乡镇企业和村民建设住宅经依法批准使用本集体经济组织农民集体所有的土地的，或乡（镇）村公共设施和公益事业建设经依法批准使用农民集体所有的土地外，任何单位和个人进行建设，需要使用土地的，必须依法申请使用国有土地，依法申请使用的国有土地包括国家所有的土地和国家征收的原属于农民集体的土地'，所以，征地成为农村集体土地向国有建设用地转变的唯一合法途径，征地范围客观上已经涵盖了"公共利益"用地和非"公共利益"用地。农村集体土地要进入市场必须先经国家征地程序转为国有土地，再由国家通过出让或行政划拨方式转给用地单位，即土地征收是农村集体土地转为国有建设用地的唯一合法途径。同时，《土地管理法》第六十三条规定："除符合土地利用总体规划并依法取得建设用地的企业，因破产、兼并等情形致使土地使用权发生转移外，农民集体所有的土地使用权不得出让、转让或者出租用于非农业建设，一切经营或变相经营集体建设用地都是非法的"。这些法律规定诠释出国家对农地发展权的垄断。

在国家对农地发展权实施垄断的情况下，农民基本上丧失了分享农地发展权收益的可能。在集体土地征收制度中，与经济发达国家在征地中对被征收主体所遭受的损失往往给予更充分、更完全的补偿相比，我国征地补偿给予农民的仅仅是农业用途的土地价值补偿，并不包含农地发展权的补偿。

科学合理地确定征地补偿标准，是一个国家或地区征地制度发展完善的重要标志。在美国、法国、英国、荷兰、日本等市场经济国家，征地必须按"公平市场价格"对土地所有人进行补偿，其补偿标准的确定既要考虑土地现阶段的市场价值，又要考虑土地的预期收益，在认定征地补偿内容时，遵循三种原则：完全补偿原则、不完全补偿原则、相当补偿原则。完全补偿原则认为补偿不但包括征收客体，还包括与征收客体有直接或间接关联的一切经济和非经济上的利益。不完全补偿原则认为补偿应仅限于被征收财产的价值。对于精神损失、生活权的损失等个人主观价值损失，由于难以量化，因此不予补偿。而对于具有客观价值又能举证的可以量化的具体损失，如财产损失、迁移损失及各种必要费用等，应给予适当补偿。相当补偿原则认为征地补偿应根据不同情况而酌情采取完全补偿原则或不完全补偿原则。在多数情况下，本着宪法对财产权和平等原则的保障，对特别财产的征收给予完全补偿，但在特殊情况下，可以对财产征收进行不完全补偿，如国家对非国有空地、荒地及私有建筑用地超过最高面积限额的征收等。从各国及各地区的发展趋势来看，在征地中对被征收主体所遭受的损失往往给予更充分、更完全的补偿，有效维护了被征地主体利益。

而目前在我国，征地补偿费是依据土地原用途的年产值倍数来进行计算的，征地补偿费的测算方法游离于土地价格市场定价机制之外，补偿标准明显偏低。土地作为一种资产，其价值本应该取决于未来收入的折现，而不是曾经的用途及产值或历史成本，因此按被征土地原用途及被征前三年平均年产值的若干倍计算征地补偿费的方法是非常不合理的，其未能体现被征土地的潜在收益和现代农业的赔偿要求，未能反映出被征土地区位条件及土地供求状况的不同，也未能考虑农产品价格扭曲和物价上涨等其他因素对地价的影响。同时，征地补偿范围过窄，征地补偿范围包括土地补偿费、安置补助费、地上附着物和青苗补偿费四种，补偿范围仅限于与被征主体有直接关联的一部分损失，此范围之外的损失，如可以量化的残余地损失和其他间接损失，由于没有法律依据而无法得到补偿。我国农村土地承载着多重社会功能，包括所有权功能、经济收益功能、社会保障功能和就业功能，目前的征地补偿范围没有全面考虑依附于农村土地上的这些多重社会功能，对失地农民的社会保障和就业问题，缺乏相对应的制度安排。此外，货币安置由于具有方式简便、安置易行、操作快捷、责任彻底等优势，成为目前征地中地方政府对失地农民的主要安置方式，但为数不多的安置补助费无法保障失地农民长远生计。

总之，在我国农地发展权制度缺失背景下，依据产值倍数法的不完全补偿制度给予农民的仅仅是农业用途的土地价值补偿，不包含农地发展权的补偿，其结果是征地中国家基本上垄断了农地发展权，农地发展权收益主要由地方政府和开发企业获取，而将农民和农民集体排除在农地发展权收益分配之外，并因此引发了大量的征地纠纷。此外，在各地以"新农村建设""统筹城乡发展"等旗号广泛开展的宅基地置换活动中，一些地方政府及开发企业分割了宅基地发展权收益，农民和农民集体的利益遭到损害。还有，伴随着多个城市农村集体建设用地流转试点工作的展开，农村集体经营性建设用地在一定的限制条件下也被允许直接入市参与交易，所以作为法律的例外情况，尽管交易主要针对已有的存量农村集体建设用地。且交易区域也仅限于部分城郊，但农民和农民集体经济组织仍然分享了部分农地发展权收益，由于农地发展权制度的缺失，地方政府、集体经济组织、农民三方间农地发展权收益的分割缺少理论依据，各地的收益分配办法和分配比例各不相同，农民利益无法得到根本保证。

为了能够获取农地发展权收益，农民和农民集体也以各种途径展开争夺，如在经济发达地区的城市郊区、城中村、中心市镇的周边农村地区，农村房屋及宅基地的隐形流转现象，以及全国各地农村经营性建设用地隐形流转及屡禁不止的小产权房建设等现象，都是农民和农民集体经济组织在非法条件下获取农地发展权及收益的形式。但在农民和农民集体以各种途径对农地发展权收益展开争夺的过程中，也给我国土地资源的合理利用带来了一些负面的影响，如农村土地资产流失严重，耕地资源保护压力加大等，提高了我国对土地资源利用进行监督管理的成本。

2. 土地承包经营权流转权权能残缺

第一，土地承包经营权转让受限。根据《农村土地承包法》的规定，土地承包经营权的转让受到三个方面的限制：一是转让方有稳定的非农职业或者有稳定的收入来源的；二是转让必须经发包方同意；三是受让方必须是其他从事农业生产经营的农户[1]。这些限制从我国当前的发展阶段、发展需要来看，是明显不合理的。首先，对转让方的限制，是考虑土地承包经营权对农民的社会保障功能，但随着我国城镇化的发展、户籍制度改革的全面推进，农地小规模低效率经营以及城乡居民将平等享有国家社会保障服务的背景下，现阶段我国农村土地承包经营制度首重的是促进土地承包经营权流转，发展农地适度规模经营，提高农业生产效率，增加农民收入。而且，在市场经济条件下，难以认定何为"稳定的非农职业"及什么是"有稳定的收入来源"，因此，此限制非但不合时宜，而且不具操作性；其次，"转让必须经发包方同意"的限制有违法理，因为土地承包经营权是一种用益物权，物权的处分一般情况下无须他人意思的介入。而且，"转让必须经发包方同意"，实际上使土地承包经营权的自由流转受到

---

[1] 《农村土地承包法》第四十一条规定："承包方有稳定的非农职业或者有稳定的收入来源的，经发包方同意，可以将全部或者部分土地承包经营权转让给其他从事农业生产经营的农户，由该农户同发包方确立新的承包关系，原承包方与发包方在该土地上的承包关系即行终止。"

了限制,为以行政和准行政手段主导土地资源的配置留下了太多空间,无益于在保护农民权益的前提下实现农地的适度规模经营;最后,受让方限于"其他从事农业生产经营的农户"包括两个方面的含义:一是受让方必须从事农业生产。从事工业、商业、服务业生产经营的人不得成为土地承包经营权的受让方。二是受让方必须是农户,工商企业、城镇居民、外商不能成为受让方。要求受让方是从事农业生产经营的农户,可以保证土地的农业生产用途,满足其他农户对土地这一生产资料的需求,但这一为保证土地农业生产用途的对"受让方"的限制完全可以通过土地承包经营权流转中的土地用途管制来完成,而取消对受让方的限制,吸引工商企业、城镇居民、外商积极投资农业生产,则避免了农地流转的封闭性,促进农地的适度规模经营。

第二,抵押流转的规定在法律政策之间相互矛盾,抵押流转仍然受到法律规定的限制。根据2008年6月8日印发的《中共中央国务院关于全面推进集体林权制度改革的意见》及2013年11月中国共产党第十八届三中全会通过的《中共中央关于全面深化改革若干重大问题的决定》的规定,林地和耕地的承包经营权可以抵押[1]。而我国《农村土地承包法》和《物权法》对农村土地承包经营权是否可以作为抵押财产依其设立方式的不同做了完全不同的规定:通过招标、拍卖、公开协商等方式取得的土地承包经营权可以抵押,而通过家庭承包方式取得的土地承包经营权则不得抵押[2]。可见,政策规定以家庭承包方式取得的土地承包经营权可以抵押与法律禁止其抵押相矛盾,法律、政策之间的相互矛盾阻碍了土地承包经营权以抵押方式进行流转。

第三,土地承包经营权"入股"农民合作社受到法律制度上的限制,与土地承包经营权入股农民合作社的实践相冲突。农民以家庭承包方式取得的土地承包经营权作为股权入股农民合作社后,即发生了物权的转移,即农民合作社拥有了土地承包经营权,这与《农村土地承包

---

[1] 2008年6月8日印发的《中共中央国务院关于全面推进集体林权制度改革的意见》明确规定:"在不改变林地用途的前提下,林地承包经营权人可依法对拥有的林地承包经营权和林木所有权进行转包、出租、转让、入股、抵押或作为出资、合作条件,对其承包的林地、林木可依法开发利用。"中国共产党2013年11月十八届三中全会通过的《中共中央关于全面深化改革若干重大问题的决定》指出:"在坚持和完善最严格的耕地保护制度前提下,赋予农民对承包地占有、使用、收益、流转及承包经营权抵押、担保权能"。

[2] 《农村土地承包法》第四十九条规定:"通过招标、拍卖、公开协商等方式承包农村土地,经依法登记取得土地承包经营权证或者林权证等证书的,其土地承包经营权可以依法采取转让、出租、入股、抵押或者其他方式流转。"《物权法》第一百三十三条规定:"通过招标、拍卖、公开协商等方式承包荒地等农村土地,依照农村土地承包法等法律和国务院的有关规定,其土地承包经营权可以转让、入股、抵押或者以其他方式流转。"

法》及《农村土地承包经营权流转管理办法》的"将土地承包经营权作为股权"而"不发生物权性质的土地承包经营权转移"的内容相冲突①；以家庭承包方式取得的土地承包经营权入股农民合作社后可在不同的法律主体之间自由转让与《农村土地承包法》第四十一条规定的家庭承包的"土地承包经营权转让给其他从事农业生产经营的农户"、《农村土地承包法》第三十三条第5款的规定"在同等条件下，本集体经济组织成员享有优先权"、第三十七条的规定"采取转让方式流转的，应当经发包方同意"等不吻合；农民合作社可抵押土地承包经营权与以家庭承包方式设立的土地承包经营权不得抵押相冲突；农民合作社解散、破产时以家庭承包的土地承包经营权对债务承担责任与"股份合作解散时入股土地应当退回原承包农户"存在法律冲突。总之，相关法律规范与实践的冲突表明相关法律规范已经滞后于实践中土地承包经营权"入股"农民合作社的需要，土地承包经营权"入股"农民合作社已经遭遇了法律制度上的阻碍。

3. 宅基地流转权受限及有偿退出制度缺失

第一，宅基地流转受限。依照宅基地制度的规定，宅基地只能在集体经济组织内部转让。当农村居民欲改善居住条件及儿女成家分户时，会对宅基地产生需求。而当村中分配宅基地困难或分配的宅基地位置不理想时，或者是村民想购买宅基地上的廉价房屋时，会发生宅基地的集体经组织内部流转，由于农村住房闲置率高，集体经济组织内部的宅基地流转交易较少，多发生于离城市较远的村庄，流转价格低。尽管在经济发达地区的城市郊区、城中村、中心市镇周边农村地区宅基地自主隐形流转活跃，但从全国范围来看，农村住宅流转还是缺乏交易市场，使宅基地粗放利用问题无法通过宅基地的有效转让得到改善。同时，宅基地转让受限也制约农民房屋价值的实现。农民房屋是农民的私有财产，农民对其房屋拥有占有、使用、收益和处分的权利，但由于宅基地转让受限，使农民房屋转让也受到了限制，农民很难将房屋变卖，即使有卖出的，价格也远低于其价值。此外，《担保法》与《物权法》中均明确规定，宅基地等集体所有的土地使用权不得抵押。但是，我国现行法并没有禁止宅基地上的房屋设定

---

① 《农村土地承包法》第四十二条规定："承包方之间为发展农业经济，可以自愿联合将土地承包经营权入股，从事农业合作生产。"《农村土地承包经营权流转管理办法》第十九条规定："承包方之间可以自愿将承包土地入股发展农业合作生产，但股份合作解散时入股土地应当退回原承包农户。"

抵押①，然而，由于农民房屋和宅基地的不可分割性，禁止宅基地抵押的规定导致农民房屋抵押在实践中遭遇困境，因为农房抵押时，虽然是将房子作为抵押物，但其担保的金额一般不仅包含了房子本身的价值，还包含了房屋宅基地的价值，因此，宅基地不得抵押从根本上限制了农房这一不动产的抵押特性。而且，农村房屋抵押权实现难。由于农房受让对象仅限于同一集体经济组织内的成员，因此，当农房抵押贷款因借款人逾期进入诉讼程序时，抵押农房处置变现能力明显低于城镇房地产。不仅如此，作为抵押物的农房的价值难确定。由于宅基地转让受限，农房的市场价值无从体现，评估机构对农房价值的评估主观判断成分较大，金融机构往往难以准确认定抵押物的实际价值。以上因素导致农房抵押贷款面临较高的风险。据调查显示，截至 2013 年 5 月末，福建省松溪县农信社农房抵押贷款不良率 7.92%，高出当地平均不良贷款率 1.76 个百分点，农房抵押贷款不良额占全县农信社不良贷款额的 20.01%②。

　　第二，宅基地有偿退出制度缺失。依据我国宅基地制度的规定，农村村民一户只能拥有一处不超过标准的宅基地，多出的宅基地及空闲或房屋坍塌、拆除两年以上未恢复使用的宅基地集体无偿收回。宅基地制度的这一规定并不具有现实可操作性。在现实中，农户可通过宅基地的继承、买卖、接受赠予等获取一处以上的宅基地，农村宅基地"一户多宅"现象极为普遍。据调查，北京市大兴区的一个村，"一户多宅"的有 83 户，共计多出宅院 97 处，闲置宅院 31 处。重庆市万盛区 43000 多家农户中，9000 多户有两处以上宅基地，甚至出现了一户三四处宅基地的情况③。此外，农村宅基地面积超标现象普遍，其产生的原因主要包括两个方面：一是在 1982 年国务院颁布了《村镇建房用地管理条例》后，国家对宅基地面积才有了限制性规定④，

---

① 《担保法》第三十四条第 1 款规定："抵押人所有的房屋和其他地上定着物"可以用来抵押，第三十七条第 2 款规定："耕地、宅基地、自留地、自留山等集体所有的土地使用权"不得抵押，"抵押人依法承包并经发包方同意抵押的荒山、荒沟、荒丘、滩涂等荒地的土地使用权"可以抵押，"乡（镇）、村企业的土地使用权不得单独抵押。以乡（镇）、村企业的厂房等建筑物抵押的，其占用范围内的土地使用权同时抵押"；物权法第一百八十条第 1 款规定："建筑物和其他土地附着物"可以抵押，第一百八十四条第 2 款规定："耕地、宅基地、自留地、自留山等集体所有的土地使用权"不得抵押，但法律规定可以抵押的除外。
② 杨理成：《当前推行农房抵押贷款业务面临的难点及建议——以福建省松溪县为例》，载《福建金融》2014 年第 8 期，第 66~67 页。
③ 张云华：《积极探索农民宅基地有偿退出之路》，载《完善与改革农村宅基地制度研究》，中国农业出版社 2011 年版，第 77 页。
④ 《村镇建房用地管理条例》第九条规定："社员建房用地，由省级人民政府根据山区、丘陵、平原、牧区、城郊、集镇等不同情况，分别规定用地限额，县级人民政府根据省级人民政府规定的用地限额，结合当地的人均耕地、家庭副业、民族习俗、计划生育等情况，规定宅基地面积标准。"

而在此之前,集体对宅基地使用管理缺乏国家的法律政策依据,导致农户在建房过程中随意占用土地,甚至出现在承包地上盖房等现象;二是在国家已经对宅基地面积有限制性规定的情况下,一些村委会、乡(镇)政府在宅基地管理中没有严格执行国家的有关规定,导致农民超标准占用宅基地。四川省双流县中和镇三个村超标准占地总面积16.77公顷,占宅基地总面积的42.7%,村民人均居住用地67.87平方米,是当地宅基地标准的2.7倍[1]。而且,在工业化、城镇化快速发展过程中,出现了农村人口的历史性迁移,农民住宅闲置现象极为普遍。另据资料显示,我国农村建设用地共有24800万亩,其中80%是农民宅基地[2],而全国空心村综合整治增地潜力可达约1.14亿亩[3]。由于宅基地退出的无偿性,如果农民退出宅基地,其房屋和宅基地都得不到补偿,因缺少退出宅基地的激励,农民当然不会主动退出宅基地。而且,农村集体经济组织也没有收回宅基地的动力。农村集体若要收回农民的宅基地,首先要面临的就是对农房的补偿问题,不可能不顾及房屋的价值而强行收回农民的宅基地,但问题是补偿房屋的钱从何而来,这是最难解决的问题。另外,即使将宅基地收回,也不能直接上市交易、不能搞开发建设,收回的宅基地不能给集体带来收益,集体当然没有收回农民宅基地的动力[4],可见,宅基地退出的无偿性实际上是没有赋予农民通过退出闲置宅基地获取应得补偿的权利。与限制宅基地流转的法律规定及宅基地无偿退出制度相呼应的是,宅基地用益物权权能受到限制。在2007年3月颁布的《物权法》中,农民的宅基地使用权被明确界定为用益物权,该法规定:"用益物权人对他所有的不动产或者动产,依法享有占有、使用和收益的权利",但具体讲到宅基地使用权的时候,却只强调宅基地使用权人对宅基地依法享有占有与使用的权利,而未提及收益权。《物权法释义》也只是强调:"宅基地使用权是一种带有社会福利性质的权利,是农民的安身之本,保障功能依然是宅基地使用权制度的首要功能",而没有提及农民宅基地的收益权和财产权。可见,《物权法》在宅基地制度的设计上强调了"宅基地对农民的社会福利保障功能",却刻意回避了农民对宅基地应当享有的收益权。可以说,宅基地流

---

[1] 张云华:《积极探索农民宅基地有偿退出之路》,载《完善与改革农村宅基地制度研究》,中国农业出版社2011年版,第77页。
[2] 李磊:《"宅基地换房"进行时》,载《中国房地产金融》2009年第1期,第32页。
[3] 《中国农村宅基地闲置量大 整治潜力超亿亩》,http://info.china.alibaba.com/detail/1025036855.html。
[4] 张云华:《完善与改革农村宅基地制度的思路与建议》,载《完善与改革农村宅基地制度研究》,中国农业出版社2011年版,第11页。

转受限及有偿退出制度缺失制约了农民宅基地用益物权的实现,而宅基地用益物权在法律表达上的模糊使其没能为农民通过宅基地使用权流转及有偿退出获取收益提供法律依据。

4. 其他集体建设用地流转受限

我国《土地管理法》对集体建设用地流转的限制规定至今没有改变①,为规范集体建设用地流转,流转活跃的地区相继出台了地方性流转法规,但由于地方性流转法规普遍存在着"冒犯"国家相关立法的情况,且地方性法规缺乏可操作性及监管机制,对集体建设用地的长期、自发流转没有起到有效的规范作用。

(1) 国家层面有关流转的法律制度建设明显滞后于流转实践。

集体建设用地流转始于改革开放初期,而且,随着经济的发展、工业化及城市化进程的加快,流转的规模不断扩大,流转速度不断加快。同时,随着国家对流转的态度由改革开放初期的严令禁止逐渐转变为20世纪90年代末期在安徽芜湖、广东顺德、浙江湖州等多地开始开展地区试点之后,从政策层面,国家开始对集体建设用地流转持鼓励与支持的态度。2004年国务院在《国务院关于深化改革严格土地管理的决定》中首次规定:"在符合规划的前提下,村庄、集镇、建制镇中的农民集体所有建设用地使用权可以依法流转"。党的十七届三中全会通过的《中共中央关于推进农村改革发展若干重大问题决定》中指出,"逐步建立城乡统一的建设用地市场,对依法取得的农村集体经营性建设用地,必须通过统一有形的土地市场、以公开规范的方式转让土地使用权,在符合规划的前提下与国有土地享有平等权益"。党的第十八届三中全会通过的《决定》进一步明确指出,"建立城乡统一的建设用地市场。在符合规划和用途管制前提下,允许农村集体经营性建设用地出让、租赁、入股,实行与国有土地同等入市、同权同价"。这些政策精神为农村集体建设用地使用权流转的立法改革指明了方向。但是,目前国家对集体经营性建设用地流转的支持仍仅停留在政策层面,《土地管理法》对集体建设用地流转的限制规定至今没有改变。由于国家相关法律制度建设滞后于集体建设用地流转实践,使流转实践缺乏法律的规范和指导,长期以来,集体建设用地流转只能在不充分的法律依据下,私下地、自发地进行,形成了大规模的隐形交

---

① 《土地管理法》第六十三条规定:"农民集体所有的土地的使用权不得出让、转让或者出租用于非农业建设;但是,符合土地利用总体规划并依法取得建设用地的企业,因破产、兼并等情形致使土地使用权依法发生转移的除外。"

易,并因此出现了不办理任何手续,以假租真买、名为联营实为租赁等扭曲的交易方式,存在着交易混乱、交易不安全问题。另外,一些企业利用变相破产、兼并等形式私下转让的情况较为普遍。我国《土地管理法》对集体建设用地流转的限制已不适应形势发展的需要,既管不住所有者的流转行为,也给管理者加强管理增加了难度。

(2) 地方性流转法规缺乏可操作性及监管机制。

在国家有关流转的法律制度建设已明显滞后的情况下,流转试点地区积极制定地方性法规,从流转形式、范围、条件、收益分配等方面指导、规范当地的集体建设用地流转。如2002年10月,安徽省出台了《安徽省集体建设用地有偿使用和使用权流转试行办法》;2003年6月,广东省政府下发《关于试行农村集体建设用地使用权流转的通知》,开始试行农村集体建设用地使用权流转;2005年6月,广东省又颁布了《广东省集体建设用地使用权流转管理办法》,对集体建设用地使用权出让、出租、转让、转租和抵押等流转方式进行了较为明确的规定。这些地方性法规将集体建设用地流转从隐形流转转变为公开合法、规范流转发挥了一定的作用,但由于国家层面的法律则明令禁止集体建设用地直接入市交易,这些地方性法规普遍存在着"冒犯"国家相关立法的局面,即一旦产生利益纠纷诉至法院,则地方性法规规定的使用权人的各项权利很难得到有效保障。而且,当前各地的地方性法规规章的立法质量不高,缺乏系统性,权利义务碎片化特征明显,规定不具体、内容不统一问题比较突出。特别是,由于各地建设用地市场化收益分配办法的制定缺少理论支撑,缺乏统一的规范和标准,导致各地的收益分配办法和分配比例各不相同,政策制定随意性较大。总的来看,试点地区参与农村集体建设用地流转收益分配的利益主体包括地方政府、集体经济组织、农民三方。其中地方政府主要有市、县(区)、乡(镇)人民政府三个层次,集体经济组织因法律上对其无统一界定,因而有的地方把其明确为村民委员会。从试点地区的收益分配现状来看,一般政府收益占总收益的比例为20%~30%,集体与农民收益占总收益的比例为70%~80%,这一比例保障了农村集体建设用地流转中农民集体的利益。然而,尽管各地集体建设用地流转收益分配中均规定了农村集体组织以一定比例参与流转收益分配,但问题是农村集体组织与村民个体之间的收益分配体制及操作程序不明确,实际操作中村干部很大程度上控制了集体建设用地流转利益分配的决定权,他们决定流转收益的分配方式及分配金额,常常发生侵吞普通农民应得利益的行为。此外,因为法规实施的监督机制缺失,导致一些地方性流转法规执行落实难度大,进而削弱了地方性流转法规对集体建设用地流转的规范管理作用。例如,虽然多数地区对农村集体建设用地流转的用途进行了限制,一般都规定,"通过出让、转让和出租方式取得的集体建设用地不得用于商品房地产开发建设和住宅建设",但由于没有执行的监督机制,实践中仍存在利用农村集体建设用地违规搞房地产开发的问题。

第三节 农村土地制度缺陷对二元经济转型的影响

一、加大了城乡发展的收入差距

尽管我国实行最严格的耕地保护制度,严格控制征地的规模,但由于我国地方政府对城镇建设用地的旺盛需求及对土地财政的过度依赖,导致地方政府仍会设法利用制度缺陷通过征地扩大城市空间。据统计,1999~2012年,全国土地出让收入总额接近15万亿元,年均超过1万亿元。其中,2011年土地出让收入占当年地方财政收入高达60%以上[1]。另据财政部公布的数据显示,2013年国有土地使用权出让收入41250亿元,比2012年增加12732亿元,增长44.6%[2]。在2014年楼市低迷、土地市场降温的情况下,尽管地方政府国有土地使用权出让收入在前三个季度出现增幅不断下滑的现象,但2014年前三季度地方政府土地出让收入仍达31290亿元,比2013年同期增加5120亿元,增长15.1%[3]。而在收益分配中,地方政府和开发商一起成为了土地升值中的最大受益者,据全国政协委员、清华大学政治经济学研究中心主任蔡继明教授的研究报告显示,目前征地收益的分配格局大致是,地方政府占20%~30%,企业占40%~50%,村级组织占25%~30%,农民仅占5%~10%[4]。集体土地征收制度一方面为城市发展带来了翻天覆地的变化,使城市居民享受现代文明,但是它却剥夺了被征地农民分享土地增值收益的权利。据本项目组在2014

---

[1] 《14年来全国卖地收入年均超万亿 土地财政问题明显》,http://hf.focus.cn/news/2013-08-30/3898888.html。
[2] 《2013年国有土地使用权出让收入同比增44.6%》,http://finance.sina.com.cn/stock/t/20140123/152618060593.shtml。
[3] 《前三季度地方卖地收入3.1万亿 全年或再破4万亿》,http://news.sohu.com/20141022/n405343860.shtml。
[4] 《征地制度改革卡住地方财政命脉》,http://finance.eastmoney.com/news/1345,20120229193959750.html。

年10月~2015年10月间对全国20个省市的失地农民的抽样调查，在790位受访者中，有55%的失地农民表示生活水平下降了，有30%的失地农民认为生活水平没有发生变化，只有15%的失地农民表示生活水平较征地之前上升了，可以看出征地降低了大部分农民的生活质量。

近年来，随着工业化、城镇化的快速推进，国家每年给予地方政府的建设用地指标很难满足地方政府的用地需求。为正确处理促进经济发展与保护土地资源的关系，严格控制建设用地增量，努力盘活土地存量，推进农村建设用地整理，促进节约集约用地和城乡统筹发展，进一步完善符合我国国情的最严格的土地管理制度，国家提出了"城乡建设用地增减挂钩"的工作思路，并先后在27个省市开展了试点工作。所谓城乡建设用地增减挂钩，是指依据土地利用总体规划，将若干拟复垦为耕地的农村建设用地地块（即拆旧地块）和拟用于城镇建设的地块（即建新地块）共同组成拆旧建新项目区，通过拆旧建新和土地复垦，最终实现项目区内建设用地总量不增加、耕地面积不减少、质量不降低、用地布局更合理的土地整理目标。

城乡建设用地增减挂钩政策的出台及试点工作的开展给各地通过整理农村集体建设用地以增加城镇建设用地提供了有力的政策支持。由于宅基地在农村集体建设用地中所占比重最大（农村建设用地中80%是农民宅基地），加之我国农村宅基地粗放利用特征明显，因此，节约集约利用宅基地成为各级地方政府破解城镇建设用地供给瓶颈的最佳选择。城乡建设用地增减挂钩试点地区结合增减挂钩试点工作，根据当地区域条件、经济发展水平，因地制宜地展开了宅基地置换的探索，而未被列入增减挂钩试点的地区，也在利用区域优势，以"新农村建设""新民居工程""旧村改造""小城镇化"等名义积极开展宅基地置换的实践。宅基地置换活动基本上都是在地方政府主导下开展的，是在符合土地利用总体规划、遵循建设用地总量不增加、耕地总量不减少且质量不下降的前提下选择合适区域统一规划、建设现代化集中住宅小区，而一定区域范围内居住的农村居民，可自愿选择或搬迁至集中住宅小区居住，或接受货币补偿自行购买城镇商品房。同时，宅基地整理之后节约出的集体建设用地或就地征收为国有建设用地，或复垦后产生新增建设用地指标以增加国有建设用地[①]。在宅基地整理置换中，对于农民拆迁及安置补偿标准的确定，由于缺少法律

---

① 冯双生：《我国农村宅基地置换中农民权益保护问题研究》，辽宁大学博士学位论文，2013年。

制度规定，实践中，很多地方政府参照征地补偿标准进行，而且，由于宅基地用益物权权能受限，农民很难分享宅基地增值收益。地方政府往往根据农民房屋建筑占地面积而不是按照宅基地总面积（房屋建筑占地面积及房前屋后的院落面积）进行作价补偿，虽然也有极少数地方政府对房前屋后的院落面积也给予作价补偿，但补偿标准很低。以天津"宅基地换房"模式为例，华明镇每户有效置换面积平均只有75平方米，但实际该村1910户家庭平均每户拥有宅基地165平方米。在上海市开展的宅基地置换活动中，地方政府也不是按照《上海市农村个人住房建设管理办法》规定的宅基地总面积（120~150平方米）而是按房屋建筑占地面积（80~125平方米）来进行作价补偿①。

对整理节约出的建设用地出让收益或节约宅基地复垦产生的建设用地指标转让给城镇使用所产生的土地增值收益，农民和农民集体也很难分享。如四川省双流县永安镇凤凰村"增减挂钩"整理出建设用地指标520亩，其中聚居区住宅用地68亩，净增452亩，国土局在2007年按每亩12万元的价格收购净增指标，而双流县住宅用地成交均价2007年为每亩161万元，2008年为每亩102万元，2009年则是每亩218万元，其他用地均价也在每亩百万元左右。这每亩12万元的收益分配如下：其中4万元用作农民拆房、拆林盘和建房补偿，其余的8万元由地方政府掌握，地方政府用其中的4万元统一组织复垦旧宅基地，用另外4万元修集中居住区的道路、沟渠等公共基础设施。按照国家文件，在"增减挂钩"项目区内，农村和基础设施建设资金应该来源于"建新地块"卖地所得收益，但村里投入600万元自行修建公共设施。且按照双流县当地政策文件，安置区内的拆迁安置户需自行缴纳费用后，才能安装使用水、电、气、光纤、通信等设施，上楼费用的增加致使农民普遍欠债"上楼"②。

在宅基地流转制度的限制下，由于房地一体性，不仅农民的宅基地用益物权得不到充分体现，而且农民的房屋财产价值也无法充分实现。尽管在经济发达地区的城市郊区、城中村、中心市镇周边农村地区宅基地自主隐形流转活跃，但从全国范围来看，农村住宅流转还是缺乏流转交易市场，农民宅基地和房屋流转价值无法通过市场合理体现。在置换拆迁中，对于房屋补偿标准的确定，一般由镇政府组织成立的土地开发公司委托房

---

① 孙建伟：《涉地农民住房权与生存权保障实证研究》，华东政法大学博士学位论文，2011年，第101~102、184页。
② 《四川双流农民"被上楼"4年：宁睡羊圈不住楼房》，http://news.163.com/10/1125/01/6MA3EFNT00014AED.Html。

地产评估机构进行评估,难以保证房地产评估机构能够独立、客观、公正地开展房屋评估工作,置换评估中,对农民房屋估价普遍较低,而且,对房屋的评估往往不考虑新旧差别,实行补偿标准的"一刀切",对新建房屋家庭的补偿更加有失公平合理。农民拆了房屋,交出了宅基地,拿到的补偿款却不够支付新房的费用①。

由于制度缺陷,集体土地征收制度和地方政府主导的宅基地置换进一步拉大了城乡居民收入间的差距,是导致农民相对贫困与部分群体绝对贫困的重要原因。相对贫困是指与城市居民相比,农民收入水平与消费水平低下,这主要表现在城乡居民的收入差距上。早在2005年,国际劳工组织的数据显示,绝大多数国家的城乡人均收入比都小于1.6,只有三个国家超过了2,中国名列其中②。2010年至2014年,我国城乡收入比虽然略呈下降趋势,但城乡居民收入差距仍然很大,如表5.1所示。如果考虑到城乡居民在医疗、教育、社保等方面的差距,城乡收入比值可达6③。

表5.1　　　　2010年至2014年,我国城乡居民人均收入情况

年份	2010	2011	2012	2013	2014
城镇居民人均可支配收入(元)	19109.4	21809.8	24564.7	26955.1	29381
农村居民人均纯收入(元)	5919.0	6977.3	7916.6	8895.9	9892
城乡人均收入比	3.23	3.13	3.10	3.03	2.97

资料来源:2015年中国统计年鉴。

绝对贫困是指个人和家庭依靠其劳动所得和其他合法收入不能维持其基本的生存需要,从而陷入生存困难的窘境。农村绝对贫困人口是指人均收入低于国家贫困线标准的人口。按农民人均纯收入2300元(2010年不变价,每年还将根据物价指数、生活指数等动态调整)人民币的扶贫标准,截至2014年年底,我国农村的贫困人口约为7017万人④。

---

① 冯双生:《宅基地置换中农民权益受损问题及对策研究》,载《农业经济问题》2013年第12期,第34页。
② 王红茹、朱杉:《我国成世界城乡收入差距最大国家之一　今年城乡收入差距会缩小吗?》,载《中国经济周刊》2011年第37期,第70页。
③ 陈冀莎:《关于缩小我国城乡收入差距的对策分析》,载《河北工业大学学报》2012年第1期,第18页。
④ 《2015年中国贫困线标准:农民年人均纯收入2800元》,http://news.cngold.com.cn/20151216d1903n59506450.html。

城乡居民收入差距的拉大，不但降低了我国城乡居民的平均消费倾向，使中国经济增长中的内需不足问题更为严重。而且，在社会保障制度不健全的情况下，农民缺少进入城市二、三产业并真正成为城市居民的物质基础，阻碍了农村剩余劳动力向城市的流动，使人口的城镇化进程远远滞后于土地的城镇化进程。

二、阻碍了农业转移人口市民化进程

第一，规范土地承包经营权流转的法律法规不完善不利于土地承包经营权的流转，阻碍了农业转移人口的市民化进程。土地承包经营权、宅基地使用权是农民最基本的土地财产权利，农户为了进城落户，在城市就业、居住，必须将土地承包经营权顺利地流转出去，因为，转让土地承包经营权获取的收入往往是土地承包经营权人在城市生活、创业或从事非农职业的资金来源，而我国《农村土地承包法》等现行相关立法对土地承包经营权转让权能的限制不仅不符合现代市场经济体制对农业资源配置方式的要求，还在一定程度上限制了农民生产经营自主权，使其被强行束缚在土地上，不能通过彻底处分其土地承包经营权而另谋出路，不利于农民非农收入的增加，阻碍了农村剩余劳动力的市民化进程，这客观上无疑会强化现行的城乡二元结构及阻碍户籍制度改革的顺利推进[①]。此外，抵押流转的规定在法律政策之间相互矛盾阻碍了土地承包经营权以抵押方式进行流转，影响了农户及农民专业合作社等农地规模经营组织以土地承包经营权抵押融资的顺利开展；相关法律规范与入股农民专业合作社的实践相冲突说明关于土地承包经营权"入股"流转方式的法律规范已经不能满足实践的需要，已经成为土地承包经营权"入股"农民专业合作社的障碍；土地承包经营权流转登记制度不健全使流转各方当事人的利益极易受到损害。总之，以上这些规范土地承包经营权流转的法律法规不完善问题影响了土地承包经营权流转的顺利、有序的开展，不利于土地承包经营权流转市场的完善，最终阻碍了农业转移人口的市民化进程。

第二，宅基地流转受限及不得抵押阻碍了农业转移人口的市民化进程。在农村，农民家庭往往投入很大一笔资金用于住宅建设，因此，住宅是大多数农民家庭的最主要、最值钱的财产。由于农民的住宅不能上市流

---

① 李敏飞、柳经纬：《农村土地承包经营权流转的制度性因素的法律分析和思考》，载《福州大学学报（哲学社会科学版）》2006 年第 3 期，第 82 页。

转，使农民家庭的财产不能转化为资产，农民的财产性收益无从实现，而且，由于宅基地流转受限，制约了农民房屋抵押贷款业务的开展，使农民难以以自家房屋抵押融资。而在城镇化和农民市民化过程中，农民迫切需要资金来解决在城市中的购房问题。据本项目组在 2014 年 10 月至 2015 年 10 月，对我国东部、中部、西部 20 省市共 88 个村庄的 2395 个农户的调研结果显示，被访农户表示要将宅基地流转收入或抵押贷款用于扩大土地种植规模、在城里购买住房、其他消费或投资领域的比例分别占22.30%、36.91%、40.79%，如表 5.2 所示。

表 5.2　　　　　　　　　农户宅基地流转或抵押的目的

	东部		中部		西部		合计	
	户数	占比（%）	户数	占比（%）	户数	占比（%）	户数	占比（%）
扩大土地种植规模	349	21.62	131	22.90	54	25.84	534	22.30
在城里买房	615	38.10	217	37.94	52	24.88	884	36.91
其他消费或投资	650	40.27	224	39.16	103	49.28	977	40.79

可见，农民住宅的财产价值不能通过流转来合理变现及不能以自家房屋抵押融资阻碍了农民的市民化过程。

三、农地小规模分散经营降低了农业生产效率

在我国农村土地家庭承包经营制度下，形成了过度分散的农业经营形式。长期以来，国家一直倡导、鼓励土地承包经营权流转，发展土地适度规模经营，但由于农业的弱质性、农业管理和技术人才缺乏、资金不足、形成规模经营的组织成本较高[1]，加之我国《农村土地承包法》等现行立法对土地承包经营权流转在转让、抵押等流转方式上的限制等原因，尽管土地承包经营权流转速度逐渐加快，但农地小规模分散经营现象仍未得到根本改变。据中国农业部部长韩长赋透露，截至 2014 年 6 月底，我国全

---

[1] 冯双生：《我国农民合作经济组织建设的收益成本分析——基于新制度经济学视角》，载《农村经济》2012 年第 5 期，第 126 页。

国农村承包耕地流转面积达 3.8 亿亩，约占承包耕地总面积的 28.8%①。

在农地小规模分散经营下，土地粗放经营现象普遍。农业生产就是借助农机设备及农业劳动力，在土地上完成播种、施肥、灌溉、收割等系列生产活动的过程。由于农户分得的农地规模过小，且地块分散，不仅不同农户可能会选择不同的经营品种，即使同一农户也会根据地块等级、土壤性质等情况种植不同的作物，因此，阻碍了大型机械设备的推广使用，而且，农机作业场地转移辅助时间长、油耗及农机具损耗增加，降低了其生产效能。同时，尽管小型设备投入较多，但是闲置率较高，导致农民缺乏设备长期投入的动力。和世界许多国家相比，我国化肥使用量偏高，而农机使用量过低。如表 5.3 所示，在 30 个国家当中，我国每千公顷的主要农机使用量很低，特别是每千公顷拖拉机的使用量只高于孟加拉国而位列倒数第二，但每千公顷的化肥使用量居于相对较高水平。这说明我国农户对土地的长期投资不仅远低于发达国家水平，也低于同等发展程度的发展中国家水平。

表5.3　　　　　　　　　农业投资的国际比较

单位：台/公顷、吨/千公顷

国家	每千公顷耕地上拖拉机使用量	每千公顷耕地上脱粒机使用量	每千公顷耕地上化肥使用量
中国	7.1	2.6	328.9
孟加拉国	0.2	0.0	188.6
印度	17.1	0.0	129.0
伊朗	17.4	0.6	94.5
以色列	77.3	0.8	2197.7
日本	438.2	223.0	401.6
韩国	140.3	53.5	532.9
马来西亚	—	—	843.2
巴基斯坦	19.8	0.1	174.9
斯里兰卡	23.4	0.0	307.1
泰国	26.1	13.9	120.7
越南	24.7	35.2	300.7

---

① 《截至 2014 年 6 月底中国农村承包耕地流转面积达 3.8 亿亩，占承包耕地总面积的 28.8%》，http://www.qqjjsj.com/zglssj/40404.html。

续表

国家	每千公顷耕地上拖拉机使用量	每千公顷耕地上脱粒机使用量	每千公顷耕地上化肥使用量
埃及	32.5	0.8	733.1
加拿大	16.1	1.9	61.3
墨西哥	13.0	0.9	71.7
美国	27.3	2.3	163.3
阿根廷	8.6	1.8	49.0
巴西	13.4	0.9	136.8
委内瑞拉	18.5	2.2	165.5
白俄罗斯	9.8	2.3	170.4
捷克	28.6	3.8	152.5
法国	63.6	4.3	191.1
德国	79.3	11.3	208.8
意大利	241.0	7.0	167.8
荷兰	164.6	6.2	689.7
波兰	118.4	10.2	128.1
西班牙	71.6	3.7	133.9
土耳其	42.9	0.5	112.1
乌克兰	10.9	1.8	23.7
英国	87.3	8.2	289.8

资料来源：转引自张桂文《中国二元经济结构转换的政治经济学分析》，经济科学出版社 2010 年版，第 152 页。

在农地小规模分散经营下，村民为在低投入下提高产量，往往加大化肥使用量，化肥使用量高是导致耕地土壤地力衰减的重要原因，是土地粗放经营的典型表现。农户兼业经营在我国已成为一种比较普遍的现象。土地经营规模过小，农民既不可能依靠农业生产实现充分就业，也不可能依靠农业的专业化生产大幅度降低生产成本，反而会由于专业化生产承担较高的经营风险和交易费用。因此，在小规模农业生产条件下，兼业化经营就成为农户的理性选择。而农户兼营的现状往往是家庭中的青壮劳动力外出务工，由留守下来的年迈的父母从事农业生产。国务院发展研究中心对农村劳动力利用情况进行过一次较全面的调查，覆盖全国 17 个省区、20 个地级市、57 个县市、166 个乡镇、2749 个行政村。从调查结果来看，

74.3%的村庄表示本村能够外出打工的青壮年劳动力都已经出去了,只有1/4的村认为本村还有青壮年劳动力可转移。大部分村庄对青壮年劳动力供给不足表示担忧[①]。根据本项目组在2014年10月至2015年10月间对全国20个省市共88个村庄农户所做的抽样调查,2395个被访农户中有34.2%的被访农户专职从事农业生产,有19.96%的被访农户完全脱离农业在非农岗位就业,而有45.84%的被访农户表示非农业与农业兼营。从东部、中部、西部地区被访农户中从事农业生产的比例来看,西部地区农户对农业的依赖较东部、中部地区强,如表5.4所示。这说明,由于东部、中部地区经济较西部地区发达,农民在非农业领域就业的机会较多,因此,兼业化经营的现象就更为普遍。

表5.4 被访农户劳动力职业类型

	东部 户数	东部 占比(%)	中部 户数	中部 占比(%)	西部 户数	西部 占比(%)	合计 户数	合计 占比(%)
农业	542	33.58	167	29.20	110	52.63	819	34.20
以农业为主兼非农业	385	23.85	143	25.00	26	12.44	554	23.13
以非农业为主兼农业	361	22.37	144	25.17	39	18.66	544	22.71
非农业	326	20.20	118	20.63	34	16.27	478	19.96

对于某些农作物的生产,投入的机器设备与劳动力在某种程度可以相互替代,因农地过于分散、细碎,机器设备的利用程度低,那么就要投入较多的劳动力,但是,由于我国农村青壮劳动力大量外出务工,留守在农村从事农业生产的劳动力大多是50岁以上的中老年人,导致农业生产的有效劳动力严重不足,而农户又不能充分使用大型机械作业,所以农户只能有选择地从事农业生产,即所耕作的地块大多是离家近、易于灌溉的土地,而耕种不方便的、没有灌溉条件的小块土地,体弱多病的老年人在无力耕种的情况下选择休耕乃至撂荒也在所难免。不仅如此,由于从事农业的比较收益较低,农户经营土地的目的仅仅是为了维持家庭生计的需要,即他们从事农业生产的目的只是为保证生活基本所需的粮食,因此,土地

---

① 蔡昉、都阳:《中国人口与劳动问题报告NO.8:刘易斯转折点及其政策挑战》,社会科学文献出版社2007年版,第114~120页。

粗放经营现象普遍，主要表现为三个方面：一是"广种薄收"。由于青壮年劳动力外出务工，土地交由家中老人耕种，因老人体力、精力不济，无法对每块土地都精耕细作，只能保证土地不撂荒；二是青壮年劳力"只管种和收"。青壮年劳力常年在外打工，只是播种、收割时回家和留守父母等家人一起劳作，生产的其余环节，如施肥、除草、灌溉一概不管；三是"只种不收"。外出务工的青壮年劳力只帮助播种，其余生产环节都交给留守的父母等家人①。

总之，农业小规模分散经营降低了农业生产率。因为农业小规模分散经营无法实现农业的现代化、产业化发展，也不利于实施农业科技创新、转变农业发展方式、加快农业产业结构调整；无法利用大型机器设备等资本的投入来解决农业有效劳动力不足的问题，也阻碍了农业劳动力的彻底转移。

四、不利于耕地保护，影响了国家粮食安全

第一，征地制度缺陷对我国耕地保护及粮食安全造成严重威胁。我国征地制度缺陷强化了地方政府通过征地扩大城镇建设用地及获取土地财政收入的动机和意识。在征地实践中，地方政府是我国征地的主体，同时又是一个有着相对独立利益的理性经济人，在财政压力和政绩追求下，我国征地范围已经囊括了国家公益性建设项目及工业化、城市化建设所需要的经营性建设项目。

据中国人民大学、美国密歇根州立大学和美国发展研究所共同开展的我国十七省地权调查显示，从1999年调查开始直到2011年夏调查结束的大约12年时间里，有43.1%的村庄经历了至少一次征地②。另据李燕琼、嘉蓉梅（2006）对全国30个省市自治区1538个完全失地农民的调查分析显示，我国被征收的农村集体土地在被征收前有91.34%的比例面积是耕地，土地被征收后的用途以百分比衡量依次为：修路（29.11%）、建工厂（28.49%）、城市建房（占24.16%）、建科技园区（8.64%）、其他（9.6%）。我国东、中、西部土地被征收前后的具体用途如表5.5所示。

---

① 朱启臻、赵晨鸣：《农民为什么离开土地》，人民日报出版社2011年版。
② 朱可亮、罗伊·普罗斯特曼、杰夫·瑞丁格、叶剑平、汪汇：《十七省地权调查报告——确保农民的长远生计将是中国征地制度不能回避的问题》，载《农村实用科技信息》2012年第4期，第109页。

表5.5 我国东、中、西部土地被征收前后的用途比较　　　单位（%）

地区	土地被征收前用途			土地被征收后用途				
	种植粮食作物	种植经济作物	种植其他作物	修路	建工厂	城市建房	建科技园区	其他
东部地区	62.08	27.81	10.11	25.08	34.78	19.73	11.37	9.03
中部地区	62.71	28.98	8.31	28.27	30.95	22.32	8.33	10.12
西部地区	56.6	30.99	12.41	33.96	19.74	30.43	6.23	9.64
平均	60.46	29.26	10.28	29.11	28.49	24.16	8.64	9.60

资料来源：李燕琼、嘉蓉梅：《城市化过程中土地征用与管理问题的理性反思——对我国东、中、西部1538个失地农户的调查分析》，载《经济学家》2006年第5期，第86页。

从表5.5可以看出，公益性项目（修路与建科技园区）征地所占比重明显小于非公益性项目（工厂建设及城市建房）征地所占比重。而据本项目组在2014年10月~2015年10月间对全国20个省市的790位失地农民开展的问卷调查发现，用于经营性建设用地的征地占比高达95%，如图5.1所示。

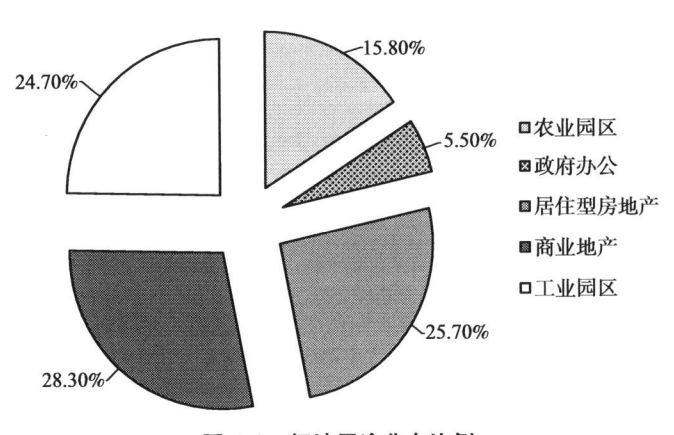

图5.1 征地用途分布比例

第二，近年来出现了大量经营性项目借助公权征收的现象，即很多土地征收及地上附属物的拆迁，明明是出于牟利的商业目的，却常被一些地方政府及强势利益集团描述成是公共事业所需，其目的是便于某些人滥用行政权力为经营活动服务。在征地范围如此宽泛，且全国各地假借"公共利益"之名滥用征地权的同时，各地违法征地现象屡禁不止，如在重点工程项目与公路建设、开发区及工业园区建设、小城镇建设等方面，存在着土地少批多用、未批先用、非法占用和其他名目的滥占滥用问题。据国土资源部公布的数据显示，2000年，我国立案查处土地违法案件共18.4961万件，涉及土地面积达31667.14公顷，其中耕地9491.24公顷。在这些土地违法案件中，未经批准占地的违法案件数量和涉及的土地面积分别占总数的75.35%和62.52%，仍位居各类违法案件之首[1]。据广东省国土厅的调研报告显示，地方政府违法征地的主要表现有：一是由地方政府批准或牵头，成立某某指挥部，以某某指挥部名义与村委会签订征地补偿协议，未经国土资源部门办理相关用地手续，违法征收集体土地。二是由地方政府与村委会直接签订征地补偿协议，非法向用地单位供给土地。三是为招商引资，压低地价，以地引商，导致发生大量违法占用土地行为。2012年1月13日，国土资源部公开曝光了10起国土资源违法案件，其中8起属于土地违法案件，而6起案件源于政府的违法批地和征地[2]。

第二，部分"小产权房"的建设也会占用国家耕地，对国家粮食安全造成不利影响。"小产权房"是指在农村集体土地上建设的、未缴纳土地出让金等相关税费、面向社会公开销售、购买人与开发商或乡（镇）政府、村委会签订购买协议、无法律认可的产权证明的房屋。"小产权房"的集体土地性质以及市场特性，决定了其区位多位于城市拓展的城乡结合区。土地制度缺陷是"小产权房"现象产生的重要原因之一。根据我国现行土地立法的规定，集体建设用地入市流转受到限制，集体土地只有被依法征收转为国有土地后出让给有资质的房地产开发企业才能进行住宅建设，而在征地中，农民和农民集体只能获得少量的征地补偿费。为从房产开发中获得更大的利益，同时解决本集体经济组织成员住房需求，集体经济组织在利益的驱动下铤而走险，违规进行小产权房建设。归纳起来，"小产权房"的建设包括以下几种情况：（1）开发商开发出售的房地产项目，只办理了土地征收手续但未办理供地手续，没有缴纳土地出让金及各项税费。主要分布在城市建成区和城郊附近，以及经济发达的乡镇政府驻地；（2）城郊结合部各村居民利用集体土地或农转非的国有土地，没有办理任何土地供应手续开发出售的项目；（3）以镇集体为依托成立的开发单位，在比较发达的乡政府驻地开发的满足镇域范围附近几个村的住房需求的集中生活区项目；（4）在没有退出原有宅基地的情况下，由村委会召集

---

[1] 《国土资源部公布2000年国土资源违法案件查处情况》，http://view.news.sohu.com/04/70/news145667004.shtml。
[2] 《国土部公开曝光8起土地案政府违法批征地占6起》，http://nb.house.qq.com/a/20120113/000109.htm。

的本村村民在村庄边缘集资建设的住宅楼,大部分占用耕地;(5)在远离城市的偏远山区、风景区、水库等附近开发的小型别墅区。以上除第一种情况外,都有非法占用耕地的可能[①]。"小产权房"的大规模出现,导致集体土地被非法转化为建设用地,一些"小产权房"建设甚至占用了集体耕地,这在很大程度上威胁着国家粮食安全。

随着我国工业化、城镇化的快速发展,地方政府对城镇建设用地的需求日益膨胀,尽管我国实行耕地占补平衡制度,但由于耕地后备资源严重匮乏、实施耕地占补平衡的后续监管不力、补充耕地的成本投入大且资金来源单一、补充耕地的质量难以评价、新增耕地统计上存在缺陷等原因,加之"小产权房"建设对耕地的非法侵占问题,导致我国耕地面积已经逼近"18亿亩"耕地红线,且补充的耕地质量难以保证。据国土资源部公布的2011年度中国土地变更调查数据显示,截至2010年年底,中国耕地保有量为18.2476亿亩[②],比1997年的19.49亿亩减少1.2424亿亩[③]。

第三,宅基地及土地承包经营制度的缺陷也影响了我国的耕地保护及粮食安全。随着城乡二元体制改革的深入,农民进城打工数量不断增多,特别是1998年以后,农村劳动力外出打工的数量急剧增加,2012年外出农民工增加到1.66亿人。与世界各国在二元经济转型过程中农业剩余劳动力向非农产业转移和人口向城市永久性迁移基本上是同一过程所不同的是,我国二元经济转型路径突出的特征是农业转移人口的非农化与市民化相脱离,以"民工潮"形式所进行的非永久性乡城迁移,是"进城不定居,候鸟式流动"[④],造成在城市就业的农民工"城乡双栖"的状况,是指一年大部分时间工作、生活在城市,已算作城市常住人口,但户籍在农村,由此形成在城乡两头占地的城镇化模式。"城乡双栖"状况的形成固然有户籍制度壁垒的原因,但不可否认的是宅基地制度缺陷及农民家庭承包地转让等流转方式受限也是重要的原因,农民在无法有效实现其土地及房产收益、无法顺利将土地流转出去换取稳定收益的情况下,怎么可能放弃宅基地、住房及承包地呢?既然农民工不能在城市长期定居下来,那么,土地当然又是他们的安身立命之本,宅基地粗放状况就不能改善,符

---

① 王静:《"小产权房"产生的原因及对社会经济的影响》,载《山东国土资源》2010年第4期,第47页。
② 《国土资源部:中国2011年耕地保有量净减少49万亩》,http://news.china.com.cn/politics/2012-12/13/content_27400781.htm。
③ 《中国耕地面积十余年减少逾亿亩 保护耕地压力增大》,http://www.chinanews.com/gn/2011/02-24/2866897.shtml。
④ 张桂文:《中国城镇化进程中"农村病"和"城市病"及其治理》,载《辽宁大学学报(哲学社会科学版)》2014年第3期,第21页。

合条件的农户依然会申请农村宅基地建房,而农户可以免费使用宅基地的制度缺陷又会刺激农户超标占用宅基地,这导致农村集体建设用地随着城镇化的发展没有减少反而增加。国土资源公报显示,1997~2007年全国农村人口减少9860万人,农村居民点用地反而增加了1100平方公里,农村人均居民点用地从193平方米增加到218平方米[1]。同时,农民进城务工还要增加城镇建设用地。根据2005~2008年统计数据,我国农民进城务工经商每年以2700万人的速度在增加,他们当中在城市生活半年以上的占73.8%。这样,每年将有1992万人转换成城镇人口,且没有退出农村,按照人均城镇工矿用地100平方米,每年因此而新增的城镇工矿用地为1992平方公里。以垦殖率65%计,折合占用耕地1294.8平方公里[2]。这种"城乡双栖"的占地模式导致城市建设用地和农村建设用地同时增加,对我国耕地保护形成极大压力,严重威胁我国粮食安全。还有,地权存在潜在的不稳定性也会导致农民不愿对土地进行长期投资,进而不利于耕地保护和国家粮食安全。

---

[1] 邱继勤、邱道持等:《城乡建设用地挂钩指标的市场配置》,载《城市问题》2010年第7期,第65~66页。

[2] 董淑敏:《论城市化方式与城乡建设用地集约化的相关性——基于"城乡双栖"模式的实证分析》,载《规划创新:2010中国城市规划年会论文集》,中国会议2010年10月15日。

第六章

创新土地制度促进二元经济转型的战略思考

第一节 创新土地制度促进二元经济转型的基本原则

一、坚持农村土地集体所有制不变

从我国的现实约束看，无论是推进农地国有还是私有的所有权权属变更，都不具有现实可能性。目前，西方学术界主流提出的"土地私有化+流转市场化必然导致农业规模经营"的思想得到了我国部分学者的认同，但把这一思想直接套用在发展中国家的"三农"问题上，则尚缺乏经验依据。相反，几乎所有人口过亿的发展中国家，在践行"私有化+流转市场化"的理论教条之后，则普遍受制于耕者无其田和城市贫民窟化，并由此造成社会动乱。这种"土地私有化+流转市场化必然导致农业规模经营"的理论逻辑的形成，有其特定的历史背景，在老欧洲由传统农业社会向近现代工业化和城市化转型的过程中，宗主国将自己的剩余人口、贫困人口乃至于犯罪人群大规模转移到其殖民地和半殖民地，通过大规模杀戮当地土著，占据了当地广阔的土地和自然资源，在此过程中，人口与土地及资源之间的矛盾、工业化和城市化与生俱来的社会转型压力均得到了有效缓解。正因如此，这些老欧洲国家才避免了目前中国以及其他第三世界国家所长期存在的"三农"问题。但历史不能被后来者重复，事实证明，在印度、墨西哥、巴西等发展中国家推行土地私有化及土地市场化流转之后，失地农民大批涌入城市却难以就业，非但没有实现城市化及农业现代化，反而带来了大型的严重的城市贫民窟化，甚至因此导致黑帮泛滥，而与农村凋敝、小农破产相伴随的是，贫困的失地农民以"农民运动"或"游击战"的方式展开激烈的反抗,贫富两极分化严重及社会动乱的出现与城乡二元经济转型背道而驰。而在我国的农村土地集体所有制下,在城镇化与工业化加速发展的过程中,没有出现大规模的贫民窟化,而且,我国农村土地家庭承包经营制度在很大程度上承担着农民的社会保障功能,也客观上成为我国历次经济波动软着陆的基础①。如果在我国基本社会经济制度框架下推行农地私有化变革,将会带来比印度、墨西哥、巴西等发展中国家更为严重的经济、社会与政治风险。首先,经济风险主要包括两个方面:一是受不同利益主体间的博弈影响,一些地区可能出现大规模的土地兼并,进而可能导致失地农民的利益受损并引发其生存危机,而另外一些地区的农民则可能拒不流转,从而使农业规模化、产业化经营难以有效推进。二是受经济利益驱使,土地的兼并流转可能会危及国家的粮食安全;其次,社会风险主要在于:一是在土地产权私有的基础上,如果放任资本大规模兼并土地,那么一旦经济增长乏力,已经转移到城镇就业的失地农民会出现大批的失业现象,在无法回乡种地的情况下只能滞留于城镇,而生活将陷入极端贫困,影响社会稳定。二是农村土地私有化将会导致我国城镇化过程中未来的"钉子户"式产权纠纷难题更为明显和加剧;最后,政治风险主要来自于两个方面:一是由于我国城镇土地国有化的产权制度不可能改变,而农村土地私有化产生的城乡居民利益反差,很容易引起心理失衡的社会效应,将会直接影响改革环境的稳定性。二是在我国社会主义制度下,土地公有的观念根深蒂固,农地私有化变更面临强大的意识形态阻力,将使其在现实中无法起步而徒增政治斗争的复杂性②。农村土地国有化虽然是公有制框架下的权属转移,不改变社会主义公有制的性质,意识形态阻力小,但这种变更存在着国家与集体之间巨大的交易成本,即便实现了农地国有化,处于社会结构最高层次的国家面对分散经营的小农经济,制度运行中的交易成本甚至会高于集体所有的制度安排。因此,坚持农村土地集体所有制不变是在坚持具有中国特色社会主义制度下解决"三农"问题、实现城乡二元经济转型的必然选择。

  农村土地集体所有是社会主义性质的所有权制度,坚持农村土地集体所有要求农村土地制度的具体改革措施不得改变集体所有权的性质。在农村土地集体所有制下,每个集体成员不可分割地享有集体所有权。所谓不

---

① 温铁军:《我国为什么不能实行农村土地私有化》,载《财经界》2015年第7期,第43~46页。
② 贾康、程瑜等:《中国新型城镇化进程中土地制度改革难题破解路径——基于深圳调研的报告》,载《铜陵学院学报》2015年第1期,第5~6页。

可分割,就是不可将土地所有权分割为单独的个人私有权,只能按照集体分配原则平等地享受利益,从而保障每个集体成员都能够对集体土地享有利益,实现耕者有其田,居者有其屋,防止富者兼并土地,穷者失去土地。因此,在新的农村集体土地制度改革中,坚持集体土地所有权就是要坚持其本质属性,在不可分割的基础上平等实现集体土地对集体成员的社会保障利益,一切改革措施必须在此基础上实现集体成员的利益。坚持集体土地所有权,首先要从民法上保护集体土地所有权的财产权,维护农民集体的土地财产利益。同时,由于农民集体的土地财产权具有生产资料的属性和自然资源属性,因此,要从集体土地所有权的生产资料所有权维度,通过经济法和土地管理法,实现对农业产业的保护和促进。此外,农村土地集体所有制发挥着对农民集体成员生存的社会保障作用,还要从集体土地的社保功能维度,通过社会法,实现对作为社会弱势群体的农民集体成员的社会保障作用[1]。

二、赋予农民更多的土地财产权利

近年来农民收入虽逐年增加,但城乡居民收入差距仍很大,据国家统计局数据显示,城乡居民收入比连续5年下降,由2009年的3.33∶1下降到2014年的2.92∶1,2014年我国城镇居民人均可支配收入28844元,农村居民人均纯收入9892元,城镇和农村居民的收入水平差距首次降至"3"倍以下[2],但如果考虑到城镇居民所享受到的住房补贴、养老医疗保险、子女教育等各种隐形福利,这一差距比还要提高。按照世界银行的有关报告,世界上多数国家城乡居民收入比为1.5倍,我国的这一比例大大超过了世界各国的水平[3]。从农民收入构成看,家庭经营性收入、工资性收入、转移性收入和财产性收入4个部分中,财产性收入所占比重较低,是增加农民收入最大的潜力所在[4]。党的十八届三中全会作出的《决定》提出:"赋予农民更多财产权利。"而农民拥有的最大的财产是他们以农民集体成员身份所拥有的农村土地。

---

[1] 韩松:《坚持农村土地集体所有权》,载《法学家》2014年第2期,第36~37页。
[2] 《中国城乡居民收入比13年来首次缩小至3倍以下》,http://finance.eastmoney.com/news/1365,20150120469675374.html。
[3] 李亚琴:《我国城乡收入差距的现状及原因分析》,载《经济研究导刊》2009年第20期,第158页。
[4] 《农民增收实现"十连快" 城乡居民收入差距连续四年缩小》,http://www.ntv.cn/a/20140214/18421.shtml。

长期以来，中国经济保持了强劲的高增长，土地在其中扮演了独特且举足轻重的角色。由于"公共利益"界定模糊、征地程序不规范、补偿标准低、安置不合理等征地制度原因，导致征地规模随着工业化、城镇化进程加快迅速扩大，城镇周边、城郊结合部完全失地的农民数量越来越多，农民土地权益遭受严重侵犯，"三无"农民逐渐增多，社会不安定隐患增加。这种靠牺牲农民土地财产权利降低工业化、城镇化的成本的"以地生财"的发展模式不仅加大了经济运行的风险，也带来被征地农民权益丧失和生计受影响的社会风险，以及官民冲突的政治风险。此外，宅基地用益物权权能受限及宅基地流转受限、宅基地有偿退出制度缺失等宅基地制度缺陷制约了农民宅基地及房产利益的实现；土地承包经营权存在潜在的不稳定性及转让、抵押受限等制度缺陷不仅使土地承包经营权的交换价值不能完全显化，还阻碍了土地要素的市场化和资本化，降低了土地资源的配置效率，同时也侵害了农民的财产权自由。还有，值得注意的是，农民维护土地权利的意识增强，集体土地征收中纠纷现象频发实际上就反映了农民对不合理收益分配的抗争。另据国家相关研究部门2013年基于全国范围30个城市3154份问卷的调研分析，在农村户口样本（68.3%）中，农民在进城定居后愿意有偿或无偿放弃承包地的仅占5%（见图6.1），愿意放弃宅基地的比例也非常低。进城农民认为推进农民工市民化的重点是要保障他们的承包地和宅基地等权益（见表6.1），担心失去土地已经成为一些农民不愿转户的重要原因[①]。

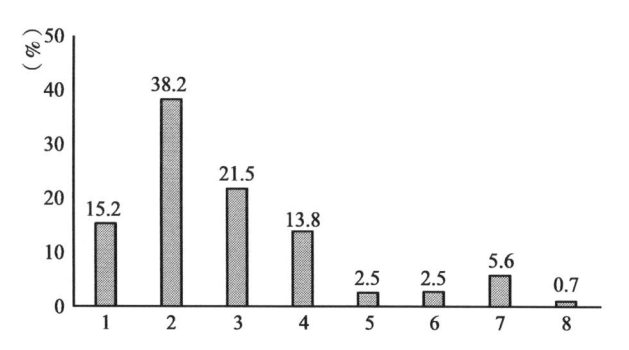

1—自己耕种； 2—委托他人代种； 3—出租； 4—入股分红
5—给城镇户口，无偿放弃； 6—给城镇户口，有偿放弃；
7—无法选择； 8—其他

图 6.1 如果您及家人进城定居，希望如何处置承包地？

---

① 郭冠男：《围绕地权赋予农民更多财产权利》，载《宏观经济管理》2014年第3期，第51~52页。

表 6.1　　您认为推进农民工市民化的改革重点是？（%）

政策	非常重要+比较重要	一般	不太重要+不重要	无法选择
根据城市规模差别化降低落户门槛	70.5	22.3	5.4	1.8
实施基本公共服务常住人口全覆盖	69.7	24.6	3.7	2.0
保障转移人口的承包地和宅基地等权益	78.6	16.6	3.6	1.3
鼓励农村人口就地就近转移	51.5	31.5	14.3	2.7

可见，农村土地管理制度改革和创新的关键是土地收益分配的合理化问题。因此，赋予农民更多的土地财产权利，让农民在新型城镇化及农业现代化过程之中分享更多的土地增值收益，是增加农民收入、加快农民市民化过程、维护社会公正和安定和谐的必然要求。只有在坚持保障农民权益的原则下深化集体所有制改革，通过明晰农地产权、构建农地发展权制度、建立科学合理的土地征收制度、地权稳定且流转顺畅土地承包经营制度、"公平与效率"兼顾的宅基地制度及城乡统一建设用地市场，才能将农村土地制度改革向纵深推进，才能科学地引导和推进农民的市民化进程，促进城乡二元结构转型。坚持土地收益分配中的公平和正义，赋予农民更多的土地财产权利是创新土地制度促进二元经济转型的基本原则之一。

三、加强耕地保护以确保国家粮食安全

耕地作为人们赖以生存和发展的最根本的物质基础，是人类获取粮食及其他农产品不可替代的生产资料，耕地对粮食安全、国民经济发展、社会稳定的作用和地位不可取代。我国人多地少，任何时候都要守住耕地红线，守住基本农田红线。我国人口现在占世界19.1%，全国耕地面积仅占世界耕地面积的7%[①]。作为世界第一的人口大国的吃饭问题，就要靠这些耕地来解决。守不住18亿亩耕地的红线，就保证不了了13亿多人的粮食安全问题。

长期以来，保护耕地是我国土地法律法规设计的核心，国家实行的是最严格的耕地保护制度，即国家以土地利用总体规划和农地转用审批制度

[①]《最严格的耕地保护确保国家粮食安全》，http://news.wugu.com.cn/article/20150113/453166.html。

实施土地调控，国家控制着建设用地总量，对耕地实行特殊保护，严格限制农用地转为建设用地。但随着我国经济的迅速发展，工业化、城镇化的加速推进，农村土地制度愈加显示出在保护耕地资源方面的严重不足，征地制度的缺陷导致地方政府为获取当地 GDP 的高速增长及彰显官员个人政绩，想方设法扩大城镇建设用地及获取土地财政收入，此外，一些城郊农村集体为获取土地开发收益，甚至违法占用耕地开发"小产权房"获利；土地承包经营制度下的农地小规模分散经营致使农户缺乏对土地的养护投入意识，农户只单纯地依赖化肥、农药的投入来提高粮食产量，却反而造成耕地质量退化、产量下降；宅基地的超标占用、一户多宅及闲置等粗放利用问题受到国家的极大重视，因此推出了系列规范"城乡建设用地增减挂钩"的政策性文件，以引导地方政府在当地开展的以宅基地置换为主要内容的"城乡建设用地增减挂钩"试点工作，但试点中宅基地复垦形成的耕地质量往往低于城镇周边因增加建设用地所占用的耕地质量。

在我国工业化、城镇化快速发展的背景之下，耕地不断转化为建设用地，而由于农村土地制度缺陷的存在使我国"最严格的耕地保护制度"的实施效果大打折扣，导致中国耕地数量减少，耕地质量不断下降。而在目前的农业技术条件下，人们还没有找到在单位土地上大幅度地提升粮食产量的办法，因此，坚守"18 亿亩"耕地红线，保护我国有限的宝贵的耕地资源，对保障国家粮食安全至关重要。从中国的实际情况看，加强耕地保护以确保粮食安全是创新土地制度促进二元经济转型中必须坚守的一个重要的基本原则。

第二节 创新土地制度主要目标

一、增加农民财产性收入，加快农民市民化进程

城乡二元经济结构转型的核心问题是农业人口的非农化与市民化问题。迄今为止，世界各国在二元经济转型过程中农业剩余劳动力向非农产业转移和人口向城市永久性迁移基本上是同一过程。但我国的二元经济转型路径与其他国家不同，其突出的特征是农业转移人口的非农化与市民化相脱离。20 世纪 90 代中后期之前，农业剩余劳动力以就地转移为主，在此之后则以非永久性乡城迁移为主。据人社部发布的数据显示，2014 年全

国农民工总量达 27395 万人，比 2013 年增加 501 万人，其中外出农民工 16821 万人①。受城乡二元体制的影响，外出农民工大多在非正规部门就业，就业稳定性差，薪酬水平低；城乡二元土地制度所衍生的土地财政，又推高了城市房价并带动了城市生活费用上涨；农民工在住房、教育与社会保障等方面受到制度性歧视，也在不同程度上增加了农民工的定居成本。在上述因素的综合作用下，农民工务工收入难以负担在城市的定居成本，从而形成极具中国特色的每年一度的"民工潮"。既然农民工不能在城市长期定居下来，不能享有城镇居民应有的公共服务，土地就依然是他们的安身立命之本。因此，在中国农村基本上呈现这样的景象，家庭中青壮年男性劳动力甚至是年轻一代外出务工，家庭承包地交给留守的年迈的父母及妻子耕种或是完全交由父母耕种，由于老人及妇女体力、精力及能力有限，耕地的粗放经营及抛荒现象在所难免，耕种土地只能维持生计，无法让农民依靠土地的小规模经营实现增收致富的愿望。此外，农民的土地财产性收入有限。根据国家统计局对"财产性收入"的定义，它一般是指家庭拥有的动产（如银行存款、有价证券等）、不动产（如房屋、车辆、土地、收藏品等）所获得的收入，包括出让财产使用权所获得的利息、租金、专利收入等，财产营运所获得的红利收入、财产增值收益等。土地是农民最重要和最主要的财产，根据我国《宪法》《土地管理法》《农村土地承包法》等相关法律的规定，农民拥有家庭承包地的流转权、宅基地的用益物权、当承包地或宅基地被政府征收后依法获得补偿权，但农民从这些土地权利中获得的收益非常有限。由于农民外出务工收入低且不稳定、家庭农业收入有限、土地财产性收益不能充分实现，因此，农民群体处于相对贫困甚至部分农民群体处于绝对贫困状态。农民收入水平的低下使其无法承担在城镇生活的高成本支出，虽然很多农民对去城市定居生活心生向往，但却很理性地选择继续留在农村。

为促进农业转移人口的市民化进程，破除城乡分割的二元结构，必须要增加农民的收入，提高农民家庭在城镇定居生活的能力。从农民收入构成看，家庭经营性收入、工资性收入、转移性收入和财产性收入 4 个部分中，财产性收入所占比重最低，2010 年至 2014 年，财产性收入占农民总收入的比重分别为 3.41%、3.28%、3.15%、3.29%、2.19%、2.25%②。土地是农民最重要的财产，增加土地财产性收入是实现农民增收的最大潜

---

① 《人社部：去年外出务工农民工超 1.6 亿》，http://news.sina.com.cn/c/2015 - 05 - 28/103331886393.shtml。

② 此部分数据依据 2015 中国统计年鉴有关数据计算获得。

力所在。因此，为促进农业转移人口的市民化进程，破除城乡分割的二元结构，应当以有效增加农民土地财产性收入为主要目标。

二、实现土地优化配置，提高土地利用效率

土地不仅是经济发展中的重要的生产要素，也是人类生存所必不可少的核心资源。土地资源优化配置可以理解为以土地可持续利用为根本目标，以统筹兼顾、节约用地与集约经营、地尽其力与提高效益、持续利用为原则，强调土地利用时空结构的最优化，在一定区域内使土地资源需求既能满足当代社会经济发展的需要，又不对人类未来的发展造成威胁。

我国土地资源短缺，但土地资源粗放利用特征明显。

第一，建设用地利用效率低。受城乡二元土地制度的影响，农村土地转为城市建设用土地过程中存在着大量的制度化收益，低价征地高价出让已成为地方政府的"第二财政"来源。各级地方政府从发展地方经济、凸显地方政绩出发，盲目扩张城镇建设用地，而城市用地的低价扩张使我国地方政府对城市土地的立体空间的利用潜力重视不够，部分建设用地容积率低且地下空间利用不足。城市建设用地主要包括居住用地、公共管理与公共服务设施用地、商业服务业设施用地和工业用地。近年来，由于国家对低密度住宅严格控制，而且因居住用地和商业服务业设施用地的经济价值较高，房地产开发商往往最大限度地挖掘土地潜力，因此，在我国城市尤其是大城市中，这两类用地的容积率与国外城市的基本水平相当甚至更高；公共管理与公共服务设施用地的类型比较多，与国外相关城市可以进行比较的有行政办公用地和高等教育科研用地，我国行政办公项目用地和高等教育用地的容积率与国外相比总体较低，如东京的教育文化用地的平均容积率为0.99，而我国目前各地已建、在建大学城的容积率大多略低于0.5。此外，与国外城市相比，我国城市工业用地的容积率水平总体偏低，如东京的工业用地容积率平均为1.2，而我国大城市各工业区制定的容积率普遍在1.0以下甚至更低[1]。而且，在我国各大城市的旧城区、城中村及城乡结合部等地区，建筑容积率均较低，土地利用效率低下；地下空间是城市的后备空间，它拥有很大的发展潜力，合理地开发利用城市地下空间，可以扩展城市空间，改善人类居住环境。城市地下空间开发利用比较好的有日本、美国以及欧洲等发达国家。如日本地下商场的建设抗灾能力

---

[1] 张舰：《中外大城市建设用地容积率比较》，载《城市问题》2015年第4期，第13~16页。

强、规模大,已处于世界领先地位,同时日本已构建了一套健全的地下商业街开发利用体系,据统计,日本已在多个城市建设了多条地下商业街,每天地下商业街流动人数高达千万,占国民总数的1/9①。随着城镇化进程的不断发展,与西方发达国家相比,城市地下空间开发利用的研究虽说有了一定的发展,但也应该看到对地下空间的利用仍不足。大部分国家发展、利用地下空间都是建设不同规模的地下综合体,而我国往往建设形式单一,利用率低;此外,甚至在一些地区,大量农地转为非农建设用地后,出现土地闲置问题。依据国土资源部2010年8月公布的信息,截至2010年5月底,全国共上报2815宗闲置土地,面积达16.95万亩,相当于三个澳门地区的面积②。还有,农村集体建设用地闲置浪费现象严重。在现实中,农村宅基地"一户多宅"与面积超标现象极为普遍。据调查,北京市大兴区的一个村"一户多宅"的有83户,共计多出宅院97处,闲置宅院31处。重庆市万盛区43000多家农户中,9000多户有两处以上宅基地,甚至出现了一户三四处宅基地的情况。四川省双流县中和镇三个村超标准占地总面积16.77公顷,约占宅基地总面积的42.7%,村民人均居住用地67.87平方米,是当地宅基地标准的2.7倍③。而且,在工业化、城镇化快速发展过程中,农村人口流入城镇,在城镇工作、生活占用了城镇建设用地,但在农村又保留着自家的宅基地。由于农村"一户多宅"、宅基地面积超标及城镇化过程中的"两栖"占地现象极为普遍,导致农村宅基地利用极为粗放,"空心村"问题严重,据资料显示,中国"空心村"综合整治潜力可达757.89万公顷,约合1.14亿亩④。另外,乡镇企业用地效率低下。由于我国工业化的特殊性,即工业化不仅在城市,同时也在农村中进行,乡镇企业在建设中,对集体土地的利用普遍大手大脚,土地资源浪费严重。同时,这些乡镇企业布局分散,无法形成产业集聚效应。而且,乡镇企业中科技含量高、规模效益好的所占比重极低,一些企业还会给当地带来严重的环境污染。建设用地粗放利用的问题若得不到解决,工业化、城镇化的发展势必遭受阻碍,而且,建设用地的低效利用和盲目扩张会导致耕地资源的流失,最终威胁到国家的粮食安全。

---

① 《国内外城市地下空间开发利用现状及发展趋势》,http://wenku.baidu.com/link?url=。
② 《全国闲置土地面积达16.95万亩 可造三个澳门》,http://business.sohu.com/20100820/n274342911.shtml。
③ 张云华:《积极探索农民宅基地有偿退出之路》,载《完善与改革农村宅基地制度研究》,中国农业出版社2011年版,第77页。
④ 《中国农村宅基地闲置量大 整治潜力超亿亩》,http://info.china.alibaba.com/detail/1025036855.html。

第二,农地经营效率也低下。我国农村土地家庭承包经营制度在很大程度上承担着农民的社会保障功能,是基于村组内人口的均田承包制度。为了保证每户获得的土地不仅在数量上而且在质量上、耕种的便利性方面等平等,因此分到各户的土地要好坏、远近搭配,这样导致各家各户土地经营规模过小、地块分散零碎。由于农地经营规模过小,农民既不可能依靠农业生产实现充分就业,也不可能依靠科技投入、农业的规模化及产业化生产大幅度地降低生产成本而增加收入[①],农户经营土地的目的仅仅是为了维持家庭生计的需要。因此,农户中的青壮年劳动力纷纷外出务工,留守在农村从事农业生产的劳动力大多是50岁以上的中老年人,导致农业生产的有效劳动力严重不足,而在农地小规模分散经营下,农户又不能充分使用大型机械作业,因此,土地粗放经营现象普遍。为实现农地的适度规模经营,促进农业的现代化发展,提高农业生产效率和农民收入,加快农业剩余劳动力的城镇化转移,必须推进土地承包经营权的规模流转。然而,在我国目前的土地承包经营制度下,农民拥有的土地承包经营权存在潜在的不稳定性,关于土地承包经营权流转的法律法规还不完善,土地承包经营权流转市场还很不健全,这阻碍了土地承包经营权的有效流转及发展农地适度规模经营,使农民难以通过土地有效流转的收益解决市民化过程中的定居费用,同时农民在兼业性经营农业的情况下也无法彻底融入城市。

要实现二元经济转型,不仅要实现工业现代化、城市现代化,还必须要实现农业现代化,为此,必须改革城乡二元土地制度,构建城乡统一建设用地市场,消除土地财政存在的制度基础,同时,建立完善宅基地制度,在保障农民权益和古村落文化的前提下节约集约利用农村宅基地;必须完善相关土地立法,赋予农民稳定而长久的土地承包经营权,在严格防范改变土地用途的前提下,取消对土地承包经营权流转的限制,鼓励并帮助农民在公开市场上依法、自愿、有偿地将土地承包经营权流转给专业大户、家庭农场、农民合作社、农业企业等,发展多种形式规模经营,促进农业发展方式的转变,有效增加农民收入。地方政府的职责是要调动农民积极性,做好土地确权登记工作,为土地承包经营权流转打好基础,同时在保障农民土地权益的基础上,做好流转中的各种引导、服务工作。

总之,为实现农业现代化、工业现代化、城市现代化,促进我国城乡

---

① 张桂文:《中国城镇化进程中"农村病"和"城市病"及其治理》,载《辽宁大学学报(哲学社会科学版)》2014年第3期,第19页。

二元经济转型，必须优化配置土地资源，努力寻求土地利用由粗放向集约高效型转变，将有限的土地资源分配到最能实现其价值的地方，提高土地利用效率，最终实现帕累托最优。

第三节 创新土地制度促进二元经济转型的路径选择

一、明晰农地产权

农地产权清晰化是农地产权制度创新的终极目标，是推进我国农业现代化、解决好农业及农民问题的必然要求。根据我国基本社会经济制度和现阶段经济发展的需要，明晰农地产权必须是在坚持农村土地集体所有的前提下，通过集体所有制的深化改革，重构农村土地集体所有权、使用权、转让权权利体系，为农民提供完整的、权属清晰的、有稳定预期的土地制度结构。

第一，深化集体所有制改革。要通过农地确权，弄清土地"集体所有"具体落实到组、村、乡（镇）级集体经济组织等哪一个层级的集体及由谁来代表集体行使所有权的各项权能，同时，要做好农村集体经济组织的成员身份界定工作，应在坚持尊重历史、权利义务对等、标准一致、程序公开的原则，统筹考虑户籍关系、农村土地承包经营权情况、对集体积累作出的贡献以及有关法律政策规定等基础上，由农村集体经济组织全体成员民主决定。在做好以上两项工作的基础上，进一步明确集体成员与集体经济组织委托代理关系，发挥集体经济组织在处理土地撂荒方面的监督作用、在平整和改良土地方面的主导作用、在促进土地适度规模经营方面的桥梁作用。

第二，赋予农民更充分的土地财产权利。一是对于土地承包经营权，要强化其物权属性，促使承包权和经营权分离，形成所有权、承包权、经营权三权分置，经营权流转的格局。在承包权与经营权相分离的情况下，承包权主要体现在承包主体通过让渡经营权而获得财产收益，在土地被征收以及退出后获得财产补偿等。同时，明确流转经营权的权利内涵和权利保障。经营权是从承包经营权中分离出来的一种相对独立的权利，为保障经营权人的权益，要在承包权与经营权之间审慎分割农地的占有、使用、收益、处分权能，因此，原土地使用者与转入土地者应当签订合约，规定期限、权利、责任,保护原土地使用者地租获得和土地质量,保护流转经营者投资安全和收益权,明确流转经营者对租约期内的土地权利[①];二是要在立法上明确农民对宅基地占有、使用、收益的权利,依法保障农户宅基地用益物权。改革完善农村宅基地制度,放松对宅基地使用权流转的限制,建立宅基地使用权流转及有偿退出制度、建立宅基地差别化有偿使用制度,慎重稳妥推进农民住房财产权抵押、担保、转让试点,实现农民的房地利益;三是建立城乡统一的建设用地市场。在符合规划和用途管制前提下,允许农村集体经营性建设用地出让、租赁、入股,实行与国有土地同等入市、同权同价,使市场在资源配置中起决定性的作用,提高土地资源配置效率和公平性。

二、构建农地发展权制度

为保障农民的土地发展权收益,抑制城镇建设用地的低价扩张,遏制宅基地、农村集体经营性建设用地的隐形流转及"小产权房"建设等现象,优化土地资源配置,减轻耕地资源保护压力,确保国家粮食安全,必须通过法律条文明确规定农地发展权制度,先要在《宪法》中对农地发展权做出一般性规定,然后在《土地管理法》《物权法》等法律中对农地发展权制度作出具体、详细的规定。相关法律法规中涉及农地发展权制度的具体内容应主要包括如下几个方面:一是在法律中要明确农地发展权的物权性质及占有、使用、收益、处分等各项权能,确立农地发展权在我国土地权利体系中的法律地位,避免因农地发展权隐含在其他土地权利中,而产生的不必要干扰,或被"合法"侵犯;二是要明确规定农地发展权的归属主体,为宅基地置换、征地以及其他集体建设用地(指除了宅基地以外的农村集体建设用地)流转中农民参与分配农地发展权收益提供法律保障。土地发展权收益的分配主体有三个:土地所有者、政府及开发企业,这实际也是农地发展权交易中涉及的三个交易主体。农地发展权收益的分配主体不同于农地发展权归属主体,对于农地发展权归属主体而言,不管农地是否被开发,都拥有农地发展权,而分配主体指的是在农地发展权交易过程中,参与农地发展权收益分配的交易主体。依照这样的区分,显然,开发企业只是农地发展权的分配主体而非权利归属主体,而农民和国

[①] 刘守英:《农村集体所有制与三权分离改革》,载《中国乡村发现》2014年第3期,第14页。

家（政府是国家产权的实际执行者）则既是农地发展权的分配主体又是农地发展权的归属主体。笔者认为，鉴于我国的具体国情，将农地发展权归属于国家，着重公权的作用，看似有管制效率，但缺乏公平，农民土地权益得不到有效保障。而将农地发展权归属于农民，着重私权的利益，又未免太过于激进，无法规避因国家投入形成的土地收益和其他农民福利的损失，且操作起来有相当难度。因此，农地发展权应当归于国家、农民共同所有[①]；三是要明确农地发展权初始配置权为国家所有，确保农地发展权初始分配的公正和规划操作的有序性，为建立农地发展权市场竞争机制提供一个公平的起点，农地发展权的总量应当由国家依据法律、规划和土地用途分区首先予以确定，然后，由各级地方政府代表国家在本辖区内对农地发展权总量进行再次分配。理论上讲，每一块土地都天然地具有一定量的土地发展权，但其具有的发展权数量或者价值并不相同，这完全由该地块（或该类土地）在社会经济发展中所处的地位来决定。因此，各级地方政府应在综合考虑本地区经济发展、环境与资源状况的基础上，依据土地规划利用类型（农用地、建设用地、人文景观用地、生态环境保护地等），做好与土地规划利用类型大致对应的土地发展权结构及类型的配置工作，其中每类农地发展权又可根据实际需要做进一步的细分，如农用地发展权可划分为基本农田发展权、一般农田发展权、园地发展权、牧草地发展权等。但对于每类土地发展权的配置并非是均匀的，要统筹考虑该地类某地块的质量等级、交通位置及社会经济发展对它的需求强度等因素；四是建立农地发展权收益分配的协商机制。目前，宅基地置换、征地、其他集体建设用地流转均涉及农地发展权收益的分配问题。由于虽然在理论上可以分析农地发展权价格的构成，但实践中农地发展权价格表现为一个综合的市场价格，难以将农民、政府及开发企业对农地发展权收益的贡献加以分解，因此，对于农民如何参与土地发展权收益的分享问题，笔者认为，应当通过在政府与农民间建立可操性的协商机制进行解决。五是在建立农地发展权产权管理制度，依法保障农地发展权交易与行使的基础上，建立农地发展权市场运行机制，搭建宅基地置换中农地发展权转移的市场交易平台，确保宅基地置换中农地发展权转移的市场竞争价格的形成。由于我国农地制度与西方国家土地私有制度相比的复杂性、我国社会经济发展中面

[①] 实际上，农民集体也应该是农地发展权产权主体及农地发展权实现时的发展权收益分配主体，但由于在农地发展权收益分配中，农民应当分享的比例要大于农民集体应当分享的比例，且农民集体应当分享的农地发展权收益直接或间接归属于农民，因此，本文直接将农民作为农地发展权归属主体及农地发展权实现时收益的分配主体。

临问题的特殊性，农地发展权制度的构建需要考虑的因素与西方土地私有制国家相比也要复杂得多，加之，要面对作为既得利益集团的地方政府的巨大阻力，因此，构建农地发展权制度不是借鉴他国经验一蹴而就的事情，而必然是在尊重我国国情的前提下逐步摸索建立、不断完善的过程。然而，构建农地发展权制度又是集约利用土地资源、实现生态、环境保护及保护农民权益的必经路径。

三、建立科学合理的土地征收制度

十八届三中全会决定提出，"缩小征地范围，规范征地程序，完善对被征地农民合理、规范、多元保障机制。"根据十八届三中全会《决定》的精神，要从以下几个方面改革完善集体土地征收制度，首先，要缩小征地范围。按照宪法原则，只有公益性用途，才能征地。因此，要严格区分公益性用地和经营性用地，将政府的土地征收权严格限定在公共利益需要的范围之内。但是，由于公益性用途难以界定，导致公益性用地目录出不来。与其议而不决，建议不如与其他改革列负面清单一样，制定征地的否定性目录，即只要是盈利性的用途，就不得征地[1]，借此规避地方政府以"公共利益"为名扩大征地范围；其次，要健全和规范征地程序。在现有土地征收程序的基础上，建立土地征收目的审查制度，强化征地公告、征地补偿安置方案公告及征地补偿登记制度，增加工作透明度。健全土地征收过程的社会监督机制，通过建立公众（农民）参与、公开查询、举行听证及举报等制度，加强全社会对征地过程的监督，确保被征地农民的知情权、参与权和监督权，同时要建立土地纠纷仲裁机制，明确申诉的程序和专门的仲裁机构，确保农民的申诉权。征地程序的完善能保障征地的合法性，防止地方政府违法、违规或低成本征占农民集体土地；最后，要确定合理的补偿标准及安置办法，充分保障失地农民的利益。十八届三中全会通过的决定指出，"建立兼顾国家、集体、个人的土地增值收益分配机制，合理提高个人收益"，这一规定为农民参与分享征地中的土地增值收益提供了政策依据。征地补偿是征地问题的核心，也是征地制度改革的难点。应着力解决征地补偿标准过低农民无法分享土地增值收益的问题。虽然土地增值主要是由国家投资基础设施，改善投资环境带来的，但是作为土

---

[1] 刘守英：《中国城乡二元土地制度的特征、问题与改革》，载《国际经济评论》2014年第3期，第22页。

地的所有者，农民集体和农户对土地转变用途后产生的增值应该享有一定的分配权。因此，要修订相关法律，改变按照土地原用途补偿的原则，考虑土地市场供求情况以及土地的区位因素、当地经济发展状况及政府的宏观政策等因素，参照土地的市场价格，以各地区片价作为确立补偿的基本依据，通过建立兼顾国家、集体、个人的土地增值收益分配机制，确保被征地农民得到足够的补偿，保障农民公平分享土地增值收益。农民补偿标准的提高实际上使地方政府征地成本增加，进而，抑制地方政府过度征地行为；同时，要把对农民的征地补偿和对被征地农民长远安置区别开来，征地安置是基于社会公平原则，由政府完善和落实被征地农民就业培训和社会保障的政策措施，妥善解决被征地农民就业、住房和社会保障问题，确保被征地农民原有生活水平不降低，基本生活长期有保障。各地要根据经济发达程度的高低及离城市距离的远近，选择切实可行的安置方式，如"留地安置"，对被征地农民和集体从事开发经营、新办企业等方面提供用地扶持等。只有这样，才能让农民分享城镇化和工业化发展成果，有利于缩小城乡差距，促进二元经济转型。

四、建立地权稳定、流转顺畅的土地承包经营制度

1. 在相关立法中进一步延长土地承包经营权的期限

《农村土地承包法》规定的土地承包经营权期限是耕地为30年，草地为30年至50年，林地承包期为30年至70年。目前，第二轮土地承包后家庭承包地的承包期限一般只剩10年左右。由于剩余期限短，不利于受让方长期投资获取收益，即使转入土地也不愿支付太高的价格，而农民在流转收益过低的情况下也不愿转出承包地。虽然党的十八届三中全会决定明确提出要稳定农村土地承包关系并保持长久不变，但这种政策性文件恐怕既难以有效约束在人口增减、征地等因素引致下的土地调整，也难以实实在在地在人们心里形成对土地承包经营关系长久稳定的预期，这必将影响到土地承包经营权的顺利流转及农地适度规模经营的发展，阻滞城乡二元经济转型。因此，必须尽快以"稳定农村土地承包关系并保持长久不变"的政策精神修改《农村土地承包法》及《物权法》，延长土地承包经营的期限，延长的土地承包经营期限至少应该与城镇土地使用权的最高期限相当或长于城镇土地使用权的最高期限，同时，应明确建立土地承包经

营权续期制度①。只有这样，才能依法保障农民对承包土地的占有、使用、收益等权利，同时，积极完善农村社会保障制度，尽快剥离土地承包经营权所承载的社会保障功能。同时，修改《农村土地承包法》第二十六条关于进城（设区的市）落户的农民家庭将承包的耕地和草地交回发包方的规定，对于进城（设区的市）落户的农民家庭，应允许并帮助其将土地承包经营权转出。

2. 建立完善土地承包经营权流转的法律法规

依法确立土地承包经营权流转自由与限制相统一和相协调的法律制度。完善土地承包经营权流转自由的法律内容，包括：一是取消对土地承包经营权转让的不合理限制，建立完善的土地承包经营权依法自由转让制度；二是依法确认和规范完善物权性的土地承包经营权抵押制度，以便有利于农民贷款、融资而加大对农村承包地上的投资和促进农业发展；三是依法规范和完善土地承包经营权入股制度。在完善土地承包经营权依法自由转让制度和物权性的土地承包经营权抵押制度基础上，家庭承包的土地承包经营权入股农民专业合作社等企业法人后，农民专业合作社等企业法人转移继受取得物权性质的土地承包经营权，并可依法自由实行土地承包经营权转让、抵押等。土地承包经营权流转限制的法律规定内容包括：土地承包经营权流转不得改变土地所有权权属性质和权属关系；不得改变土地的农业用途；不得损害土地承包经营权依法设立之目的；不得损害农民土地承包权益；不得损害相邻土地权利人和发包方（农村集体经济组织）的合法权益；流进方限于农业生产经营者；流转的期限不得超过承包期的剩余期限。只要在符合上述法律规定前提下，土地承包经营权人可依法自由实行土地承包经营权流转。此外，还要依法规范和完善土地承包经营权登记制度，特别要建立和健全物权性的土地承包经营权流转登记专项制度②。

五、建立城乡统一的建设用地市场

在我国二元土地所有制下，我国农村集体建设用地的市场流转受到限

---

① 王晓映：《统筹城乡土地改革和制度建设》，载《农村土地制度改革：国际比较研究》，社会科学文献出版社2009年版，第214～216页。
② 丁关良：《土地承包经营权流转制度法律问题研究》，载《农业经济问题》2011年第3期，第13～14页。

制，但随着工业化、城镇化进程的加快，农村集体建设用地的使用价值和资产价值逐步显现并日益攀升，在集体建设用地用途转换带来的巨额经济利益的诱惑下，加之我国现行的法律法规在农村集体建设用地这块又保留了一定的空间，全国自发流转农村集体建设用地使用权的现象已经大量发生，隐形流转活跃，从一定意义上而言，农村集体建设用地使用权可称之体制外土地市场，它与城市建设用地市场割裂开来。为打破城乡二元结构，壮大农村集体经济，增加其集体成员收益，发挥市场配置基础性作用，规范和完善土地市场体系，必须在国家政策的指引下加速构建城乡统一的建设用地市场。

  首先，应加快修改相关立法及出台规范集体建设用地流转的国家层面的管理办法。一是修改《土地管理法》第四十三条中"任何单位和个人进行建设，需要使用土地的，必须依法申请使用国有土地"的规定以及第六十三条中"农民集体所有的土地的使用权不得出让、转让或者出租用于非农业建设"的规定，给予城乡建设用地产权主体同等的经济权利和法律地位，允许符合规划和用途管制的集体建设用地进入市场依法流转；二是加快制定和颁布规范集体建设用地入市流转的专门法规和管理办法，明确流转的条件、流转的方式、流转的收益分配办法和产权管理办法；其次，在推进集体建设用地使用制度改革、构建城乡统一建设用地市场过程中，既要区别集体建设用地的增量和存量，又要区别集体建设用地的用地性质（公益性或经营性用地）。对于集体经济组织的公共设施和村组兴办公益事业的新增建设用地，可按照保留集体土地所有权的形式划拨土地加以管理；对于规划许可转用的新增经营性建设用地，允许以集体土地出让的方式直接入市，可由集体建设用地供求双方直接进行谈判，在征得承包农户的同意后，向农村集体经济组织购买农村建设用地。同时应严格按照国家有关规定，在办理农地转用审批手续的同时由建设用地者和村组集体缴纳耕地占用税、耕地开垦费、新增建设用地土地有偿使用费等农地转用审批环节的税费；对于合乎建设用地规划的存量集体建设用地，在土地使用者向村组集体、县市政府缴纳一定比例的土地增值收益后，比照国有土地使用权出让的方式、年期、价格等直接纳入出让土地使用权的管理轨道，实行与国有土地同等入市、同权同价。集体建设用地使用权流转后，集体建设用地仍为农民集体所有。可参照国有土地的划拨土地使用权和出让土地使用权，将集体建设用地使用权细分为集体建设用地的划拨土地使用权和出让土地使用权，借此建立城乡统一的出让土地使用权制度和划拨土地使用权制度，并在城乡统一的出让土地使用权制度基础上建立城乡统一建设用地市场①。

六、建立完善兼顾"公平与效率"的宅基地制度

为改变目前农村宅基地粗放利用的现状，实现城乡建设用地增减挂钩，破解城镇建设用地供给"瓶颈"，促进土地资源节约集约利用，释放土地最大效益，同时，保障农民实现其宅基地及房产利益，缩小和城镇居民的收入差距，以促进城乡二元经济转型，需从以下几个方面着手改革完善宅基地制度。

第一，从完善制度的公平性来讲，要保障农民房地利益的实现。早在2013年7月，国务院办公厅发布的《关于金融支持经济结构调整和转型升级的指导意见》就明确提出，"探索开展大中型农机具、农村土地承包经营权和宅基地使用权抵押贷款试点"。随后，2013年11月，党的十八届三中全会通过的决定又进一步指出，"保障农户宅基地用益物权，改革完善农村宅基地制度，选择若干试点，慎重稳妥推进农民住房财产权抵押、担保、转让，探索农民增加财产性收入渠道"。可见，国家已从政策层面鼓励、引导宅基地使用权及住房财产权抵押的改革创新，保障农户宅基地用益物权。因此，宅基地制度的改革要从完善和保障农户宅基地用益物权出发，赋予农民更多财产权利。首先，建议在法律修改中，应该按照宅基地用益物权的原则，进一步明确和强化农户宅基地使用权。在此基础上，按照一般用益物权原则，赋予农民充分的宅基地用益物权，允许宅基地流转给村集体组织外农民、城镇居民等。可以先由人大、法制、国土、农业等相关部门组织专家、官员、社会人士到宅基地隐形流转活跃的城镇周边郊区及发达地区的农村地区开展调研，在总结这些地区农村宅基地流转存在的问题的基础上，经过周密讨论和严格论证，先在政策上制定一套有关宅基地流转的实施办法并进行试点，宅基地流转的实施办法应该涵盖宅基地的确权登记、宅基地流转市场的建立、宅基地流转的方式、宅基地流转的管理及流转市场的规范等方面，通过总结试点地区的经验及教训，构建宅基地流转法律制度，在法律法规上允许宅基地流转；其次，开展农民宅基地及住房财产权抵押、担保、转让的试点。要制定完善的抵押管理办法，并选择在产权基础好、城镇化和农业产业化程度高、社会保障体系

---

① 王晓映：《统筹城乡土地改革和制度建设》，载《农村土地制度改革：国际比较研究》，社会科学文献出版社2009年版，第214~216页。

基本建立的地区开展封闭试点，待时机成熟后，再逐步在全国范围内扩大试点，以便稳妥地实现农民的财产收益。

第二，从完善制度的有效性来讲，要能促进宅基地的节约集约利用。近年来，开展宅基地整理置换已成为地方政府破解城镇建设用地供给紧张困境的最佳选择。由于在国家层面上，缺少指导、规范宅基地置换的法律法规，地方政府便成为当地宅基地置换政策的制定者，即在宅基地发展权界定中处于绝对的强势主导地位。各地地方政府结合本地区的区域特点及经济发展水平在总体规划设计、农房拆迁与补偿、新房建设与农民安置、宅基地复垦、建设用地指标的集体留用与城镇转移、土地出让与开发、基础设施配套建设等方面制定了相应的操作办法，由于地方政府对土地财政的过度依赖，因此，会不可避免地通过制度设租来获取尽可能多的利益，同时，为保证置换的顺利进行，各级政府往往会将强制手段发挥到极致，从而农民权益受损在所难免。因此，为保证宅基地整理置换的有序进行，保证农民权益不受侵犯，必须在借鉴国外开展土地整理和村庄整治先进经验的基础上，结合各地宅基地整理置换的经验和教训，吸收国家"关于严格规范城乡建设用地增减挂钩试点工作"的系列政策性文件的主要精神，制定有关规范宅基地整理置换的法律法规。此外，还要建立宅基地的有偿退出制度，在引导农民及时退出闲置宅基地的同时增加农民的财产收入。还有，针对农村本集体组织成员占用宅基地的超标准部分、城镇居民或非本集体组织成员买受农村房屋使用宅基地的，建立宅基地差别化有偿使用制度。

第七章

二元经济转型中征地制度改革

土地是农民最基本的生产资料和生活来源，是农民家庭最重要的财富。征地就是将农民手中最重要的生产要素转移给其他土地需求者，失去土地要素的农民也就失去了土地提供的社会保障。现行征地制度下，征地问题主要集中在如何确定征地补偿标准和防止大量农地非农化。当前征地冲突时有发生，成为威胁社会稳定的主要因素之一，改革征地制度是解决我国二元经济转型的主要改革之一。我国至今没有一部关于征地的基本法律，现行的征地相关法律是由《宪法》和《土地管理法》等构成，并存在《土地管理法》与《宪法》精神相矛盾之处，这也是导致征地问题的主要原因。征地制度改革，需要修改《宪法》《土地管理法》《物权法》等与征地相关的部分法律规定，如"城市的土地属于国家所有"；"任何单位和个人进行建设需要使用土地的，必须依法申请使用国有土地"，"国家征收农村集体土地按原用途补偿"；"农民集体所有的土地的使用权不得出让、转让或者出租用于非农业建设"；"乡（镇）、村企业的土地使用权不得单独抵押"；"耕地、宅基地、自留地、自留山等集体所有的土地使用权"不得用于抵押等条款。通过完善征地相关法律来解决征地问题，是当前一个行之有效的方法。征地制度改革就是要让市场成为农村土地资源配置主要手段，废除行政手段配置土地资源的体制。

第一节 征地目的限定为公共利益

《土地管理法》与《宪法》关于征地目的的限定相互矛盾，使"公共利益"这一前提形同虚设，造成"公共利益"实际上没有边界，导致在征地过程中"公共利益"范围被模糊化和扩大化[①]。当前征收农村土地成为满足城市建设用地需求的主要方式，不论是公益目的项目用地，还是经营性项目用地，都通过征地来取得。地方政府征地行为缺少制度和法律的约束，为了更多地获取土地收益，滥用征地权，扩张土地征收范围。《土地管理法》为政府的征地行为提供了制度保障，国家征收农村集体土地成为城镇化建设获取土地资源的唯一合法途径[②]。因此需要对现行《土地管理法》中，有关征地目的、征地程序和征地补偿等方面的规定进行修改。征地目的要与《宪法》一致，即征地目的限定为公共利益目的。公共利益目的即为：征地的用途用于国家公共利益。由于公共利益项目有公共物品特征，私人不愿投资，导致市场供给短缺。又由于公共利益项目关系到国计民生，是国家发展必须建设的项目。因此，只有公共利益需求的建设用地才可以启用国家征地，通过强制性的征地来满足土地需求，保障项目的顺利建设。非公共利益项目的建设用地不再通过征地提供，这样的法律规定，有利于保护国家耕地，保护农村集体土地权益。同时，非公共利益建设用地不再通过征地获得，可以提高这类项目建设的决策效率，通过增加用地成本，减少不必要项目的立项和资源浪费。

　　二元经济结构下，土地农用效率最低，农地的边际产出低于工业用地的边际产出和商业用地的边际产出。在巨大利益的诱使下，必然导致农地转为建设用地。政府和农村集体都有转变农地用途的激励，合法的、非法的转变农地用途在各地纷纷出现。地方政府为了发展地方经济纷纷将财源转向土地，征地—卖地、再征地—再卖地成了地方政府的主要预算外财政收入，土地财政依赖度高，导致耕地大量流失，土地利用效率低下等问题。农村集体经济管理者利用手中掌管的土地资源，绕开国家土地用途管制，擅自转变土地用途，将集体土地变为权贵阶层牟利的主要资源。进一步加剧耕地的流失，威胁国家粮食安全，降低土壤产出率。

　　国外发达国家在城市化发展进程中同样经历了大规模的征地过程，并产生了大量失地农民，征地引发了严重的社会问题。这些国家都实行的是土地私有制，这就产生了公权与私权之间的利益均衡问题。西方启蒙运动代表人物卢梭提出的"社会契约论"成为西方国家处理公权与私权关系的原则，使私权得到了尊重和保护。由于土地征收与土地私有权受法律保护

---

　　① 杨代雄：《农村集体土地所有权的程序建构及其限度—关于农村土地物权流转制度的前提性思考》，载《法学论坛》2010年第1期，第42~49页。
　　② 周其仁：《产权与制度变迁－中国改革的经营研究》，北京大学出版社2004年版，第6~14页。

相互冲突，公共利益和私人利益如何协调，引发了土地征收权是否符合宪法精神和是否存在公权滥用等争论。在充分尊重和维护私人财产前提下，国外征地制度在不断地完善和发展。公共利益是土地征收权是否合理的唯一标准，在不损害私人权利的基础上，提供公共利益产品。征地法律法规健全，征地过程公开公正，受到法律监督。

中国征地制度改革之一就是通过立法严格限定征地的公共利益目的，严格控制耕地用途，是防止耕地流失和农地非农化的有力保障。修改《土地管理法》第四十三条中有关建设用地使用规定，废除"任何单位和个人进行建设，需要使用土地的，必须依法申请使用国有土地"和"依法申请使用的国有土地包括国家所有的土地和国家征收的原属于农民集体所有的土地"的规定，修改为"任何单位和个人进行建设，需要使用土地的，通过土地市场获得；公共利益项目建设用地可以通过国家征收农村集体所有的土地获得"。要强调非公共利益的建设用地严禁政府通过征收农村集体所有土地提供，同时需要对公共利益范围进行限定，有利于法律的监管。公共利益范围的限定，要结合我国二元经济的转型发展程度，逐步将征地范围限定在城市公用事业、交通、通信、水利、国防等基础设施建设的公共利益用地。征地权是国家公权，其启用和行使要受到国家法律的严格限制，防止政府滥用国家权力，防止政府公权对土地所有者私权的侵害。征地制度改革的重点是遵循《宪法》原则，使政府逐步退出土地经营者角色，只保留土地管理者角色。

第二节 征地程序法制化

我国现行征地相关法律缺少对征地程序的监管，在地方政府主导的征地过程中，经常发生恶性事件。自 2003 年到 2014 年 8 月，恶性强拆事件一共 182 件，涉及全国 22 个省和 4 个直辖市。其中强拆双方的人员伤亡 484 人，死亡人数 162 人，受伤人数 322 人[①]。征地事件的频发，威胁着社会稳定和政府执行力，需要通过完善相关法律，规范征地行为，使征地真正做到有法可依、有法必依，才能从根本上杜绝此类恶性事件的发生。要做到征地程序法制化就要使征地行为从头到尾都有法律可依，有法律约

---

① 盛洪：《〈土地法律制度的原则框架〉背景说明》，http://blog.caijing.com.cn/person_article-151259-74697.shtml。

束及法律监管。首先要建立征地的审查和听证制度,其次要建立征地的复议和申述制度,赋予被征地主体的法律地位,在法律上保障其合法的权益不受到任何主体的侵害。

一、征地程序法制化的必要性分析

征地制度的健全保障之一是征地法律体系的完善和执行,任何一项经济行为都需要制度保障才能产生其经济和社会价值。征地行为可以看作是政府与农村集体土地所有者之间的土地交易行为,这种土地交易行为有一定的垄断性和非市场性。现行征地制度已成为社会的诟病之处,源于其在执行过程中充满行政化色彩,弱化了法律的地位和作用,没有了法律的监管和约束,征地主体可以最大化自身的征地收益,导致农民的土地私权受到了国家公权的侵害,同时土地权益受损一方由于缺少法律的保障,使得政府在征地过程中无视农民土地权益和农民土地述求。

由于征地程序法律的缺失,地方政府作为征地主体在征地过程中缺少法律的监督和约束,激励了征地主体在征地过程中最大化其征地利益,弱化被征地主体的土地权益和经济利益。地方政府在征地过程中普遍存在滥用征地权、扩大征地规模、占用国家耕地资源等行为。在征地补偿方面,地方政府无视农民的土地权益,违背土地的价值,导致农民土地权益受损,征地双方矛盾激化。同时,现行的征地法律缺少对被征地主体权益保障的法律,当农民土地权益受到地方政府侵害时,没有法律武器来进行维权和申诉,只能采用极端的方式来维护自身权益,加剧了社会矛盾和冲突。因此征地制度改革的方向是征地程序法制化,既包括约束征地主体行为的法律,也包括维护被征地主体权益的法律。通过建立征地的审查和听证制度、征地的复议和申述制度来实现中国征地程序的法律化。

二、建立征地审查和听证制度

现行的《土地管理法》缺少征地的审查和听证制度,农民在征地过程中没有知情权、参与权和话语权。如《土地管理法》第四十六条规定"国家征收土地的,依照法定程序批准后,由县级以上地方人民政府予以公告并组织实施。被征收土地的所有权人、使用权人应当在公告规定期限内,持土地权属证书到当地人民政府土地行政主管部门办理征地补偿登记。"从此条款的规定,依照的法律程序不清,更像是走了个形式而已。

没有具体规定征地事宜的整个程序如何开展；如何保证被征地农民和农村集体组织的土地权益；谁来判定征地行为的合理性与合法性；如何制定征地补偿标准以及征地补偿如何发放等问题。被征地农民只能接受征地主体制定的征地补偿条款并在规定时间内办理土地转让事宜，农民的土地权益没有得到法律的保障。建立征地的审查和听证制度，就是将地方政府的征地行为纳入法律监管体系，严格限定征地的公共利益目的，实现公平补偿。

1. 征地审查制度

征地审查制度主要包括审查征地目的是否符合公共利益、征地补偿标准是否合理。从征地的数量、征地补偿方式、征地的用途、项目建设等方面，判断征地行为的经济效益、社会效益和生态效益，来决定征地的可行性和必要性。征地审查由一个独立的征地审查机构来执行，这个机构必须独立于地方政府，不受地方政府的管辖和制约，对地方政府的征地行为进行客观的审查。征地审查机构通过聘请相关专家组成征地审查小组，为保证审查结果的公正合理，征地审查小组成员必须是独立的第三方，与征地双方有利益关系的人士不能进入审查小组，审查小组对征地审查结果负责，并保留对其的事后追责权。征地审查小组成员构成主要包括：法官、律师、会计师、经济问题专家、环境问题专家、土壤问题专家、农村问题专家等，小组成员的合理构成，可以保障征地审查结果的科学性。

2. 征地听证制度

征地的听证制度是指司法部门召开的与被征土地利益相关人员参与的会议，会议的目的是广泛听取各方利益主体的意见，不仅要重视集体土地所有者的意见，还要关注相邻土地所有者的意见。征地听证会议由司法机构主持，参与人员包括法律代表、征地主体、被征地农民和集体组织、相邻地块农民。征地的听证程序主要包括以下几项：首先由征地主体说明征地的目的和依据、项目建设的用途、项目建设对周边环境的影响等；其次听取被征地主体及土地的相邻主体的意见和利益诉求；最后将征地利益相关者的意见进行集中，对征地补偿有分歧的可以通过协商解决。如果被征地主体对征地补偿标准的审查结果仍然存有异议，可以提出复议和申述。中国现行的征地法律缺少对相邻土地损失给予补偿的规定，而项目建成后往往对相邻土地产生影响，如改变土地形状和面积、改变土地的对外交通、项目排放的废气废渣废水污染相邻土地等。因此征地听证会必须要邀请征地相邻地块主体参与，对相邻土地所有者权益的保障也是征地法制化建设的内容之一。要使征地的听证制度有效,需要赋予农村集体土地所有者和承包者完备的土地产权,征地主体要实行充分的告知权,让被征地主体有时间了解和分析征地行为对其生产、生活产生的影响,充分告知征地的用途、征地的位置、征地数量、征地补偿方式、安置方式,以及项目建成后对当地群众生活和生态环境的影响,让村民拥有知情权和话语权。

三、建立征地复议和申述制度

征地的复议和申述制度可以保障被征地相关主体的基本权利,使其可以通过法律渠道解决征地事件导致的损失。现行的《土地管理法》第六十六条规定"县级以上人民政府土地行政主管部门对违反土地管理法律、法规的行为进行监督检查。"第七十条规定"县级以上人民政府土地行政主管部门在监督检查工作中发现国家工作人员的违法行为,依法应当给予行政处分的,应当依法予以处理;自己无权处理的,应当向同级或者上级人民政府的行政监察机关提出行政处分建议书,有关行政监察机关应当依法予以处理。"同时《土地管理法》中并未就被征地农民的权益保护和法律诉求做出规定,农民缺少法律渠道来维护自身的土地权益。从这些规定可以看出,县级以上人民政府土地行政主管部门既是征地行为的主导者、参与者,又是征地行为的监管者。这种既是运动员又是裁判员的规定,使得地方政府在征地过程中,缺少了法律的监管和约束。地方政府的征地行为没有任何有效的法律监管,必然激励地方政府追求土地利益的最大化,从而弱化了农民的土地权益,导致征地事件的频发。

修改现行《土地管理法》中有关土地检查和法律责任的原有规定,废除有关县级以上人民政府的征地监管权,将征地行为的监督权交予法院。在法律上明确集体土地所有者和集体土地承包者的土地权益,赋予两者完善的土地产权;对征地行为的合法性和科学性可以提出异议,对征地补偿标准提出合理要求;对征地过程中对自身造成的损害可以通过法律途径加以解决。建立征地复议制度,就是保障征地事件各方的合法权益,为其维护自身权益提供法律解决途径。要保证征地复议制度的独立性和法律的权威性,必须明确征地复议机构由第三方执行,不受征地任何一方的影响,才能做出公正的裁决。对征地复议结果不满意的一方,还可以通过法律诉讼来维护自身合法权益。征地申述制度就是征地事件的相关各方对征地复议的结果无法达成一致时,任何一方都可以通过征地申述来表达自己主张,通过司法手段来保障自身利益。但是,提出征地申述的一方,最终都要执行法律的裁决。

通过完善征地制度和征地法律，做到严格控制征地行为，严格控制征地数量，保障被征土地相关权益主体的权益，实现社会效益的最大化。

第三节 征地补偿市场化

征地制度改革既要满足中国公益项目的建设，又要保障失地农民的土地权益。通过立法限定征地的公共利益目的，可以有效保护国家耕地资源，提高土地使用效率。实行征地市场化补偿来保障农民的土地权益，有利于失地农民的自身发展。

一、征地补偿市场化的界定

土地征收是指国家为了公共利益需要，依照法律规定的程序和权限将农民集体所有的土地转化为国有土地，并依法给予被征地的农村集体经济组织和被征地农民合理补偿和妥善安置的法律行为。国家规定对被征土地的农村集体和农民给予合理补偿，就意味着征地也是一种交易，交易双方为国家和农村集体组织，只是这种交易是强制性的，不是平等自愿的。从市场经济角度看征地行为，实质是土地产权和土地使用权的转移问题，即集体土地所有制转为国家所有制、一定年限的土地使用权在所有者和使用者之间转移。任何形式的产权转移都要遵循市场经济的公平原则，现有规定征地补偿标准的行为违背了公平原则，它忽略了土地的区位价值和土地供求规律。

土地数量固定，相对于社会需求而言，土地是稀缺的。土地位置固定，不同位置土地的价值差异较大。土地作为一种特殊商品，具有很高的经济价值。土地具有多种用途，不同用途的经济效益和社会效益不同。一般规律是，商业用地边际产出最高、农业用地边际产出最低，农业用地种植粮食的边际产出低于种植果树和蔬菜土地的边际产出，但是农业用地的生态效益却远远高于其他用途。土地对于农民而言，具有多重价值。现行征地价格仅仅补偿土地的农业生产价值，农地生态价值和社会价值都没有得到补偿。当土地从农业用途转为工业、商业用途时，土地价值发生巨大增值。土地价值随社会发展和人口增长而增值，土地的巨大增值性，激励地方政府扩大征地规模，获取巨额土地收益。

征地的强制性使得土地所有者为了国家公共利益牺牲个人或集体利益，对这种行为国家理应给予公平补偿。征地补偿制度改革是寻求个人利益与公共利益的平衡，法律既要保证私人财产价值，又要保护社会的公共利益。征地行为具有国家强制性但征地补偿要实行市场化，市场化补偿符合公平原则。征地补偿市场化的标准可以借鉴他国的成功经验，如美国《宪法》规定："在没有合理的赔偿下，政府无权征收个人地产和财产"①。政府征地的补偿要反映该土地的公平市场价值而不是全部价值，公平市场价值是理性的买者和卖者在公开公平的市场交易的价格。公平的补偿原则，不考虑所有权人的内在边际价值，而是依据财产的"公平市场价格"②。征地的补偿价值包括被征土地的市场价格，加上土地可预期的未来价值，并给予土地所有者一定的税收优惠。在土地价格信息不充分的情况下，可以参照土地区位价格制定征地补偿价值。政府还要对征地行为给周边土地所有者造成的损坏予以赔偿，如地块变得零碎、建成公共项目的污染等。

二、征地补偿市场化的作用

1. 市场化补偿有利于保障失地农民的土地承包权益

十八届三中全会决定第十一条提出要"完善对被征地农民合理、规范、多元保障机制"，"建立兼顾国家、集体、个人的土地增值收益分配机制，合理提高个人收益"。目前征地补偿标准制定的不科学，补偿金额低，根据调研结果计算，66.6%的失地农民生活质量出现下降③。征地矛盾冲突严重影响社会稳定，也不利于农民自身发展和社会总体发展。《土地管理法》规定：按照被征收土地的原用途给予补偿；土地补偿费和安置补助费的总和不得超过土地被征收前三年平均年产值的30倍。按原用途给予补偿存在不科学性和不合理性，我们都知道土地在不同用途下，其边际产出不同，土地价值存在较大差异。国家征收农民土地用于工业建设和商业用途，土地价值发生巨大增值，土地所有者有权获得土地用途改变的价值。土地农用的边际产出最低，按照原用途给予补偿则失地农民无法享有

---

① 邹卫中：《国外征地制度的发展趋势及其对我国的启示和借鉴》，载《成都理工大学学报（社会科学版）》2006年第3期，第37~42页。
② 张利宾：《美国法律中政府对私人财产的"征收"和补偿》，载《中国律师》2007年第8期。
③ 田旭：《中国城镇化进程中征地收益分配研究》，辽宁大学博士学位论文，2014年。

土地巨额增值收益，其土地权益受到损失。规定土地补偿费的上限，即限定了土地补偿价格，其依据的标准不科学，则计算的补偿金额不能反映土地真实价值。黄小彪（2007）指出采用农地产值倍数法对失地农民进行补偿，实质是以生产资料的使用价值代替生产资料的价值，掩盖了土地作为稀缺资源的增值性，由此计算出的征地价格并不能真正反映土地的市场价格[1]。目前大部分地区采用货币补偿方式，但实际问题是补偿金额低于农民对土地价值的预期，这是导致农民不满的主要原因。货币补偿方式下没有后续的保障机制，当失地农民在几年内花光征地补偿款后，生活就会陷入贫困。从目前征地情况来看，中西部的中小城市，地方政府的财力有限，征收农民土地所给予农民的补偿大都按下限，补偿比较少，失地农民的生活质量下降。

土地作为一种特殊的生产要素，对于农民而言，土地意义重大。一是土地具有生产要素职能，农民通过劳动等要素投入土地，土地可以产生经济效益，为农民带来收入；二是土地具有财产职能，土地具有分割、流转、交易和继承等财产权益；三是土地具有社会保障职能，城市居民没有土地，但是享有国家提供的养老保险等社会保障，农民没有市民待遇，只能依赖土地为其提供失业、养老等社会保障，土地已成为身份的标志。二元经济转型中征地制度改革，其中征地利益调节的关键就是增加失地农民的经济收入，为其提供社会保障，同时改善失地农民的居住环境和生活条件。通过修改《土地管理法》，明确征地的市场化补偿原则，让广大农民了解土地的价值，当农民的土地权益在征地过程中受到侵害时，法律可以提供保障。市场化补偿可以使被征土地价值得以实现，维护了农民的土地权益。

2. 市场化补偿有利于提高土地利用率

征地市场化补偿就是按照被征土地的市场价值补偿给土地所有者，这需要建立土地市场交易信息系统，可以提供相同区位土地成交价格以供参考。考虑到中国目前还没有这种可供参考的土地交易信息系统，可以参照同等区位的土地价格，通过征地双方协商确定征地补偿价格。实行市场化补偿原则提高了征地补偿价格，增加了地方政府的征地成本，降低地方政府的征地收益。征地对地方政府的利益激励下降，当征地变得无利可图

---

[1] 黄小彪：《征地过程中农民权益保障问题的思考》，载《经济体制改革》2007年第4期，第88~91页。

时，地方政府便会减少征地数量，从根本上解决地方政府滥用征地权问题，阻止农地大量流失。另外，征地市场化补偿也使得土地需求者持有土地成本上升，为了降低资金压力，项目建设方必须及时开工建设，那种征而不用、土地闲置的现象将得到有效遏制。

通过征地制度改革，地方政府从土地经营者转变为土地管理者，除了公益项目通过征地外，其他项目都通过土地市场交易，打破地方政府对土地市场的垄断。集体经营性建设用地的需求者既可以是经营性单位组织，也可以是地方政府部门。土地成本的上升压力可以促使政府转变城市发展模式，提高城镇土地的使用效率，提高土地的单位产出和边际产出[1]。对于经营性用地单位，从政府手中拿地和从农村集体组织手中拿地，土地成本不会有太大变化，不会对这部分用地单位的用地成本带来多大变化。对于政府部分用地，市场化补偿原则可以增加其用地成本，征地程序的法制化可以促进地方政府科学制定项目决策，取消社会效益低的项目立项，提高项目建设的社会效益，进而提高了土地的使用效率。

三、征地补偿市场化的实施

1. 立法层面的改革

现行的《土地管理法》第四十七条规定："征收土地的，按照被征收土地的原用途给予补偿。"二元经济结构中，土地的农用边际产出最低，政府征收农村集体土地转为国有建设用地，转变了土地用途，土地价值产生成倍增值。依照这条法律规定，国家按照土地农业用途补偿，剥夺了农民土地发展权收益。同时废除《土地管理法》中规定的征地补偿标准，"征收耕地的补偿费用包括土地补偿费、安置补助费以及地上附着物和青苗的补偿费。征收耕地的土地补偿费，为该耕地被征收前三年平均年产值的六至十倍。征收耕地的安置补助费，按照需要安置的农业人口数计算。需要安置的农业人口数，按照被征收的耕地数量除以征地前被征收单位平均每人占有耕地的数量计算。每一个需要安置的农业人口的安置补助费标准，为该耕地被征收前三年平均年产值的四至六倍。但是，每公顷被征收耕地的安置补助费，最高不得超过被征收前三年平均年产值的十五倍。土

---

[1] 廖长林、高洁：《残缺的农民集体土地产权与征地制度改革》，载《管理世界》2008年第7期，第176~177页。

地补偿费和安置补助费的总和不得超过土地被征收前三年平均年产值的三十倍。"这种规定违背了土地资源价值,剥夺了市场配置土地资源这一有效手段。现行的征地补偿价格远远低于土地的真实价值,过低的征地成本导致大量的农地转为建设用地、被征土地闲置浪费现象严重,威胁着国家的粮食安全。修改《土地管理法》第四十七条有关征地补偿的规定,改为"国家为了公共利益征收土地,参照相同区位土地的市场价值补偿。"同时征地行为会对相邻地块土地价值产生影响,如使周围土地变得零碎,降低了土地规模使用效率;临近建设项目的土地产出率下降等。对这样连带损失,也要在《土地管理法》中明确补偿。增加"由于征地对相邻地块造成损失,政府要按价赔偿。"

2. 二元经济转型时期征地补偿市场化的实施

现行的《土地管理法》中规定,征地农村集体土地按照土地原有用途进行补偿,补偿标准最高不超过前三年土地平均年产值的30倍,这个规定成为地方政府制定征地补偿标准的法律依据。中国东部地区属于经济发达地区,地方经济实力支持了地方政府的高财政收入。而中、西部地区经济发展落后,对土地财政形成高度依赖。地区间经济发展的差异性,很难采取统一的征地价格,只能在有条件的地区按市场价格征地。从制度关联性出发,从征地的低价补偿向市场价格补偿需要一个相关制度安排的健全与完善过程。因此,在中国城镇化发展和二元经济向一元经济转型时期,还不具备在全国范围实施征地市场化补偿的条件。从低价征地到完全按市场价格补偿还需要一个过渡阶段,顺利完成这一过渡,既要深化体制改革,创造实行市场价格补偿的制度条件,又相应提高征地补偿标准,在提高征地成本、弱化地方政府征地动力的同时,缓解征地过程中的利益矛盾。

在实际执行过程中,处于东部沿海地区城市郊区的农村集体土地,地方政府的征收补偿标准已远远超过了《土地管理法》规定的土地平均年产值30倍,这部分地区的农村集体土地所有者获得了高额的征地补偿款。而西部等偏远地区,在征地时往往依据《土地管理法》规定的征地补偿标准,甚至低于国家规定的补偿标准。造成地区间不均衡的征地补偿标准,一是《土地管理法》中的现有规定是计划经济时期制定的征地补偿标准的延续;二是地区经济发展差距造成的土地价值巨大差异。需要制定符合市场经济规律的征地补偿标准和原则,促进中国二元经济转型。市场化补偿就是对征收的农村集体土地给予公平补偿,即对土地所有权进行补偿,还对土地发展权等土地权益进行补偿。中国二元土地所有制下形成二元土地市场和二元土地权益，导致集体土地与国有土地间土地价值的巨大差异、集体土地价值存在长期被低估、集体土地权益受到侵害的事实。征地市场化补偿是消除二元土地所有制下土地权益差异的关键，实现了同地同权、同地同价。在二元经济转型中，地方政府在实际征地补偿实施中，可以参照相同地段土地市场价值确定征地补偿标准，同时赋予被征地农民参与权，参与到征地补偿标准的协商与制定，当双方存在差异可以通过法院委托的第三方独立评估机构制定补偿标准。同时，需要建立和完善土地交易查询系统，可以方便的提供土地参考价格，为征地市场化补偿提供土地价格信息。

3. 征地补偿市场化的完善

征地市场化补偿是在法律上赋予农村集体土地与国有建设用地同等权益，消除农村集体土地与国有土地在权能上存在的制度性差异[①]，符合国家提出的提高农民土地增值收益目标。

征地市场化补偿的实施条件，征地要满足公共利益目的，对土地所有者进行预先告知，给予征地利益主体提出异议的权利和机会。政府要对征收的土地财产进行评估，将评估结果送交被征收方，提出征地补偿金额的初次要约。被征地方不同意政府补偿金额可以提出自己的金额反要约。政府必须召开公开的征地听证会，向社会说明征地的必要性和合理性。被征地方有权对政府的征地行为提出质疑，通过司法手段保护私人财产。如果地方政府与被征地方就财产补偿金额无法达成一致时，法院准许双方分别聘请独立的资产评估机构对土地进行重新评估，并将评估结果交给法院，通过调解使双方达成协议。协议生效后，政府要在 30 天内向被征地方支付土地等财产的补偿金并取得被征土地的所有权。

市场化补偿提高了征地的补偿标准，增加了农民的土地收益。但对于不同区位的土地，土地所有者的征地补偿存在很大差异，需要政府重视偏远地区农民的土地权益的保护。因此，在市场化补偿标准基础上，要实现公平补偿。公平补偿要区分土地价值增值的来源，对于由于土地价值中的社会辐射增值部分通过税收手段进行调节。土地价值中的社会辐射增值部分主要来源于社会投资，包括基础设施投资、工业投资和民生投资等，这些投资带动了地方经济发展，地方经济发展推动了地价的上涨。对于土地增值中的社会辐射增值部分，应该归社会所有，建议对这部分土地增值征

---

① 国务院发展研究中心农村部课题组、叶兴庆、徐小青：《从城乡二元到城乡一体—我国城乡二元体制的突出矛盾与未来走向》，载《管理世界》2014 年第 9 期。

收土地增值税,并用于社会公益事业。

征地市场化补偿款在集体经济组织和土地承包经营者之间进行合理分配,充分保障土地所有者和土地承包经营者的权益。十八届三中全会《决定》第20条指出:"稳定农村土地承包关系并保持长久不变,赋予农民对承包地占有、使用、收益、流转及承包经营权抵押、担保权能,允许农民以承包经营权入股发展农业产业化经营。"土地对于承包经营者而言,其价值主要包括:土地生产价值、土地社会保障价值、土地财产价值等。征地补偿价格分配中要保障农民所拥有的土地权益,征地补偿的80%分配给土地承包经营者。农村集体组织作为土地所有者获得20%的土地补偿款,用于农村公益项目建设和维持集体组织运营成本。

第四节 失地农民安置方式多元化

十八届三中全会决定第十一条提出要"完善对被征地农民合理、规范、多元保障机制",解决征地收益分配不合理的关键是提高征地补偿标准。实行征地市场化补偿兼顾了国家、集体、个人的土地增值收益分配,提高了失地农民的个人收益。国内大部分学者提出提高征地补偿标准,使失地农民得以分享城市化带来的土地增值收益。但是国内各地经济发展情况不同,土地价值差异较大,不宜采用统一规范的征地补偿标准。中国正处在城镇化的快速建设阶段,还需征地来满足大规模的基础设施建设和其他公共物品的供给。土地作为一种特殊的生产要素,对于农民而言,土地具有多重价值功能,农地对于农民的价值主要包括农地生产价值、财产价值、社会保障价值等。随着非农收入的提高,土地的生产要素职能在弱化,土地的社会保障功能凸显出来,土地给农民家庭提供失业和养老等保障。当农民拥有稳定工作,拥有完善社会保障后,就开始注重和关心土地财产功能的实现。因此在二元经济转型期,征地补偿要体现土地对于农民的多重价值,政府为失地农民提供多元化补偿,来解决当前的征地收益分配不合理问题。

通过实地调查研究,农民接受公益目的征地,只是希望提高征地补偿标准。农民对征地补偿方式的选择呈多样化,其中不同年龄、不同受教育程度、不同区域及距离中心城市的距离等因素,对征地补偿方式的选择存在很大差异[①]。不同地区、不同年龄和不同教育程度的农民对不同征地补

---

① 田旭:《中国城镇化进程中征地收益分配研究》,辽宁大学博士学位论文,2014年。

偿方式的偏好不同，如果仅采用一种方式进行补偿，就会降低部分农民的征地效用水平。政府应该为失地农民提供多元补偿方式以供选择。

土地位置决定土地价值，根据对土地与城市距离的聚类分析，针对不同距离的土地采用不同征地补偿方式组合。一是城市近郊：城市近郊土地具有巨大的区位优势，土地价值远远高于其他位置的农地价值。通过调研，这一区域老年农民的养老等社保需求高，可采用货币补偿＋土地换社保的多元补偿模式。城市近郊土地由于受到城市经济发展的辐射而升值，增值与土地位置有关，与农民对土地的投入关系不大。在土地增值税开征之前，不适宜采取市场价格，可采用片区价格补偿。二是远郊地区：远郊土地的区位优势低于近郊土地，土地价格不高，这一区域征地数量不多，主要用于基础设施和工业。远郊的农民多在外打工，留在农村从事农业生产的主要是老人和妇女。土地对于农民具有多重价值，可采用货币补偿＋土地入股的多元补偿模式，同时要提高征地补偿标准，采用片区土地价格进行补偿。三是偏远地区：偏远地区的土地不具备区位优势，土地价格低，这一区域经济发展水平低，征地规模小，同时补偿标准也最低。偏远地区的农民收入水平低，土地是家庭的主要保障。政府可以采用货币补偿＋土地置换＋土地入股的多元补偿模式，由农民根据自身对不同征地补偿方式的价值判断和个人偏好，选择最适合家庭的、补偿度最高的征地补偿方式，最大化家庭土地财产收益。偏远地区财政压力大，会导致政府为了增加地方财政收入而扩大征地规模和压低征地补偿标准等损害农民土地权益。对于偏远地区政府而言最佳的补偿方式是土地置换，但是调查数据显示，偏远地区农民更偏好货币补偿。除了提高征地补偿标准，还要监管土地补偿款是否按时足额发放，对于截留补偿款的单位和个人追究法律责任。

不同征地补偿方式绩效评价指标值之间存在差异。土地入股方式的效益指标和公平指标最高，对于被征地农民而言，可以获得土地的长期增值收益，实现土地经济效益[①]。国家今后应该在全国范围内推广土地入股方式，通过土地增值税调节土地入股收益分配，发展农村工业化、商业化来推动农村城镇化发展。货币补偿方式公平指标远远低于其他补偿方式，在城镇化的快速发展阶段，政府要提高货币补偿标准，能体现土地的多重价值。同时要完善和推广其他补偿方式，政府要加大对土地换社保方式的社保资金投入力度，提供完善的城市基础设施，建立失地农民就业培训机

---

① 田旭：《中国城镇化进程中征地收益分配研究》，辽宁大学博士学位论文，2014年。

制，提高农民自身的发展能力，促使失地农民市民化。对于西部省份可以推广采用土地置换方式，可以减轻地方政府的财政压力，根据土地位置、土地质量，提供不低于被征土地价值的置换土地，保障被征地农民土地权益不受损失。

征地收益合理分配的关键就是保障失地农民的土地收益，为其提供社会保障，同时改善失地农民的居住环境和生活条件。调研结果显示，教育水平的高低决定失地农民未来生活方式和收入来源，提高失地农民素质的最直接有效的方法就是对他们进行针对性的职业技能培训，使他们在短时间内掌握一项谋生技能，增强其就业竞争力[①]。各地政府要因地制宜地提供适合当地的多元征地补偿模式，就征地补偿方式与被征地农民进行协商，尊重和保障农民的土地权益，重视农民的参与权和话语权，使农民根据自身需求，选择最大化个人效益的补偿方式，获得合理的征地收益，以解决征地收益分配的矛盾和冲突，有利于城镇化的健康发展。

第五节 改革建设用地供给制度

现行《土地管理法》第四十三条规定"任何单位和个人进行建设，需要使用土地的，必须依法申请使用国有土地"和"依法申请使用的国有土地包括国家所有的土地和国家征收的原属于农民集体所有的土地"。这就将征地范围扩大到所有建设项目用地，导致地方政府滥用征地权，大量农地转为建设用地，农地流失严重，土地利用效率低。要解决现行征地问题，明确征地目的为公共利益，建立城乡统一的建设用地市场。非盈利项目建设用地可以通过征地提供，任何盈利性建设项目用地都要通过土地市场获取。

一、非盈利性项目建设用地实施征地

征地权是国家公权，其启用和行使要受到国家法律的严格限制，防止政府滥用国家权力，防止政府公权对土地所有者私权的侵害。我国征地制度改革的最终目标是，只有非盈利性项目建设才动用国家征地权征

[①] 高进云、张安录、杨钢桥：《湖北省城镇化地域差异的实证研究》，载《中国人口·资源与环境》2006年第4期，第107~112页。

收集体建设用地。因此法律必须对公益项目进行界定，明确只有符合法律规定的公益项目用地才可以通过征地获取土地。二元经济转型时期，公益项目应该包括：城市基础设施建设、国家水利工程建设、国家防灾防护工程建设、基本农田水利建设、国防工程建设、国家政权运转所需工程建设、基本教育和基本医疗建设等。非盈利性项目属于公共物品，公共物品在消费中具有非排他性和非竞争性，既不能阻止某人从中获益，也不能减少其他人可消费的数量。对于在消费时没有竞争性的公共物品而言，任何人都可以想消费多少就消费多少，没有人会从这种受益中被排除在外，也就没有人愿意支付费用。如果每个人都这样想，提供公共物品的私人企业就不会有收入，也就不会提供。公共物品在使用上容易出现"搭便车"现象，即某人从公共物品或服务中收益，却没有为此支付一定的费用，人们可以在不减少他人快乐的同时享受某种产品或服务。"搭便车"问题使得一个自发的私人市场将提供极少量的公共物品，产生了一个典型的市场失灵的情形，公共物品的非竞争性导致了私人部门的低效率，使得私人部门不愿意提供公共产品，导致公共物品供给无法满足社会需求。

非盈利性项目建设对于社会和个人都具有重要意义，其缺乏会损害国家经济运行效率，甚至使整个经济体系无法正常运转。非盈利性项目中的基础教育可以提高国民素质，国民素质的提升可以改变国家发展模式、提升产业结构；通过提供医疗卫生服务，可以延长国民寿命，改善国民体质，提升幸福指数；通过提供农业基础设施，可以降低农业对环境的依赖，实现农业的稳产和高产，增加农民农业收入；增加城市基础设施建设，可以改善城市交通状况，改善城市环境，吸引投资，增加就业，改善城市居民生活条件等；国防、军队等建设是维护国家领土安全和主权完整的主要保障。这些非盈利性项目建设关系到整个社会的发展、城镇化建设和居民生存。由于其公共物品的属性，一方面私人不愿意提供；另一方面，私人提供公共物品的效率低，带来社会福利损失。公共物品供给存在市场失灵，即社会需求大于社会供给，需要国家生产才能满足社会需求，公共物品的属性决定其必须由国家生产，提供公共物品所需土地需要征地来满足。

非盈利性项目建设具有很高的社会效益，为了满足国家对这类项目的需求，保障非盈利性项目的顺利建设，土地供给可以通过市场获取，如果土地市场无法满足项目的建设用地需求，就必须动用国家征地权，被征土地所有者有义务配合国家建设需要，转让自己土地。

未来我国征地的主要来源应该限定在农村集体建设用地，国家要严格实行耕地保护政策，通过法律法规保障国家粮食安全。农用地具有多种用途和多种效用，存在很高的正外部性，如可以改善生态环境、涵养水分、粮食安全、维持生物多样性等社会效益。要守住耕地红线，18亿亩即是数量也是质量。按照促进生产空间集约高效、生活空间宜居适度、生态空间山清水秀的总体要求，形成生产、生活、生态空间的合理结构。减少工业用地，适当增加生活用地特别是居住用地，切实保护耕地、园地、菜地等农业空间，划定生态红线。按照守住底线、试点先行的原则稳步推进土地制度改革。2013年12月12日中央城镇化工作会议指明了我国城市化发展方向，今后要加强土地集约利用，提高土地利用效率，杜绝目前的土地资源浪费等现象。土地是稀缺资源，是一切社会活动的载体，通过征地制度改革，明确征地范围，注重土地生态环境功能，发挥土地休闲功能和休闲价值。

二、盈利性项目建设用地市场化

盈利性项目是指建设项目目的是为了获取项目投产后带来的收益，盈利性项目与非盈利性项目是相对的。即除了非盈利性项目外，其他的建设项目都属于盈利性项目。盈利性项目建设数量多，占建设项目的绝大部分，其对土地需求巨大。盈利性项目的投资决策主要通过成本—收益的分析法，预测项目的预期收益，作为项目建设的依据。目前，大部分盈利性建设项目用地通过征地方式提供，占用了大量农地。其中工业项目建设用地，地方政府往往采用土地成本价转让给土地需求者，地方政府这么做的目的是为了招商引资，获取工业项目的未来税收收入和增加当地就业岗位。对于拿地的工业企业而言，土地价格低，持有土地的时间成本低，各地的开发区都普遍存在企业延迟投资建设、土地征而不用等现象，大量土地闲置，土地利用率低。通过修改《土地管理法》，明确"营利性项目建设用地不再通过政府征地提供，只能通过统一城乡的建设用地市场获得项目建设用地。"土地市场上交易的土地将主要是存量土地，包括国有建设用地和农村集体经营性建设用地。对于农村集体经营性建设用地，在符合土地利用规划和土地用途管制前提下可以入市交易，农民成为农村集体土地使用权的交易主体。政府要逐步退出土地经营者角色，只保留土地管理者角色。打破政府对土地一级市场的垄断，逐步退出盈利性项目的土地供给，盈利性项目用地不再征地，通过市场配置可以提高土地利用集约化程度。集体建设用地入市交易将改变城市现有存量土地的使用结构，降低工业用地比例，提高商业和住宅用地比例。土地配置结构的变化带动城镇化发展方式的转型，使城市从以工业和住宅用地主导型进入以商业和基础设施为主导的发展阶段，提升土地的利用效率，提高土地边际产出。

盈利性建设用地市场化，需要构建统一城乡的土地市场，建立完善的土地市场交易制度，赋予国有建设用地和农村集体经营性建设用地同等权利，实现同地同价。早在十七届三中全会决定中就已提出"逐步建立城乡统一的建设用地市场，对依法取得的农村集体经营性建设用地，必须通过统一有形的土地市场，以公开规范的方式转让土地使用权，在符合规划的前提下与国有土地享有平等权益"。十八届三中全会决定中进一步提出："建立城乡统一的建设用地市场。在符合规划和用途管制前提下，允许农村集体经营性建设用地出让、租赁、入股，实行与国有土地同等入市、同权同价。"完善集体经营性建设用地市场化的制度建设，明确集体土地产权的法律内涵，国家出台土地规划法律法规明确集体经营性建设用地的土地利用规划和用途管制，完善政府土地管理职能，设计有效的税收制度约束土地交易双方的行为和收益等。农村集体在符合城乡规划和土地用途管制的条件下自行设定建设用地使用权的权利，允许集体建设用地使用权自主平等地进入市场。政府的角色发生改变，从土地的供给者变为土地的管理者，可以通过土地利用规划和土地用途管制对土地市场规模和土地使用进行科学规划和管理，提高土地利用的科学性和效益性。对土地交易双方的交易行为征税，既可以增加地方政府的土地相关税收收入，又可以降低和减少目前政府在征地和卖地环节中的经济腐败现象，有利于土地市场的完善和发展。

国家要严格控制新增农村集体经营性建设用地，严格审批农地和农村非经营性建设用地转为经营性建设用地。如果一旦放开的话，在建设用地巨大价值的诱使下，大量农地就会被非法转为建设用地，位于城市规划区的农村经营性建设用地可以获取巨额土地增值收益，就会滋生一个土地食利阶层，对于边远地区农民而言，存在土地收益不公平。对于特定历史条件下形成的农村集体经营性建设用地，可在城市建设用地二级市场上与国有建设用地同等入市，实现土地同权同价。

在符合国家土地利用规划、土地用途管制的基础上，要把更多的非农建设用地直接留给农民集体开发，让农民以土地作为资本直接参与工业化和城镇化，分享土地增值收益。从土地利用结构分析，我国城乡建设用地占国土面积的 2.3%，其中的 81% 为农村集体建设用地，截至 2013 年，农村集体建设用地约为 2.5 亿亩。农村集体经营性建设用地入市交易将缓解城市土地指标的约束，有助于提升土地使用的经济效率；改变城市存量土地的使用结构，增加商业用地供给比例，带动城市的转型，使中国土地城镇化从数量扩张过渡到效率扩张。

地方政府从土地经营者转变为土地管理者，除了公益项目通过征地外，其他项目都通过土地市场交易，打破了地方政府对土地市场的垄断。集体经营性建设用地的需求者既可以是经营性单位组织，也可以是地方政府部门。土地成本的上升压力可以促使政府转变城市发展模式，提高城镇土地的使用效率，提高土地的单位产出和边际产出[1]。对于经营性用地单位，从政府手中拿地和从农村集体组织手中拿地，土地成本不会有太大变化，不会对这部分用地单位的用地成本带来多大变化。集体建设用地入市交易将改变城市现有存量土地的使用结构，降低工业用地比例，提高住宅及商业用地比例。土地配置结构的变化带动城镇化发展方式的转型，使城市从以工业用地主导型进入以住宅、商业和基础设施为主导的发展阶段，以降低城镇化发展成本，提升土地的利用效率和土地边际产出。

第六节 改革土地财政制度

一、土地财政制度改革的必要性分析

土地财政包含两部分。一是与土地有关的税收，如耕地占用税、房地产和建筑业等的营业税、土地增值税，等等。目前地方政府重点征收的是房地产税和建筑税，高的已达到地方税收收入的百分之三四十。二是与土地有关的政府非税收入，如土地租金、土地出让金、新增建设用地有偿使用费、耕地开垦费、新菜地建设基金，等等。随着分税制改革的推行，地方税收收入比重日趋下降。同时，随着中央政府事权的下放，土地作为地方政府可以自由支配的经济资源，成为地方政府财政收入最有力的保障，

---

[1] 廖长林、高洁：《残缺的农民集体土地产权与征地制度改革》，载《管理世界》2008 年第 7 期，第 176~177 页。

很多地方政府围绕土地来提高财政收入。目前地方政府看重的主要是土地出让金，出让金占地方财政预算内收入的比重，已达百分之四五十，少数地方甚至超过预算内收入。

以上两部分收入有内在的联系，地方政府出让土地获得非税收入出让金，获得土地的企业对土地进行开发经营，又使地方政府获得更多的与房产有关的税收收入。对地方政府来说，这似乎是个良性循环，源头是出让土地使用权。显然，要维持这个循环，就必须不断地出让土地，否则就要中断循环。而要不断出让土地，就要不断地征收农民的集体土地。可见，土地财政机制是土地扩张与征占的机制。土地财政制度导致地方政府滥用征地权，大量征占农村土地，土地闲置浪费情况严重，威胁到国家粮食安全。地方政府转让征收的土地使用权时，一次性的收取土地使用租金，导致下届政府无法获得转让土地的剩余租金，只能继续征地卖地。土地财政不具有可持续性，同时土地财政资金的管理和使用缺少法律监管，存在行政腐败风险。过度的土地财政依赖还会产生财政风险、社会风险和过度投资风险等。土地财政会诱发官员贪污腐败，地方官员与开发商合谋，压低征地补偿标准，侵害农民的土地权益，导致征地恶性事件的发生。通过改革土地财政制度，是化解土地财政风险，解决二元经济转型中征地问题的关键之一。

二、取消土地出让金制度

根据国内学者研究，土地出让金分为狭义和广义两种解释。狭义土地出让金即地方政府通过土地"招拍挂"的出让方式，获取以土地转让收入。广义土地出让金是地方政府运作和经营土地而获得与土地相关的收益。本书研究的土地出让金为狭义的土地出让金，仅仅指政府出让土地收入。

1. 取消土地出让金制度的必要性分析

随着中国建设用地需求增长，土地出让金收入连年增长，占地方财政收入比重持续上升。到了 2013 年，全国土地出让金高达 39073 亿元，占地方财政比重为 46.00%；其中 2010 年，占地方财政比重最高，为 69.43%。见表 7.1 所示。土地出让金成为地方政府的预算外主要财政收入来源，导致过度的土地财政依赖。

表 7.1　　2002~2013 年全国土地出让金及其占地方财政收入比重

年份	土地出让金收入（亿元）	占地方财政比重（%）	年份	土地出让金收入（亿元）	占地方财政比重（%）
2002	2416.79	28.4	2008	10375.00	36.22
2003	5385.11	54.7	2009	15910.20	48.83
2004	5894.14	49.6	2010	28197.70	69.43
2005	5505.15	36.5	2011	31500.00	60.07
2006	7676.89	41.9	2012	26900.00	44.04
2007	11947.95	50.70	2013	39073.00	46.00

资料来源：唐在富：《中国土地制度创新与土地财税体制重构》，经济科学出版社 2008 年版，第 159 页；黄国龙，蔡佳红：《土地财政的分税制根源及其对策》，载《宏观经济研究》2013 年第 6 期，第 3~8 页；《2013 年土地出让金 3.9 万亿："超收"五成》，http：//www.yicai.com/news/2014/07/3992325.html。

土地出让金成为地方政府的主要收入来源，加之国家对土地出让金的使用和管理不严，巨额的土地出让金成了地方政府行政腐败的高发区。土地的巨额收益，地方政府纷纷依赖征地卖地获得巨额土地出让金，土地出让金占地方财政比重 50% 左右，经济欠发达地区的土地出让金收入占地方财政比重更高，形成对土地财政的高度依赖。土地财政不具有可持续性，这种通过一次性收取未来数十年土地租金的做法，无异于寅吃卯粮。下届政府只能通过继续征地卖地来获取发展建设资金，如此恶性循环，导致大量耕地流失、土地浪费闲置，直接威胁国家粮食安全和经济的可持续发展。地方政府对土地出让金的高度依赖，说明土地是地方政府手中最重要的资本要素，通过征地制度改革，可以设计新的土地相关税种来取代土地出让金，既要保障地方政府发展地方经济的资金需要，又要合理调节特殊区位的土地暴利，缩小土地区位之间的收益差距。

2. 取消土地出让金制度的措施

第一，建立财权与事权相匹配的财税体制。1994 年分税制改革以来，税收收入向中央集中，地方政府税收收入明显下降（见表 7.2）。中央政府将大量经济建设任务落到地方政府，地方政府财政支出比例逐年提升（见表 7.3）。财权和事权失衡致使地方政府没有足够的财力提供公共物品，财力不足难以完成上级任务，地方政府尤其是县级政府普遍存在"财政饥渴"，地方政府都有扩大财政收入的动机。事权的下放是导致预算外财政收入急剧扩张的重要原因之一，中央通过转移支付增加地方的预算内收入,土地财政就成为增加地方政府预算外收入的主要来源①。只有改革现行的财税制度,建立财权与事权相匹配的财税体制,才能有效解决土地财政问题。

表7.2　　　　　　　　　中央和地方财政收入及比重

年份	财政总收入（亿元）	中央（亿元）	地方（亿元）	比重（%）中央	比重（%）地方
1978	1132.26	175.77	956.49	15.5	84.5
1980	1159.93	284.45	875.48	24.5	75.5
1985	2004.82	769.63	1235.19	38.4	61.6
1990	2937.10	992.42	1944.68	33.8	66.2
1993	4348.95	957.51	3391.44	22.0	78.0
1994	5218.10	2906.50	2311.60	55.7	44.3
1997	8651.14	4226.92	4424.22	48.9	51.1
2000	13395.23	6989.17	6406.06	52.2	47.8
2001	16386.04	8582.74	7803.30	52.4	47.6
2002	18903.64	10388.64	8515.00	55.0	45.0
2003	21715.25	11865.27	9849.98	54.6	45.4
2004	26396.47	14503.10	11893.37	54.9	45.1
2005	31649.29	16548.53	15100.76	52.3	47.7
2006	38760.20	20456.62	18303.58	52.8	47.2
2007	51321.78	27749.16	23572.62	54.1	45.9
2008	61330.35	32680.56	28649.79	53.3	46.7
2009	68518.30	35915.71	32602.59	52.4	47.6
2010	83101.51	42488.47	40613.04	51.1	48.9
2011	103874.43	51327.32	52547.11	49.4	50.6
2012	117253.52	56175.23	61078.29	47.9	52.1
2013	129143.00	60174.00	68969.00	46.6	53.4

注：①中央、地方财政收入均为本级收入；
②本表数字不包括国内外债务收入。
数据来源：2013中国统计年鉴和中华人民共和国财政部统计数据计算；《2012年财政收支情况》，http://gks.mof.gov.cn/zhengfuxinxi/tongjishuju/201301/t20130122_729462.html;《2013年财政收支情况》，http://gks.mof.gov.cn/zhengfuxinxi/tongjishuju/201401/t20140123_1038541.html。

---

① 傅勇:《中国式分权与地方政府行为：探索转变发展模式的制度性框架》，复旦大学出版社2010年版，第96、107页。

表 7.3　　　　　　　　中央和地方财政支出及比重

年份	财政总支出（亿元）	中央（亿元）	地方（亿元）	比重（%）中央	比重（%）地方
1978	1122.09	532.12	589.97	47.4	52.6
1980	1228.83	666.81	562.02	54.3	45.7
1985	2004.25	795.25	1209.00	39.7	60.3
1990	3083.59	1004.47	2079.12	32.6	67.4
1993	4642.30	1312.06	3330.24	28.3	71.7
1994	5792.62	1754.43	4038.19	30.3	69.7
1997	9233.56	2532.50	6701.06	27.4	72.6
2000	15886.50	5519.85	10366.65	34.7	65.3
2001	18902.58	5768.02	13134.56	30.5	69.5
2002	22053.15	6771.70	15281.45	30.7	69.3
2003	24649.95	7420.10	17229.85	30.1	69.9
2004	28486.89	7894.08	20592.81	27.7	72.3
2005	33930.28	8775.97	25154.31	25.9	74.1
2006	40422.73	9991.40	30431.33	24.7	75.3
2007	49781.35	11442.06	38339.29	23.0	77.0
2008	62592.66	13344.17	49248.49	21.3	78.7
2009	76299.93	15255.79	61044.14	20.0	80.0
2010	89874.16	15989.73	73884.43	17.8	82.2
2011	109247.79	16514.11	92733.68	15.1	84.9
2012	125952.97	18764.63	107188.34	14.9	85.1
2013	139744.00	20472.00	119272.00	14.6	85.4

注：①中央、地方财政支出均为本级支出；
②本表数字 2000 年以前不包括国内外债务还本付息支出和利用国外借款收入安排的基本建设支出。从 2000 年起，全国财政支出和中央财政支出中包括国内外债务付息支出。
数据来源：2013 中国统计年鉴和中华人民共和国财政部统计数据计算。《2012 年财政收支情况》，http：//gks.mof.gov.cn/zhengfuxinxi/tongjishuju/201301/t20130122_729462.html；《2013 年财政收支情况》，http：//gks.mof.gov.cn/zhengfuxinxi/tongjishuju/201401/t20140123_1038541.Html。

建立财权和事权相匹配的财税体制，合理划分中央和各级地方政府的财权事权，使财权事权能够相统一，各级政府的财力和它要办的事情相匹配。调整中央政府和地方政府支出责任，适当增加中央政府的支出责任，把地方政府承担的部分社会保障责任上划到中央。社会保障应该在全社会进行调节，通过逐步向省级统筹过渡，逐步过渡到全国统筹。增加地方政府财权，从间接税为主过渡到直接税为主，这样可以稳定地方财税收入，因为地方实行财产税和所得税为主的直接税体系与地方人口、厂房、居民住宅相联系作为税收基数，这有利于稳定地方的财政收入[①]。

通过改革土地供给制度，盈利性建设项目用地通过土地市场交易获得，政府不再通过"招拍挂"方式提供此类土地供给，从而降低土地出让金收入。对于非盈利性项目建设用地还可以通过政府征地供给，由于此类项目具有公共物品属性，其需求土地采用国家划拨形式供给。通过这样的土地供给制度改革，可以从根本上改变地方政府对土地财政的依赖，化解土地财政的风险。但是土地财政制度改革成功的关键，是要为地方政府建立起土地财政的替代财政收入，才能满足地方政府发展经济、解决就业等资金需求。我国目前的土地财政主要通过出让新增建设用地来获取土地收益，主要依赖土地的增量，而市场化程度高的国家土地税收主要来至土地的保有环节。土地财政的改革应逐步地由土地出让收入为主转向土地出让收入和土地税收收入两者并行税收体系，从流通环节征税转为保有环节征税。我国2001~2012年土地税收占地方财政收入的比例最高也就是16.6%，全部土地税收占全国GDP的比例平均为1%[②]。这一比例远远低于发达国家水平，我国与土地相关的税收收入具有较大的增长空间。

我国城镇化发展带动土地价格上涨，土地的增值主要来自社会发展等外部辐射效益，而非土地使用者对土地的投入，应该对这部分土地增值收益进行调整，征收土地增值税是合理的、必要的。随着我国住宅面积和房价的稳步增长，未来房产税将逐渐成为地方财政的主要税种。通过开征房产税，改革土地增值税的征收范围和征收比例，增加土地税收收入，使预算外的土地出让金转为预算内的土地税收，降低地方政府对土地财政的依赖。在允许集体经营性建设用地入市交易的同时，地方政府可以通过对土地交易环节征税，为城市基础设施建设筹集资金。同时中央要明确规定房产税、土地增值税等为地方政府的财政收入，降低预算外的土地出让金收入，增加预算内的土地税收收入，提高地方财政的透明度，有利于规范地方财政支出，促进城镇化健康发展。

第二，完善对地方政府官员的政绩考核机制。地方政府官员在现行的考核机制下追求GDP、投资等数量指标，导致官员普遍重视短期效益。各地政府为了招商引资，对工业项目提供低价土地或零地价土地，导致工业产能过剩。为了弥补工业用地的收益损失，压低居住类土地供给数量，抬高土地价格，导致城市房价居高不下。

[①] 《财税体制改革新动向：地方政府事权或上移》，http://www.nbd.com.cn/articles/2013-09-09/772024.html。

[②] 刘立峰：《土地财政仍是经济增长的重要依托》，载《中国经济时报》2013年9月26日。

改革官员绩效考核制度，实现从重视数量到重视质量、重视形式到重视内涵的考核方式改革。减少 GDP 等数量指标的考核比重，增加社会效益和社会公平等质量型考核指标，注重百姓的生活质量和生态环境等指标考核，从而扭转地方政府对土地财政的高度依赖。建立地方官员任期的稳定性机制，保持地方政策执行的持续性和长期性，以降低官员行为短期化倾向。通过发展基础产业和新型产业来增加就业和促进经济增长，从而减小土地财政带来的社会问题。中央要加强土地违法行为的查处力度，强化土地出让金管理，将土地出让金纳入政府预算内统一管理①。完善发展成果考核评价体系，纠正单纯以经济增长速度评定政绩的偏向，加大资源消耗、环境损害、生态效益、产能过剩、科技创新、安全生产、新增债务等指标的权重，使地方官员更加重视劳动就业、居民收入、社会保障、人民健康状况。

为了有效控制城市用地向外无限地扩张，设定城市发展边界，明确了城市发展的最终边界②。城市发展边界受到法律保护，通过在城市周边设立城市发展边界来控制城市扩张对农地的需求，城市发展边界可随着社会发展的需求向外移动。只有当现有边界内存量土地不能满足社会经济发展所产生的就业和住宅用地需求时，才会考虑扩大城市发展边界③。同时通过法律程序明确扩大城市边界的审核过程，防止侵占农村用地。

通过增加地方政府的土地税收收入，降低了政府对土地出让金的依赖，征地规模得到控制。逐步将征地范围限定在城市公用事业、交通、通信、水利、国防等基础设施建设用地。农村经营性建设用地市场化可以提高农民的土地收益，政府可以征收土地增值税来替代土地出让金。征地范围的缩小减少了政府征地收益，降低了政府征地的热情，征地规模下降，耕地资源得到保护。通过增加预算内的土地税收收入替代预算外的土地出让金，实现地方财政收入的合理结构。

三、完善土地增值税的征收与使用

根据十八届三中全会《决定》：建立城乡统一的建设用地市场，在符

---

① 刘佳、吴建南、马亮：《地方政府官员晋升与土地财政—基于中国地市级面板数据的实证分析》，载《公共管理学报》2012 年第 4 期，第 11～25 页。

② 赵尚朴：《城市土地使用制度研究》，中国城市出版社 1996 年版；[美] 丹尼斯·迪帕斯奎尔（Denise Dipasquale）、威廉·C·惠顿（William C. Wheaton）：《城市经济学与房地产市场》，经济科学出版社 2002 年版。

③ [美] Levy J：《现代城市规划》，中国人民大学出版社，2003 年版。

合规划和用途管制前提下,允许农村集体经营性建设用地出让、租赁、入股,实行与国有土地同等入市、同权同价。通过征地制度改革,今后盈利性项目建设用地只能通过土地市场交易获得。中国要尽快建立统一城乡的土地市场,这意味着这部分土地可以进入城市土地二级市场,实现与国有建设用地同权同价。这部分土地市场化交易一旦放开,就会产生出巨大的土地收益,政府必须对这部分土地收益进行调节,建立与现代社会发展相适应的土地财产税制度,建立土地价值评估体系,将土地税收计征重点从流转环节转向保有环节,实施从价计征。

1. 土地增值税的征收对象

对交易土地的增值部分征税,包括土地一级市场和土地二级市场的交易土地增值部分。土地一级市场即征地市场,征地主体为地方政府和农村集体土地所有者与承包经营者。征地制度的改革,要求征地实行市场化补偿,市场化补偿参照同等区位的土地市场交易价格,补偿给土地所有者。由于土地用途的改变,土地价值发生巨大增值,土地增值中的巨大部分来自于社会经济发展的辐射,对土地增值中的社会辐射增值部分征收土地增值税。由于这部分增值的数值没有计算的标准,难以衡量其价值,但是作为土地增值税的征收基础,需要科学的计算其税基。采用估计法,以地区的经济增长比例作为依据,计算土地总价中社会辐射增值部分。

土地二级市场,即土地供给者和土地需求者按照土地市场价值进行土地交易的市场。土地市场价值是土地交易双方根据土地价值协商确定的成交价格,是最能代表土地的价值,是土地价值的充分实现。因此土地二级市场的土地价格要高于土地一级市场的土地价格,土地通过二级市场交易实现增值。土地二级市场交易的土地包括国有建设用地和农村集体经营性建设用地;土地供给者包括国有建设用地的所有者、国有建设用地使用权拥有者、农村集体经营性建设用地所有者;土地需求者包括法人和自然人。对土地二级市场进行征税是对成交土地价格的增值部分征收土地增值税,通过税收将土地增值中的社会辐射增值部分用于社会公共事业发展。

2. 土地增值税的征收比例

第一,土地一级市场土地增值税的征收比例。土地增值税的征收比例按照土地不同区位实行累进制。土地一级市场成交的土地,分为一类城市郊区土地、二类城市郊区土地、三类城市郊区土地、县城周边土地和偏远地区土地。三类城市分类标准可以采用房地产市场的分类标准;一类城市即一线城市，北京、上海、天津、广州、深圳；二类城市即省会和计划单列市；三类城市即三线城市。这种分类标准反映了不同分类城市地价和房价的水平和差额，可以作为土地一级市场价格参照标准，作为征收土地增值税的依据科学合理。

一类城市郊区土地，土地增值税的征收比例为50%~60%。因为这类城市郊区土地价值最高，但与农民的土地投资和改良土壤关系低，主要是由于其所处的有利位置，受到城市经济发展、周围交通基础设施建设和城市规划等原因土地产生巨大增值。这部分增值如果归土地所有者，一是产生土地食利阶层（土地暴力阶层），其财富与其劳动无关，只是因为土地位置，因而一夜暴富、因地暴富，这种不劳而获与国家倡导的劳动致富的观念相违背，容易滋生赌博等危害社会等行为；二是对于位于其他区位土地所有者而言，土地的巨大价值差额存在很大的社会不公。因此，对此类土地征收高额的土地增值税，用于调节土地价值分配，缩小土地收入差额，做到公平合理。

二类城市郊区土地，这类地区的土地价值低于一类地区、高于其他地区，其土地价值更多来自社会发展辐射，同一类地区土地增值原因相同。土地增值税的征收比例要低于一类地区，征收比例为40%~50%。

三类城市郊区土地，这类地区的土地价值在城市郊区土地中最低，但高于县城土地价值，位于西部等贫困地区的这类土地，价值低于其他地区土地价值。对于这类地区土地增值税的税率设计，要考虑不同地区经济发展程度与差异，合理增收土地增值税。这类土地增值税的征收比例为10%~40%。

县级城市周围土地的价值差额较大，东部发达地区县城周围土地价值很高，这与当地经济发展水平成正比，甚至高于中西部三类城市郊区土地价值。对于县城周围土地可以按东、中、西部划分，可以反映地区经济发展水平，制定不同档次的土地增值税率，税率为10%~40%。

对于偏远地区土地，公共利益项目建设需要征收农村集体土地时，参照土地区位价值补偿，其补偿标准也低于其他地区土地价值，因此对此类土地不征收土地增值税。

第二，土地二级市场土地增值税的征收比例。土地二级市场，即统一城乡的土地市场，土地增值税既是对土地交易过程中的增值部分进行征收，可率先对集体建设用地、储备土地和囤积土地征收土地增值税。农村集体经营性建设用地入市交易，改变了土地用途，土地价值得到实现，农村集体土地所有者将获得巨大的土地增值收益。农村集体经营性建设用地入市交易的巨大收益，主要来源于土地的区位优势和土地规划，集体经营性建设用地多处于东部沿海经济发达地区的城市郊区，处于城市规划区内，地理位置优越。因此，其土地增值收益与土地所有者投入无关，得益于城市规划和城市发展。通过设计土地增值税，调节农村集体经营性建设用地的巨额收益，既可以稳定土地价格，又可以增加地方政府财政收入。对土地二级市场成交的土地，征收土地增值税，根据土地增值额采用累进税制，征收比例设计为30%~60%。可以参照现行的土地增值税的征收税率，增值额未超过扣除项目金额50%的部分，税率为30%；增值额超过扣除项目金额50%、未超过扣除项目金额100%的部分，税率为40%；增值额超过扣除项目金额100%、未超过扣除项目金额200%的部分，税率为50%；增值额超过扣除项目金额200%的部分，税率为60%。

3. 土地增值税的使用与管理

土地增值税的征收，一是用来调节土地所有者间的土地区位价值差异，缩小不同位置土地所有者收入差距；二是通过调节土地交易，促进土地市场的完善和发展；三是增加地方财政收入，替代土地出让金，弥补取消土地出让金对地方政府财政收入的影响，保障地方政府地方发展建设的有序进行。土地增值税属于地方政府财政收入，要纳入国家财政统一管理。一要明确规定其使用范围，土地增值税主要用于弥补地方政府的土地出让金收入，其使用主要用于地方基础设施建设、征地和拆迁补偿支出、土地开发支出、支农支出和其他支出。二是土地增值税提取和使用要程序化、法制化，降低地方政府任意支取土地增值税的违法行为，保障土地增值税的资金安全。土地增值税属于预算内的财政收入，其管理和使用要严格按照相关法律和程序执行，控制资金的使用范围，可以有效杜绝发生土地出让金使用中存在的问题，防止资金流失与浪费。

第八章

二元经济转型中土地流转制度改革

通过第五章的分析,我们已经清楚现阶段农村土地制度存在的缺陷,这种缺陷不仅加大了城乡发展的收入差距,阻碍了农业转移人口市民化进程,而且降低了农业生产效率,影响了粮食安全,从而进一步阻碍了我国城乡二元经济转型。所以本章主要围绕农村土地流转制度改革,研究农村土地流转存在的主要问题,提出完善土地流转制度改革的具体措施,为我国城乡二元经济结构转换创造良好的土地制度环境,从而加快实现我国城乡二元经济转型,实现城乡统筹,促进农村经济繁荣发展,真正有效解决我国"三农"问题。

第一节 保障农民的土地承包经营权,完善土地流转制度

从20世纪90年代以后,随着我国快速推进工业化、城市化的进程,以家庭联产承包责任制为主的农村土地制度越来越不适应农村生产力的发展,局限性逐渐显现出来,其直接表现就是没有增加农民收入,导致城乡居民收入差距不断扩大,阻碍了农村经济发展。为此,国家开始探索以土地承包经营权流转为开端的农村土地制度改革。

尽管近几年,随着工业化、城镇化进程的加快,农业劳动力转移的数量与年俱增,土地流转的面积也伴随着国家先后出台的相关政策逐年扩大,尤其是在一些经济比较发达的地区,农村土地流转规模有所扩大,速度有所加快,但是土地流转的面积占家庭承包耕地总面积的比重依然很低,政策的实施效果并没有达到政策制定的初衷,农村仍然没有摆脱分散化的小规模兼业经营模式,农业生产率极低。加之我国目前农村土地产权

关系不明晰，不仅阻碍了农村土地流转与适度规模经营，也使农民土地流转权益受到多方面侵害。所以在国家推行土地流转制度改革的过程中，首先要确保农民的权益不受侵害，那么必须弱化土地所有权，强化农民的土地承包经营权，建立完善的土地登记制度，不断完善农村土地流转制度。

一、强化土地承包经营权

家庭联产承包经营责任制的实施实现了我国农村土地使用权与所有权的分离，我国《宪法》《土地承包法》等法律也规定了农民集体是农村土地的所有者，但是在现实中农村集体这一主体地位常常处于虚置的状态，所以农地的产权主体地位也处于虚置状态。《物权法》虽然明确将土地承包经营权纳入其内容之中，但土地承包经营权的物权性质在法律体系和现实操作中并未完全得到体现。由于现行法律和现实操作中，土地承包经营权不能用于抵押，使得土地承包经营权是一种残缺的土地使用权，更是一种权能残缺的用益物权。十七届三中全会通过的《中共中央关于推进农村改革发展若干重大问题的决定》提出"土地承包关系要保持稳定并长久不变"，但这尚未在现行法律中得到明确界定，也未在现实操作中得到具体体现。对于农村土地流转的很多细节，现行法规、政策也未能做出清晰具体的规定，现有的规定过于笼统，缺乏可操作性。相反，有法不依和执法不严的现实问题，使得中央屡屡发文的相关政策在实践中得不到执行，法律的相关规定在实践中缺乏规范约束，对土地承包经营权实际操作的灵活性很大，违规的惩罚力度很小，土地承包关系不稳定是长期存在的事实。

强化土地承包经营权最主要的是应该给予农民长期并且有保障的土地使用权，还拥有部分对土地使用权的处置权利以及收益的权利，唯有这样才能让农民拥有承包地的权能更加完整充分，从而有利于进一步完善农民同土地的关系，有利于维护农民土地权益，有利于保护农民的土地使用权及完善农民的用益物权，有利于扩展农地的生产经营功能，有利于促进农业农村发展。赋予农民拥有更多的土地使用权能，具体应包括：农民享有对承包地的实际控制权利。我国农村土地属于集体所有，农民通过承包经营获得的是土地的使用权。现行的实际情况下，农民拥有的土地使用权主要是两个部分，一个是土地承包经营权，包括耕地、林地、草地的承包经营权，按照有关法律规定，耕地承包期为 30 年，草地承包期为 30 ~ 50 年，林地承包期为 30 ~ 70 年；另一个是宅基地使用权。另外，农民可以通过招标、拍卖、公开协商等方式承包集体的荒山、荒沟、荒丘、荒滩，获得"四荒地"承包经营权。虽然现实中国家相关法律对集体所有权的界定过于抽象化，农村土地所有权究竟归属于我国当前农村"集体"的哪一级，法律规定并不明确，集体土地产权主体地位处于虚置状态，但是在土地流转中首先应该保证农民享有对承包地的实际控制权利，任何集体或个人都不得以任何理由侵害农民的这一权利。二是农民拥有对土地自主经营和利用权利，其他任何个人、单位不得干涉。农民通过与集体签订土地承包合同，取得了土地经营权，成为一个相对独立的经济主体，那么农民只要不违反土地承包合同的规定，就拥有耕作权，自主经营，自负盈亏，决定种植种类、品种、数量和方式，决定税后分配，也可以依法自愿进行土地流转。任何地方政府不得以搞经济农业，以命令方式要求农户改种果树、蔬菜大棚等，更不能强迫农民购买指定的生产资料或者按照指定渠道销售农产品。更不得以大批农民进城务工没有精力耕种土地而弃荒为由，违法收回农民的承包地，可以鼓励进城务工的农民将土地承包经营权入股或以其他方式集中流转，但绝不能强迫农民进行土地流转，要遵循平等协商、自愿、有偿的原则。三是农民应享有对土地进行转让、租赁转包、入股抵押、继承等权利。这样就可以赋予农民更多的土地使用权权能，赋予农民对土地承包经营权、宅基地使用权等抵押、担保等权利。不但不会改变农村集体土地所有的性质，反而使农民能够以土地承包经营权和宅基地使用权进行入股抵押、担保等活动。因为，土地承包经营权和宅基地使用权抵押，所抵押的只是农民对土地的使用权，即用益物权，而不是土地的所有权，用益物权抵押并不会改变农村土地的集体所有权性质。即使出现抵押风险，所转移的也只土地承包经营权和宅基地的使用权，土地的所有权并不会发生转移，因为农村土地集体所有的性质不会改变。将抵押、担保权注入土地承包经营权权能，可以充分发挥土地使用权的金融功能和作用，扩大农村有效的担保物范围，有效缓解农业农村发展中的融资难问题，使农业农村发展获得有效金融支持，为农业现代化发展提供强大动力。

二、建立完善农村土地登记制度

在长期的土地承包经营过程中，一些农村地区既没有书面的土地承包合同，也没有相应的备案和登记程序，更勿谈让农民拥有相关的产权证件。这使得农民的土地承包经营权缺乏合同保障和产权保障，在流转过程中农民的利益经常受损。由于外界环境的不确定性使农民们普遍担心政策有变化，普遍不愿意签长久合同，有些甚至没有书面合同只有口头协议，增加了土地流转的短期行为和随意性。由于租期短，所以转入户对土地的投入很少，对土地粗放经营，掠夺性使用，使土地肥力严重下降；有些转入土地的工商企业受利益驱动甚至违规使用高毒残留农药，致使农产品质量安全问题十分突出。

在 2014 年中央 1 号文件中，政府要求用 5 年左右时间基本完成土地承包经营权确权登记颁证工作，尽管近年来一些试点地区已经进行了土地确权登记工作，但由于涉及面广、工作量大，目前大多数地区没有完成这项任务，在我们调研中发现有些地区实际上根本无法开展这项工作，主要阻力来自于农户，农户担心自己的地块亩数重新确权后发生误差，农民的积极性普遍不高。所以各地方政府应尽快认真学习农业部、国家档案局组织制定的《农村土地承包经营权确权登记颁证档案管理办法》，切实做好农村土地承包经营权确权登记颁证档案工作，建立健全承包合同取得权利、登记记载权利、证书证明权利的土地承包经营权登记制度。

各地在开展土地确权工作时一定要保持承包关系稳定，以现有承包台账、合同、证书为依据确认承包地归属，完善土地承包合同，健全登记簿，颁发权属证书，强化土地承包经营权物权保护，依法对权属变更进行认证，为开展土地流转、调处土地纠纷、完善补贴政策、进行征地补偿和抵押担保提供重要依据。各级地方政府相关职能部门要坚持依法规范操作，严格执行政策，按照规定内容和程序开展工作；土地承包经营权登记原则上确权到户到地，在尊重农民意愿的前提下，也可以确权确股不确地，要充分调动农民群众的积极性，依靠村民民主协商，自主解决矛盾纠纷；从实际出发，以农村集体土地所有权为基础，以第二次全国土地调查成果为依据，采用符合标准规范、农民群众认可的技术方法；坚持分级负责，强化县乡镇两级的责任，建立健全党委和政府统一领导、部门密切协作、群众广泛参与的工作机制；建立健全土地承包经营权信息应用平台，方便群众查询，利于服务管理，从根本上维护土地交易市场的良好秩序。通过发放具有法律效力的农村集体土地承包经营权证书，建立起完善的农村土地登记制度，可以更好地保护农民权益，促进土地承包经营权流转。一是进一步强化农户的土地用益物权，可以有效提高国家保护农民权利的力度，切实维护农民尤其是妇女的土地承包权益；二是通过规范土地档案，做到地块、合同、证书、台账"四相符"和"四到户"，从而使农户的土地成为农民可以拥有的永久性财产。只有当土地成为农民永久性财产时，农民的土地权益才能得到有效保护，农民才能形成对土地流转的长期稳定预期，才能增强农民对政府的信任和进行土地流转的信心从而有利于促进土地流转；三是农民拥有土地使用权确权证书，可以为农民降低土地流转交易成本，提高对抗农村集体干预的能力，从而创造有利于农村土地市场流转的条件。

三、制定土地流转的专项法规

我国目前现有的相关法律，无论是《农村土地承包法》还是《宪法》和《民法》都没有具体明确规定有关土地流转的内容和程序，缺乏可操作性。尽管我国从2003年1月起执行的《农村土地承包法》规定，"承包方有权依法自主决定土地承包经营权是否流转和流转方式"，明确赋予了农民流转土地承包经营权的权利。但也只是做出一般性的规定，在土地流转实践中遇到具体问题时，处理措施往往无法可依，也给实际土地流转的管理工作增加了难度。

显然，为了更好的规范土地流转，我们需要深入推进农村土地产权制度改革，在法理和实践上予以规范。唯有制定完备的法律法规政策，制定土地流转的专项法规，使土地拥有明晰的产权，经营权长期而稳定，才能有利于推进土地规模化经营。为此，要着重做好以下工作：第一，在完成农民土地确权颁证工作的基础上，制定土地流转的专项法规，包括在现有《物权法》基础上，制定土地流转的专项物权法，使农民真正可以享有土地的使用权、转让权、继承权和抵押权。第二，应制定专项土地合同法和土地登记法，运用法律手段保障农民在土地流转中的合法权益。第三，为了克服农户的短期化行为和粗放经营的惯性，应对农民使用、保护土地给予一定的奖励，以保障农业的可持续发展。

四、完善土地流转的相关法规

1. 完善《农村土地承包法》

我国现行的《农村土地承包法》是2003年正式实施的，该法规定："稳定和完善农村基本经营制度，坚持以家庭承包经营为基础、统分结合的双层经营体制，赋予农民更加充分而稳定的经营权，保持现有土地承包关系稳定并长久不变。"这是农村土地流转的基础，也是维护农民土地流转权益的保证。但是随着经济体制改革的不断深入，在解决农村土地流转实践中遇到各种各样的具体问题时，发现现行的《农村土地承包法》还有很多需要完善的地方。因此，在严格执行现行《农村土地承包法》的同时，还要不断完善《农村土地承包法》以适应土地流转制度改革的需要。

在修订中要重点保护农民的合法权益不受侵害，保护集体土地所有权，明确界定国家、集体和农户对农村土地权利的边界；还要充分顾及农民土地承包经营权利束的完整，赋予农民更充分的土地使用权，进一步拓展土地承包经营权的内涵，将土地的转让权、处分权、抵押权、继承权等与土地的使用权合并，使《农村土地承包法》与《物权法》对农民土地权利的规定相一致。要保障农民对土地承包经营权具有排他性占有权，禁止以任何理由或借口侵犯农户在承包期内的土地使用权；收益权，既包括农户土地产出应得的收益，又包括因使用土地投入资本和劳动改良土地而增加的改良收入；处置权，农户可以在不改变土地用途的前提下，自我决定使用土地的方案以及优化土地配置，处置权应包括土地转让权、租赁权、入股权、抵押权和继承权等。

2. 完善《土地管理法》

我国现行的《土地管理法》是在 1986 年 6 月通过并于 1987 年 1 月正式实施的，是一部以国家如何加强对土地管理为主要内容的法律，其主要目的就是加强对土地管理，属于行政法的范畴。尽管至今国家已经进行过三次修改，但是依然带有计划配置土地资源的特征，这无法适应市场经济发展的要求，更不利于推动土地流转。应该本着以维系社会公正、维护农民的权益为目标，按照市场经济的方向修订和完善《土地管理法》。

尽快修改与《物权法》相冲突的条例。《物权法》明确规定只有经依法登记，不动产物权的变动才能具有法律效力。而现行《土地管理法》并没有对此作出任何明确规定，因此在修改中应予以细化，使农民真正获取土地使用权的资本性收益；《土地管理法》应明确农民宅基地使用权期间届满后地上物的归属问题，因为《物权法》第一百四十九条规定"住宅建设用地使用权期间届满的，自动续期。"隐含规定了宅基地使用权到期后依然归农民；要保障农户宅基地用益物权，应该允许农民住房财产权抵押、担保、转让，赋予农户承包地及宅基地更多的财产权利；《土地管理法》应进一步强化农民土地承包经营权的财产属性和物权性质，明确农民土地承包经营权永佃化的方向；应以建立城乡统一的建设用地市场为目标，改变我国目前国有土地供给的单轨制，以公开规范的方式流转土地使用权，允许农民通过市场交易自主完成土地流转。

3. 完善《基本农田保护条例》

由于我国人多地少，可用作耕地的面积有限，尤其是人均占有可耕地面积就更低。因此，国家一直十分重视对土地尤其是耕地的保护，也制定了一些措施来限制农地改变用途。但有些基层政府，尤其是经济较发达、地理条件较好的地区，一方面，由于受到土地流转中潜在利益的驱动，以土地流转为借口，大量占用耕地，不顾实际情况，发展农业观光园区，休闲园区等，实际上是绕过国家有关法规，从根本上改变了土地的农业用途；另一方面，基于传统的粮食价格比较低，许多经营主体将转入的土地用于种植蔬菜、水果、花卉等，发展高效农业、设施农业等。特别是近年来，流转农地"非粮化"和"非农化"倾向明显。截至2010年底，流转农地中用于种植非粮食作物的面积为8400多万亩，占流转总面积的45%[①]。这种情况显然对于从总体上保证我国粮食安全是一个不利的影响。为了解决我国土地流转中农业用地转变用途而导致的耕地数量减少问题，有必要提高《基本农田保护条例》的法律约束力，逐步将其上升为法律。根据基本农田保护的法律法规，既要做好土地流转的规范管理工作，又要做好土地流转后的监督管理工作，增加土地流转过程中占用基本农田的制度成本，以保护耕地不被工业化、城市化过度侵蚀，从法律制度层面解决城市化、工业化与农业争地的矛盾，以从根本上保护我国的粮食安全。

目前我国耕地数量减少的问题日益突出，需要及时修订和完善《基本农田保护条例》，一是有必要进一步科学划分耕地的类别。对基本农田的划分应建立在对农用地等级评价的基础之上，要以自然质量等级为基础，数量指标为限制，等级高低为依据，采用由乡镇到县、区，再到市逐级确定方法，把质量高、条件优越的地块纳入基本农田保护范围，避免以劣充优、盲目划定。二是要做到对耕地保护的充分补偿。土地种植效益的相对低下是农民对耕地保护缺乏主动性与积极性的主要原因，在修订《基本农田保护条例》时，可以增加对农户保护农田的补贴，以提高土地种植的比较效益。应在充分考虑农民利用和保护耕地成本的基础上，着力于补偿农民利用和保护耕地的社会价值与生态价值。要充分考虑各地自然、社会、经济条件的差异，采取科学的方法计算和制定耕地保护的补贴标准，实现对耕地保护的充分补偿。

---

① 张云华：《中国农地流转问题调查》，上海远东出版社2012年版，第21页。

第二节 健全土地流转市场，完善土地流转价格形成机制

目前土地流转在我国农村已成为一种普遍现象，然而，当前我国农村土地流转市场还极不成熟，仍未形成市场化运作的流转机制，这就使得土地流转规模难以扩大，速度难以加快。我国目前农村土地流转市场机制不健全，缺乏相应的市场规则和监督机构来引导，导致土地流转缺乏透明度、公平性，交易成本高；交易范围大多局限在本村民小组和亲友"小圈子"内，交易量少，纠纷多，难以大规模规范流转，不少地方农村土地流转基本处于无序状态。

一、建立土地流转服务中心

我国目前农村土地流转服务平台发展不平衡，大部分农村地区没有建立土地流转的服务平台，缺少基本的交易场所和基础设施。即便有些地区建立了农村土地流转交易中心等流转平台，但往往是有硬件无软件，有形市场虽然建立了，其建设标准和服务内容与城市土地流转平台相比仍有较大的差距。很多乡镇"土地流转服务中心"没有完善的流转管理制度和交易规则，土地流转管理职能较弱，未能有效建立土地流转服务机构，土地流转合同和有关资料档案管理不规范，所存放的土地流转档案存在着资料不全和遗失问题，土地流转纠纷调解机制和机构都不健全。而且农村土地流转中介服务组织匮乏，使得农村土地流转的市场信息不对称，缺少有效的传递渠道，这就导致有转出土地意愿的农户和有转入土地意愿的受让方漫无目的地寻找交易对象，流转双方都面临一定的搜寻成本，从而影响了土地流转的速度、规模和效益，导致土地流转效率低下。当前，大多数地方的农村土地流转都是由集体经济组织充当中介组织。集体组织充当土地流转中介组织具有一定的先天优势，但也具有先天的制度缺陷，中介需要坚持公平公正的立场，而集体经济组织既当"裁判员"又当"运动员"，很容易产生角色错位，失去中介服务组织应有的效率和媒介功能，损害其他交易主体的合法权益。

国外的土地市场非常成熟，在推行土地流转中起到了非常重要的作用，我国需要借鉴国外的做法，强化土地流转服务，建立健全土地流转市

场机制。各地应根据自身的实际情况，在县、乡镇两级建立土地流转服务中心，发挥土地流转服务中心的管理和服务功能。包括建立土地流转信息收集、发布的平台，政策咨询、指导合同签订与开展合同鉴证、纠纷调解的机构。为规范农村土地流转，保障土地流转中农民的权益提供便捷、优质、高效的服务。

1. 建立土地流转信息收集与发布平台

各地县、乡镇的土地流转服务中心应尽力通过多种渠道收集农村土地流转的供求信息，及时整理、汇总，采取电视、广播、报纸、服务中心的信息显示屏（栏）和土地流转信息网站等多种形式发布土地流转信息，以确保参与土地流转的双方能够及时得到土地流转的供求信息；要确保土地流转供求信息及时更新，建立土地流转管理系统和信息数据库，降低参与土地流转双方的进入成本和搜寻成本，从而促进土地流转。

2. 开设土地流转咨询窗口

各县、乡镇的土地流转服务中心，要开设土地流转咨询窗口，服务中心的工作人员要耐心、全面、细致地解答参与土地流转的双方所提出的各种问题，尤其是关于流转合同的各种规定，流转的原则、期限等问题，要用浅显易懂的语言让土地流转主体理解和把握土地流转的政策法规，以利于农民根据国家土地流转的相关规定，做出流转决策。

3. 指导合同签订，开展合同鉴证

各县、乡镇的土地流转服务中心首先要为土地流转双方提供统一标准的合同文本，指导双方签订、续签和变更土地流转合同。加强对转出土地农户的服务，尤其是在双方确定流转价格时，要维护土地转出农户的长远利益，要根据土地流转后的项目盈利与物价上涨情况分年段确定土地流转价格的上涨幅度。由于农民的文化程度普遍比较低，所以在双方签订合同前，必须对土地流转合同的期限、流转后土地的用途、流转双方的责任和义务等严格审核把关。通过提高农民组织化程度，增强农民的谈判能力，规范土地流转，减少日后不必要的土地流转纠纷。

4. 建立土地流转纠纷调解机制

由于我国农村土地流转多数是在农户之间私下进行，很少签订规范的土地流转合同，多数是口头协议，难免为日后土地流转纠纷埋下隐患；即

使签订了土地流转合同,由于合同的不完备性及未来的不确定性,在土地流转的过程中也有可能会出现土地流转双方事先难以预料的利益纠纷。解决这些纠纷,应按照《农村土地承包法》的要求,在县市和乡镇建立土地流转纠纷调解机制,建立土地流转合同纠纷仲裁机构。仲裁机构主要职能应包括协商、调解、仲裁、诉讼等,及时依法处理土地流转中出现的争议与纠纷。要采用规范化的管理手段,做到公正、公平、合理有效地解决农户土地流转纠纷的相关问题,积极有效防止因土地流转纠纷而引发的群体性事件。

二、完善土地流转价格形成机制

由于我国地区经济发展的不平衡性,土地流转的地区差异性较大,土地流转价格也不一样,普遍来讲东部地区土地流转的价格要高于中西部地区。目前,我国农村土地分等定级和价格评估工作尚未全面展开,还缺少权威的计算方法和衡量标准计算农村土地价格,导致农民在流转土地时缺乏合理的价格参考,农民的自主定价又无法使土地价值最大化,因此使得土地流转价格普遍偏低,严重背离了土地价值,土地流转的效益难以有效体现。也因此使一些工商企业有机会在土地流转中竞相压低租金、损害农民利益。笔者认为,应根据各地实际情况,将农用地进行分等定级,科学评估土地价格,形成市场化的土地流转价格,在土地流转中应以农民自主定价为核心,以政府指导价为参考,收集和发布土地流转市场价格,按照市场供求关系合理确定土地流转价格标准,通过土地流转实现土地使用权的资本化。

1. 确立流转主体自主定价为核心的定价方式

根据经济学的基本理论,市场交易双方自主定价、自愿交易可以保障交易双方都能获得合作剩余,从而促进社会资源的合理配置。根据这一基本原理,在土地流转中保障农民具有定价自主权,既可以有效保护土地流转双方的经济利益,又可促进土地资源的合理配置。在自主定价、自愿交易的条件下,农民可以根据家庭的实际情况自主决定是否参与土地流转,当需要把土地转出去的时候,可以把自家土地的详细资料放入土地流转服务中心的信息数据库进行挂牌交易。通常是转出方先根据自家土地的实际情况公布自己的要价和其他转出条件,当转入方有转入意愿时就会主动联系转出方,这样双方就可以就流转价格等流转条件开展博弈。双方可以根据流转土地的肥力、地理位置以及土地市场的供求状况讨价还价，在自愿互利的基础上，签订以流转价格为核心内容的流转合同。

2. 科学评估土地价格

所谓土地估价就是指专门从事土地估价的人员在充分掌握土地市场交易资料的基础上，充分考虑土地的等级、产量、地理位置等因素，依据土地估价的原则、理论和方法，计算出土地流转价格的一种方法。估算出来的土地流转价格并不是土地流转的实际成交价，而只是交易主体自主定价的参照物。为了避免或减少由于土地流转双方信息不对称或博弈力量不对等所引起的定价偏差，各级政府要建立一套从省市到县区的农村土地地价评估体系，科学评估土地价格，为土地流转双方自主定价提供参考。

3. 政府指导价应以评估的地价为基础

为了保护土地流转过程中的农民土地权益，政府也有必要在科学评估土地价格的基础上制定土地流转的政府指导价。一定要让农民了解政府的这种定价不具有强制性，属于行政指导行为，在土地流转的过程中农民可以参考，但不一定必须按照这个指导价进行流转。政府指导价应以科学的土地评估价为基础，根据流转土地的不同用途、不同等级区别制定，比如流转的土地用于种植粮食作物和用于种植花卉、水果和蔬菜等的流转价格应该有所区分，尤其是对于改变农业用途的土地，流转时应制定一个相对比较高的价格。这样做的好处是，一是增加土地转变用途的成本，有利于保护粮食生产安全；二是有利于农民分享土地增值收益，保护农民的土地权益。

第三节 做好各项配套制度改革工作，确保农民权益

作为农村土地制度改革核心内容的土地流转，离不开各种配套制度的支撑。当前我国农村土地流转不畅，与土地流转相关配套制度改革滞后密切相关。具体表现在三个方面，一是农村社会保障制度不完善；二是我国户籍制度改革滞后；三是农村金融制度支持不到位。为了促进农村土地流转，加快城乡二元经济转型，必须完善土地流转的各项配套制度。

一、完善农村社会保障制度

由于我国目前农村社会保障体系还不完善，农户还要依靠土地解决子

女上学、家庭成员生病和养老问题，所以轻易不会将手中的土地长期转出去，这就严重制约了土地流转市场的形成。随着城镇化和二、三产业的发展，很多农户的主要劳动力已经转入城镇非农产业，家庭已经将农业生产作为一种副业。尽管现在农户耕作手段与传统相比进步很大，但是农户这种兼业式分散经营的方式不但投入大、成本高，土地产出率低，而且劳动生产率也非常低。目前我国大部分农户依然坚持小规模、低效率的农业生产，甚至宁愿土地弃耕也不愿长期流转土地。其根本原因就是当前土地对于他们来说，依然是未来的生活保障。所以要想使农民彻底摆脱土地的束缚，必须健全农村各种社会保障制度，包括农村养老、医疗、住房、最低生活保障等，逐步弱化农村土地的保障功能，否则农民永远不会长期转出土地承包经营权，土地也无法实现真正意义的有效流转，土地规模经营更无从谈起。

1. 优先解决农民工的社会保障问题

农民工能否融入城市是城乡经济发展的关键问题，我国当前社会保障制度改革的重点之一应放在保障和鼓励农民工在城市安居乐业上。大量农民工长期在城市打工，却无法真正融入城市，这种两栖模式一度既为中国经济发展提供了成本低廉的劳动力，同时又通过农村土地保障低成本地规避了农民工的失业风险，避免了过于尖锐的社会矛盾。

在工业化积累初期，农民工两栖模式不失为一种社会制度成本较低的过渡方案。然而，随着经济发展和土地资源供给紧张，农民工两栖生活的弊端也日益凸显。无论从城乡经济发展还是社会稳定的角度考虑，农民工脱离土地、落户城市都是必然的选择。为此，国家应该设计一套专门针对农民工的社会保障制度改革方案，既要保障农民工在城市打工的基本权利，又要从制度设计上解决农民工进入城市的就业、培训、医疗、养老、住房及其子女的义务教育等问题，给予进城农民工与城市居民平等的各种社会保障待遇。从我国目前的社会经济发展实际来看，解决农民工社会保障问题的比较可行的办法，是允许农民工"带土"进城，通过盘活农村闲置土地获取农民工市民化的社会保障资金。对于一些在城市拥有固定工作、已经习惯城市生活的农民工，可采用"以土地换社保"的方式，鼓励其退出农村的土地，由政府统一给予补偿，使其拥有相应的社会保障。但是，"土地换社保"在实行的时候一定要遵循农民自愿原则，让农民自己衡量"以土地换社保"的利弊得失；对农民退出的宅基地和承包地，一定要按市场价格给予补偿，补偿的费用可以用于弥补农民工市民化的定居成本和其他社会保障支出。

2. 建立和完善农村最低生活保障制度

尽管从2007年起，我国已经开始实行农村最低生活保障制度，但是依然有很多地区，尤其是一些落后的地区没有真正建立起农村最低生活保障制度。只有建立覆盖全国整个农村的最低生活保障制度，我国的社会保障体系才可能真正建立和完善，才能真正解除经济落后地区土地转出农户的后顾之忧，让广大农民主动参与到农村土地流转中来。因此，要加强落后地区农村的最低生活保障制度的建设，尽快形成覆盖全国整个农村的最低生活保障制度；农村最低生活保障制度应该打破过去的传统，不应该只针对某些特殊对象，如五保户、灾民等，应规定只要无法达到农村最低生活标准的农村贫困户，无论其是否属于"三无"农民，均可以获得救助。

3. 建立和完善农村养老保险制度

建立和完善农村养老保险制度，主要是解决农民"老有所养"的问题，尽管从2009年国家开始在部分地区的县（市区）开展新型农村社会养老保险试点，开始实行农村养老保险制度，使农村养老保险的覆盖面有所扩大，但是相对于全国广大农村地区而言，相对于近2亿的农村"空巢老人"而言，依然有很多地区，尤其是一些落后的农村地区还没有建立起农村养老保险制度。即便试点地区建立起的养老保险制度，保障水平也非常低，如果考虑到物价上涨的因素，农民所能领取的养老金根本无法解决实际问题。只有建立覆盖全国整个农村地区并与城镇统一的养老保险制度，才能真正解决农村养老问题，才能真正解除土地转出农户的后顾之忧，让广大农民主动参与到农村土地流转中来。因此，尽快建立和完善覆盖面广，保障水平高的农村养老保险制度，显得尤为必要而紧迫。

第一，尽快制定和颁布《农村养老保险法》。随着工业化、城镇化进程的加快，我国传统的代际关系已经不复存在，传统的家庭养老模式也发生了动摇。而现有的农村养老保险法律制度主要限于政府的一些规章和地方性法规，法律层次比较低，还不具备应有的规范性和权威性的作用。因此立法机构应尽快出台专门针对农民的社会养老保险法律，并通过立法来保证农村养老保险制度的稳定性和持续性。我国社会保障方面多数是一些临时性的决定，这些决定稳定性较差，经常出现变动，也不具有权威性，政策执行中经常存在不规范的问题。应该借鉴国外土地流转的经验，依靠法律推行社会保障制度。我们应该加快专门针对农民及农民工社会保险法的制定，对基金管理、保障对象、缴费标准及费率、待遇标准、管理机构、法律责任等做出具体而明确的规定，加强政府相关部门的监督和规范管理，对用人单位缴纳社会保险进行监督，约束其行为，从而保障广大农民工享有养老保险的合法权益。

第二，加大中央和地方财政的支持力度。计划经济体制下，农民不曾享受养老保险，政府给工人发退休金，农民却只能依靠自家的积蓄，包括劳动力，一代一代地养老。如今国家虽然出台了农村养老政策，但由于农民收入不稳定，难以投入更多养老保险资金，而中央财政对待农村和城镇采取不同的态度，在城乡养老保险支出上存在巨大差异。省级财政和市级财政对农村养老保险虽有投入，但比例很小，各地农村养老保险更多的是依靠县级财政投入。导致县级财政财权和事权不匹配，使县级财政面临巨大的压力。要求中央财政、省级财政和市级财政应该做到财权与事权相匹配，分别承担农村养老保险的资金投入。

第三，结合各地实际，建立多种形式的养老保险制度。我国地区广阔，各地区经济发展差异比较大，因此应结合各地区农村实际情况，灵活建立多种形式的社会养老保险的制度。首先，按照地区的经济发展水平建立不同的养老保险制度。在经济比较发达的东部地区，集体经济有一定的积累，可以采取国家、集体、个人三方筹资的模式。要依据各地的实际情况出台相关政策对农民加以支持和引导，使农村养老保险制度逐步完善；在经济比较落后的西部地区，政府更应引起足够的重视，加大政策和资金倾斜的扶持力度，必要时候还可以给予参保农民一定的补贴，以吸引农民参加社会养老保险。其次，对不同的农民应建立分类的养老保险制度。对于流动性比较强的农民工，应建立独立的社会养老保险制度，使其养老保险关系可以随其工作的地域的变换在不同地域间转移；对于城郊失地农民，由于其在城市拥有稳定的住所，可以通过改变户籍制度让其成为市民，将其纳入城镇养老保险体系中；对于长期在农村务农农民，可以实行完全积累式的养老保险，其养老保险基金由参加养老保险的农民和政府补助金共同构成；对于没有耕地、又没有纳费经济能力的贫穷农民，国家应通过财政支出这一非纳费形式为其办理养老保险，使其能够按照最低生活保障的标准领取养老金。

第四，努力提高农民参与社会养老保险的经济承受能力。通常情况下，一个国家县域经济的发展状况决定了该国家农村社会养老保险的水平的高低。历经30多年的改革，我国农村居民收入有了显著的提高，农村居民人均纯收入从1978年的133.6元上升到2011年的6977.3元[①]，对于部分农民来说已经具备了参加农村养老保险的经济承受能力。但由于我国区域经济发展的不平衡性，就全国而言，尤其是西部地区县域经济还比较落后，很多农民还无力承受即便目前不算高的个人缴纳的社会养老费用。因此，建立农村养老保险制度的关键支撑点应放在大力发展县域经济上，地方政府应不断积极探索促进县域经济发展的新模式，在此基础上，盘活农民的承包地和宅基地，通过土地流转，使农民通过转租、加入股份合作社、永久性转让等途径获得承包地和宅基地的资本化收益，则可以大幅度提高农民的收入水平，进而提高农民参与农村社会养老保险的经济承受能力。

4. 建立和完善农村合作医疗制度

建立和完善农村合作医疗制度主要是解决农民"病有所医"的问题。在中国，城镇居民一般有公费医疗、劳保医疗或医疗社会保险制度给予保健与疾病医疗保障。而占全国总人口70%以上的农村社会成员却缺乏必要的医疗保障。2002年，中国明确提出要逐步在全国建立新型农村合作医疗制度，虽然新型农村合作医疗试点工作在一定程度上缓解了农民"因病致贫、因病返贫"的问题。但是由于经济基础薄弱、经验不足、农民认识偏差等原因，新型农村合作医疗制度在全国试点的推行并非顺水行舟，这就要求各级政府和相关职能部门认真做好以下工作：

第一，不断完善各项制度，规范业务管理。在实践基础上，补充、完善各项规章制度，对新型合作医疗参保手续办理、基金筹集、账户管理、结算标准、结算补偿方式等方面做出更加科学、规范、具体的规定，做到有章可循，有制可依。

第二，改善农村就医条件，提高医疗保健服务水平。要加大定点医疗机构的设备配置、人员培训等工作；积极推行契约化、承诺化、规范化服务，引入竞争机制，提高服务质量。规范医疗服务行为，降低服务成本，控制医疗费用的过快增长，减轻农村居民的医疗费用负担。

第三，建立信息公开，健全有效的监督机制。要提高工作的透明度，定期向社会、向群众公开合作医疗工作运行状况、基金使用状况等有关内容，主动接受各方面监督；要及时发现和纠正合作医疗运行中出现的问题，保证合作医疗基金规范、合理、有效的使用，保障收支平衡、专款专

---

① 资料来源于2012年中国农村统计年鉴。

用，维护参与合作医疗的农民权益。

第四，以民为本，方便群众。一定要精简报销手续，尽力采取两级结算报销的便民措施。农民到定点医院看病后，凭《医疗证》和有关的医药费用凭证就地按有关规定一次性结算报销费用；医院工作人员通过网络将报销情况传输给合作医疗办公室审查、备案，定期与合作医疗办公室结算费用。这样做既免除了群众往返奔波劳累之苦和不必要的开支，同时也使医院自行承担违规操作的后果和风险，促使医院自觉规范医疗行为，切实维护参保农民的权益。

二、加快推进户籍制度改革

农村土地流转的首要前提是农业剩余劳动力向城镇非农产业转移，而我国户籍制度是在计划经济体制下建立和完善起来的社会管理制度。改革开放以来，为了适应经济和社会发展的要求，国家对户籍制度进行了多次改革，逐步放宽了对人口流动的限制，因而出现大量的农民进城打工。但这种户籍制度改革并非根本性改革，只是局部的，渐进性的改革，呈现明显的滞后性。农民工虽然可以随意进入城市务工，但城乡分割的户籍制度却使城乡劳动力同工不同酬，农民工进城就业受到歧视，使之无法享受城市的社保、医疗、教育等公共产品，只能继续依赖土地作为生存的最终保障。也正是基于此，大多数农民即便在城镇非农产业拥有较稳定工作，也不敢放心大胆地将土地长久流转出去，因自己的农民身份担心未来政策的多变，为自己留条后路，所以不会轻易放弃土地承包经营权。很多农户都是年轻人外出打工，留守老人或者妇女在家继续从事简单的、传统的农业生产，不仅可以为一家人提供口粮，而且更重要的是将来自己一旦在城市遇到风险，还可以返回农村重新就业。

世界上绝大多数的国家，都没有通过户籍管理制度来限制人口迁移。中国与其他国家不同，对人口迁移的限制主要是通过以户籍管理制度为基础的城乡隔离体制来实现的。在严格的户籍管理制度下，户口是城市居民与农村居民截然分开的标志，以此为基础，市民与农民在住宅制度、粮食副食品供应制度、就业制度、教育制度、医疗制度、养老保险、劳动保护制度等方面都存在着明显的差异。而这些差异把城乡居民划分为在权利、机会和风险方面存在极大差别的两大群体。因此，我国户籍制度改革的核心并不是单纯的取消劳动力与人口流动的城乡户籍限制，而是消除城乡户籍差别，使户籍不再与劳动就业、居住权利、子女教育、社会保障等社会福利相联系,使户籍真正成为一种表明公民居住情况的证件。

户籍制度改革的目的是建立城乡一体的人口自由有序流动的人口管理制度,打破行政限制,让市场引导劳动力与人口的自由流动。但鉴于我国目前城乡差别、地区差别较为悬殊,大城市、特大城市实际上都已经出现了资源承载能力饱和,交通拥挤、房价不断上涨、环境管理难度增大等"城市病"。户籍制度改革宜采取小城镇、中小城市、大城市、特大城市逐步推进的方式。各地政府应根据当地经济和社会发展的实际需要及综合承载能力制定城市发展规划和人口发展规划,以落户条件取代计划指标,通过建立科学、合理、规范的户口迁移准入制度,对人口的迁移流动进行调控。

现阶段户籍制度改革的重点是解决失地农民与已在城市实现了稳定就业的农民工群体从农民到市民的角色转换问题,使他们和他们的家人真正具有"合法"城市人口身份,能与城市居民一样在城市安居乐业。对于失地农民政府的工作重点是要通过就业政策、技能培训、帮扶工程,解决其在城市的就业问题;对于已在城市实现了稳定就业的农民工群体,政府工作的重点是使他们平等的享有住房、医疗、养老等社会保障和公共服务。令人欣喜的是2014年7月30日国家公布《国务院关于进一步推进户籍制度改革的意见》,强调要切实保障农业转移人口及其他常住人口合法权益,现阶段,不得以推出土地承包经营权、宅基地使用权、集体收益分配权作为农民进城落户的条件,这无疑是大大推进户籍制度改革。该《意见》还同时要求,统筹推进户籍制度改革和基本公共服务均等化,不断扩大教育、就业、医疗、养老、住房保障等城镇基本公共服务覆盖面,这也必将有利于加快农村土地流转,也有利于农业转移人口市民化,从而促进农业现代化,加快实现城乡二元经济转型的步伐。

三、建立和完善农村土地金融制度

作为土地转入方的种田大户和企业想要发展农业生产,必须有雄厚的资金作为支持。由于我国目前缺少完善的信用体系,农村土地流转还无法获得强有力的金融支持,银行系统和信用社尚不能及时向那些自有资金不足的种田大户和企业提供抵押贷款和信用贷款。在一定程度上会制约土地的市场化流转,也制约了农地的规模化经营。

规模经营相对传统农业生产需要更多的资金,因为农民必须购买农业机械设备和进行一些必要的农业基础设施建设。然而,一方面,由于金融机构一般规定农村贷款期限比较短、贷款规模也比较小，所以，农业贷款数量难以有效满足农业生产投资的需要；另一方面，由于大多数农民可供抵押的财产少，又难以符合当前农村放贷机构严格的抵押担保条件，所以，难以通过投资转入更多土地，扩大经营规模。

为了促进土地流转，实现农业规模经营，我们可以借鉴国外的土地金融制度，设立土地银行。农村土地银行，是指相应政府机构建立的主要负责存贷农村土地及与经营土地有关的长期信用业务的金融机构。国外很多政府把土地银行作为土地开发利用的一种有效工具，我国也完全可以借鉴国外的经验尝试建立农村土地银行。土地银行的基本业务就是吸收和放贷农民承包期内的土地使用权，农民在外出打工或无力耕种土地之时，可以将土地使用权存入农村土地银行，土地银行根据土地的市场价值和年收益情况作出评估，支付给存入土地使用权的农户一定的土地利息。银行再把这些零碎的土地进行重新规划整理，根据市场情况再将土地使用权贷给土地需求者，可以是种植大户，也可以是农业企业法人。银行有权根据实际情况办理土地开发、改良、购买和抵押等贷款业务。

根据我国人多地少的特殊国情，国家应加大保险、金融业对农村土地流转的支持。各地应根据实际情况，及时改革信贷管理制度，增加农业信贷投入；基层金融机构的单笔审批限额应根据各地区农户进行农业生产的需求、种植大户的农业生产资金需求和农业种植作物的生产周期做出适当调整，切实解决农民贷款难的问题；要根据实际需要不断完善贷款方式，扩大信用放款额度，降低利率水平，力争减轻农民负担；同时，国家可以对农村金融机构在税收、融资等方面给予一定的优惠，间接降低农业贷款利率和农村金融机构的资金成本；建议有条件的地区农村信用社、农业银行等机构可以综合利用财政贴息、农业保险、农业担保等政策，探索建立专门针对土地规模经营的贷款品种，以加快培育农业规模经营主体，推进土地资源的合理利用和高效流转。

第四节 转变政府职能，规范政府行为

从土地流转的试行阶段看，有些地区基层政府或农村集体组织行为不规范，出现了严重的缺位和越位现象，有些基层政府定位不当，越权流转农户承包地。有些基层政府没有起到很好的引导作用，存在"缺位"现象。如在农村土地流转市场管理中尚未制定出具体实施细则；对土地流转

程序、流转方式、流转方向关注不够；对土地流转的合同没有给予充分重视，存在严重的程序违规现象，这也是间接导致土地流转大多数是发生在农户之间自发进行的流转，仅有口头协议，没有正规的书面合同，更没有向集体申请。即便少数参与土地流转的农户向集体申请了，然而，各地在操作中却没有规范的程序和办法可依，这就给某些村干部的寻租行为提供了空间，也为以后的土地流转纠纷埋下隐患。

一、营造良好的制度环境

在土地流转过程中，经常出现基层政府利用行政职权过多干预农民的自主经营权，越权代替农户与工商企业签订土地流转合同，侵害农民土地流转的合法权益的情况，这无疑会增加土地流转纠纷的概率。政府在土地流转中的作用是引导、服务和监督，各级政府要转变职能，明确自己的服务对象和服务内容，正确定位好自己的导向作用，为促进土地流转，推进农民工市民化营造良好的政策环境。

解决土地流转中各种具体问题，必须有法律依据，有政策指导，否则土地流转会呈现出无序状态，而且会侵害农民的合法权益，甚至引发更为严重的社会问题。所以首先要为土地流转营造良好的制度环境，解决土地流转中的政策、法律保障问题。我们应该借鉴国外的经验，发挥政府在土地流转中的引导作用，及时制定与土地流转有关的专项法律，前面我们已经详细分析过，这里不再赘述。尽快建立合理的利益分配机制，使土地收益的主要部分归农民所有；充分发挥土地流转的补偿金和安置费的社会保障功用，实行多样化的土地补偿安置办法，有效推进农民工市民化；对农民自主创业要给予优惠政策和适量的奖励；以农民和合作社作为补贴主体，进一步完善农业产业化支持补贴政策，不断降低农户与合作社进入市场的成本。无论是制定相关法律还是出台相关政策，都要以农业产业化和规模化经营为基本指向，以保护土地流转中农民权益为宗旨，依法支持、引导、规范土地流转。坚决杜绝通过行政干预的方式参与土地流转过程，切实建立起农户自愿、平等、互惠的土地流转机制，使土地流转尽早走上市场化、规范化、法制化的轨道。

二、严格做好监督管理工作

在土地流转中，政府要严格做好监督管理工作。相关职能部门必须加强对土地流转工作的监管,要严格执行耕地保护制度,确保土地流转不突破18亿亩耕地的红线,以保障国家粮食安全。应落实最严格的耕地保护制度,任何个人、企业或其他组织都不得以土地流转的名义改变土地的农业用途,针对土地流转过程中擅自改变土地农业用途的做法要制定出明确的严厉惩罚措施。

一方面,随着我国工业、城镇化进程的加快,大量基本农田被占用,使耕地面积迅速减少,而我国可用作耕地的后备土地资源开垦殆尽。据统计,全国现有宜耕后备土地资源仅有1.2亿亩,如果按照垦殖率60%计算,可开垦耕地也只有7200万亩,其中60%以上基本是质量差、生态脆弱、开发利用的难度极大的土地,因为这些土地多分布在西北干旱、半干旱地区。而且新开垦的耕地多数没有形成新的耕作层,土地肥力低,耕作难度大,以致无法耕种,这严重威胁我国粮食安全问题。另一方面,我国由于没有专项土地流转法律,现行法律缺少对转入方改变农业用途的具体惩罚措施,只能依照《土地管理法》的相关规定进行处罚,但法律的执行力度不够,往往法律的执行效果偏离了国家的法律设计的初衷。

所以,基层政府要与农业部门齐抓共管、明晰权责。积极利用土地整理平台,既要对前期工作主动介入和规划管理,又要严格对土地流转后进行监管,尽快设计适合我国国情的限制和规范工商企业和种植大户租赁农地的制度,若想租赁和经营土地必须符合一定的条件,否则禁止其租赁任何农用土地。同时要加大巡查力度,对土地流转中的违法行为应做到及时发现、制止有效、查处到位。当然,有条件的地方也可以通过举报奖励等方式或尝试聘用村里的一些专职人员协同管理部门的工作等方式,以此调动广大农民的监管积极性。对于土地流转后,违背流转合同,擅自改变农业用途,进行非农化活动,如搞"观光农业"、占用耕地搞非农业建设的要严格监管,一经发现必须及时依法查处。除实行对其罚款以外,还要取消其以后租用土地的资格。坚决制止工商企业进入农业后直接或间接改变土地农业用途,坚持农地农用、农地农有。

因此,在土地流转过程中,基层政府要严格规范自己的行为,不能因为工商企业的贿赂等违法行为而违反法定程序越权批地,而应该本着保护土地流转中农民权益的原则,严格做好土地流转中的监督管理工作,发挥政府在土地流转过程中的引导作用。

三、积极履行程序性义务

前文我们已经分析过,由于目前土地流转大多数是在农户之间自发进行的,基层政府也没有履行规范程序性义务,这就给某些村干部的寻租行为提供了空间,为以后的土地流转纠纷埋下隐患。因此,为了保护土地流转中农民的合法权益,基层政府除严格做好监督管理工作外,还要积极履行程序性义务。

应根据各地的实际情况,成立专门为土地流转服务的相关机构,明确这些机构的主要职责,主要履行土地流转中的程序性义务。参与土地流转的农户,首先要向集体申请,通过行政性审批,审批合格之后,双方需要签订规范的土地流转合同。在这一过程中,由基层政府成立的专门机构应提供土地流转供求信息、提供土地流转参考价格、指导签订土地流转规范书面合同、对土地流转合同进行备案服务等,同时还要履行监控土地流转双方履约、调解和仲裁土地流转后的纠纷义务等,做到及时解决土地流转双方的纠纷,维护双方土地流转中的合法权益。只有在土地流转过程中,政府定位好自己的角色,管理中既不越位也不缺位,积极履行土地流转过程中的各项程序性义务,才能使农村土地流转朝着规范、有序、健康的方向发展,才能形成土地集约化、规模化经营,最终通过土地流转促进农民工市民化。

四、积极维护农民的流转主体地位

农户是土地承包经营权流转的主体,国家有关法律法规和政策明文规定,农村土地承包经营权这一权利属于农户。因此,在任何时候农地承包经营权流转的主体都是农户,要充分尊重农民意愿,坚决杜绝以集体组织是土地所有者身份,或以农业产业化为借口去强迫农民参与土地流转。土地流转要坚持农民自愿的原则,以保护农民合法权益,确实增加农民收入。在推行土地流转的过程中,禁止政府过多进行行政干预,杜绝不尊重农民的意愿,强制收回农民承包地的情况发生。要保障农民自主参与土地流转的权利,防止基层政府以行政力量强迫农民进行土地流转,人为扭曲土地流转的价格信号,切实保障农民土地流转的主体地位。

第九章

二元经济转型中宅基地制度改革

现有的宅基地制度无法解决农村宅基地粗放利用问题，无法保障农民宅基地和房产利益的实现，阻碍了农民收入的增加和农业转移人口的市民化进程，严重威胁到国家耕地保护和粮食安全，不利于我国二元经济转型的顺利推进。因此，改革宅基地制度，促进二元经济转型，必须节约、集约利用农村宅基地，让农民分享宅基地和房产利益，增加农民的财产收入。

第一节 建立宅基地增值收益分享机制

一、依法保障农民的宅基地用益物权

《物权法》规定"宅基地使用权人依法对集体所有的土地享有占有和使用的权利"，而未提及收益权。宅基地用益物权在法律表达上模糊、自相矛盾，致使农民的宅基地用益物权往往受到忽视和侵害，农民应当分享的宅基地发展权收益受到极大压抑。因此，要完善农民的宅基地用益物权，《物权法》要明确农民对宅基地占有、使用、收益的权利，一方面可避免相关法律间关于宅基地利益分配问题上的矛盾；另一方面在集体土地征收及宅基地整理置换中，使地方政府不仅要对农民的房屋进行补偿，还要对农民宅基地用益物权也进行补偿，实现农民宅基地的发展权收益。

二、建立协商机制解决宅基地增值收益分配问题

在集体土地征收中，对宅基地的补偿不能按照征收农地的补偿办法来

进行，宅基地的价值应该以同等建设用地的价格来衡量，至于宅基地增值收益如何在农民、农民集体及地方政府间分配，应当由农民、农民集体及地方政府间建立协商机制来解决；针对宅基地置换中的宅基地增值收益分配协商机制的建立，要重点解决好宅基地置换中利益分配混乱的三个问题，一是针对"宅基地置换中节约建设用地的集体留用部分的多少无具体规定，实践中由地方政府自行决定"的问题，要建立地方政府、农民及农民集体间的有效协商机制，并应吸纳专家、评估机构的参与来共同解决。要对于节约建设用地的集体留用部分做好经营项目的规划设计、收益评估，确保项目的运行一方面能解决部分失地农民就业问题；另一方面能弥补农民失去宅基地后庭院收入下降的损失；二是针对"节约的用地指标转让给城镇使用所产生的土地增值收益分配缺乏法律规定与补偿标准不一"的问题，虽然国务院与国土资源部下达的关于"严格规范城乡建设用地增减挂钩试点工作"的通知中，强调节约的建设用地指标调剂给城镇使用所产生的增值收益必须及时全部返还农村，但这种原则性的规定实际上不具有实践中的可操作性。而且由于目前缺乏土地发展权转移制度和一个市场化的交易平台，各地区的土地发展权转移大都还是在行政区域内由地方政府主导开展，土地发展权转移的市场价格还无法通过市场竞争合理体现。因此，需要建立城镇规划区外宅基地置换涉及村庄的农民及农民集体、城镇规划区内被征地农民及农民集体、地方政府三方共同参与的协商机制来沟通解决，解决方案是要优先保障农民对宅基地增值收益的分享；三是针对城镇规划区内开展的宅基地置换，地方政府将节约建设用地就地转为城镇建设用地的增值收益如何分配无法律依据的问题，应当通过由当地农民、农民集体与地方政府间建立协商机制来解决。在宅基地置换中，利益分配协商机制的建立要有一套严格、规范的操作程序，确保协商机制的有效性。对农民利益分配的标准要切实做到让农民"安居、乐业、有保障"，地方政府如不能做到，就说明还不具备开展宅基地置换的条件。

第二节 建立宅基地使用权流转及有偿退出制度

由于我国对宅基地流转的限制，农民房产和宅基地价值无法合理体现，农民宅基地及房产利益也就无法得到有效实现，加之宅基地的无偿退出制度，农民手中大量的闲置住房及宅基地找不到好的变现途径，这一方面使得有闲置房屋和宅基地的农民不得不接受宅基地置换中的不公平补偿；另一方面闲置房屋和宅基地的存在又给地方政府大肆开展宅基地置换提供了客观条件。为增加农民的财产收入，满足农民在市民化进程中的资金需要，保护农民的宅基地权益在置换中不受侵犯，必须建立农村宅基地使用权流转及有偿退出制度。

一、建立宅基地使用权流转制度

宅基地流转制度的建立能促进房屋和宅基地市场价格的形成，也能为宅基地退出制度的建立提供房屋和宅基地补偿标准的参考依据。建立宅基地使用权流转制度的具体措施可包括以下几个方面：一是国家法律法规及政策要赋予农民充分的宅基地用益物权和部分处分权，可先在政策上制定一套宅基地流转的办法，然后在自主隐形流转活跃的地区有选择地进行流转试点，在总结试点经验的基础上，建立农村宅基地流转制度，在法律法规上允许宅基地流转；二是建立统一的农民不动产登记制度，将宅基地确权登记颁证作为宅基地流转的基础；三是参照城镇房屋交易市场、农村土地承包经营权流转市场的建立办法，在区县、乡（镇）构建专门的农村房屋和宅基地流转市场，该市场也可以与农村土地承包经营权流转市场合并，形成包含各种农村资产流转与交易的公开市场。农村房屋与宅基地流转市场的功能在于提供流转信息、形成流转价格、办理流转的相关手续；四是明确宅基地流转方式。第一种是内部转让，指本集体经济组织成员间的宅基地流转，是目前法律法规允许的唯一一种流转形式；第二种方式是出租，指将房屋出租或出售给城镇居民或非本集体经济组织成员时，可视为转入方与房屋所在地的农民集体间建立了土地租赁关系，转入方应向集体经济组织交纳宅基地有偿使用费或租赁费；第三种是入股，指农民将宅基地使用权入股合作组织或企业，持有一定股份，能分享宅基地使用权股金收益；五是制定宅基地流转管理办法，主要包括流转主管部门的设定、流转主体与流转客体的界定、流转条件的限定（流转双方条件限定、流转宅基地条件限定、流转用途条件限定）、流转收益的分配、流转合同管理（流转合同的格式、内容、注意事项）、流转配套服务（信息收集与发布、流转备案、流转业务咨询、流转纠纷协商与仲裁等）；六是严格规范宅基地流转市场，禁止地方政府利用行政手段来强迫命令、威逼利诱农民流转宅基地使用权。

二、建立宅基地使用权有偿退出制度

在建立农村宅基地流转制度的同时，还要探索构建宅基地有偿退出制度，拓展农民房屋与宅基地价值实现的渠道。由于宅基地对农民具有较强的社会保障功能，因此，必须规定只有本户或其子女在农村"一户多宅"或在城镇有房产且有稳定收入来源的情况下，依自愿原则方可有偿退出宅基地，退出宅基地后不得再申请宅基地。国家与地方政府应当建立房屋拆迁补偿与宅基地补贴机制，对退出宅基地的农民给予货币补贴或购买城镇经济适用房、公租房以及参加城镇社保的政策优惠。农民放弃宅基地后，其享有的土地承包经营权及其他基于农民身份享有的政策待遇不得改变。

宅基地流转制度与宅基地退出制度的建立拓宽了农民实现其房产和宅基地价值的渠道，凸显了农民房产和宅基地的市场价值，也使得农民在地方政府主导的宅基地整理置换活动中，有了获得公正合理赔偿的依据，农民与地方政府等强势利益主体在进行利益分配博弈中有了获得公平补偿的筹码。

第三节 建立宅基地差别化有偿使用制度

宅基地有偿使用制度可以打破传统的宅基地使用的行政区域界限，促进农村土地资源的市场化配置，利于节约集约利用宅基地。

宅基地有偿使用制度针对的是两种情况：一是农户超标准占用宅基地的情况。宅基地无偿使用制度是基于"一户一宅"的制度规定，但由于现阶段"一户多宅"及超标准占用宅基地的现象严重，如果继续贯彻宅基地无偿使用原则，将无法规避、约束农户多占、超占宅基地的行为，因此针对农户超标准占用的宅基地必须建立有偿使用制度。可以在经济发达地区先行开展试点，积累经验，待条件成熟时，再在全国施行。基本原则是对标准面积范围内的宅基地不收取任何费用，对超过标准面积的宅基地收取超占宅基地使用费。二是城镇居民或非本集体经济组织成员购买农村房屋使用宅基地的，可认为其与房屋所在地的农村集体建立了土地租赁关系，应向集体经济组织交纳宅基地使用费或租赁费。集体经济组织收取的本集体成员超占宅基地的使用费、城镇居民或非本集体经济组织成员购买农村房屋而向集体经济组织交纳的宅基地使用费或租赁费，应用于集体公共设施建设，不得挪作他用，集体经济组织成员有权对集体经济组织的行为进行监督。

第四节 开展农房与宅基地使用权抵押试点

随着我国城乡经济差距的不断扩大，加快农村改革发展成为全党、全国工作的重中之重，而农村发展缺少资金、融资困难成为制约农村经济发展的短板。鉴于农村存在一定面积的宅基地和住房闲置的现象，因此，探索农村房屋及宅基地使用权抵押实践，以缓解农民贷款难的状况，已成为社会各界的共识。

根据现行法律的规定，宅基地使用权不得抵押及流转受限，加之覆盖城乡居民的社会保障体系未全面建成，因此，开展农房和宅基地使用权抵押试点存在着金融风险，而农民失地后居无定所又会引发社会风险，因此，开展农房和宅基地使用权抵押试点不可能"面"满全国，只能"点"上开花。试点地区需满足下面条件：一是要产权基础好。产权明晰是市场交易的前提，只有土地产权清清楚楚，土地抵押才能明明白白，试点才能顺顺畅畅。主要是宅基地使用权确权登记发证比例相对要高；二是城镇化和农业产业化程度高。农民收入来源多元化，对宅基地依赖程度较低，市场发育程度较高，抵押物变现具有市场基础，同时农业产业化后形成的规模经营对融资提出更高需求；三是配套制度全，社会保障体系基本建立。农村基层治理较规范，金融服务体系健全①。在开展试点过程中，要严格审批，局部试点，封闭运行，规范管理，结果可控，未经批准不得擅自开展试点或扩大试点范围；要制定完善的抵押管理办法，包括抵押条件、抵押程序、抵押管理措施、抵押权实现方式等。如为避免抵押家庭无房可住，应规定农户在另有一处住房的情况下方可将其房屋及宅基地使用权抵押。抵押权实现的方式包括原房屋所有人以租赁的方式继续租住房屋或流转等。房屋流转不改变宅基地集体所有性质，房屋及宅基地流转的范围可扩大至非集体组织成员及城镇居民，但可赋予集体经济组织成员优先转入权利。

为顺利推进农房及宅基地抵押试点的开展，逐渐扩大试点范围，必须

---

① 肖攀：《宅基地使用权抵押试点，怎样走稳走好》，载《中国国土资源报》2013 年 7 月 31 日。

完善及改革宅基地制度、做好农房及宅基地确权工作、建立融资风险防范体系。首先，在立法层面，要改革与完善农村宅基地管理制度。除将宅基地使用权抵押纳入改革范畴之外，还要完善农民的宅基地用益物权、建立宅基地流转和有偿退出制度、建立宅基地差别化有偿使用制度，确保农房及宅基地抵押在法律的规范下有序进行；其次，全面加快推进宅基地使用权确权登记发证工作。各地要围绕农村地籍调查、土地确权、争议调处、登记发证等工作，以登记发证为主线，因地制宜，采用符合实际的调查方法，做好不动产统一登记背景下与农房登记工作的衔接，力争尽快完成房地一体的全国农村宅基地确权登记发证工作，为宅基地及其上房屋抵押的顺利推进提供产权保障；最后，建立健全国土、金融与地方政府之间协调联动的融资风险防范体系。在试点工作中，国土资源部门与金融部门要实时互通共享土地信息、用地信息以及信贷用途、数据等资信，实现宅基地使用权抵押的全方位、全过程监管。地方政府要积极创建担保平台，为宅基地使用权抵押创造条件。要建立覆盖城乡居民的社会保障体系，最终构建"政府主导、部门负责、公众参与、上下联动"的风险防范长效机制[①]。

第五节　建立宅基地置换法律法规

新一轮全国土地利用总体规划纲要（2006~2020年）已于2009年10月通过国务院审批，地方各级土地利用总体规划修编工作已基本完成，在新一轮土地利用总体规划的修编过程中，国土资源部提出了一个"屋顶理论"，即中央下达到地方的控制性规划指标中增加了一个规划期末（2020年）城乡建设用地总规模（包括城镇用地、工矿用地和村庄用地），这个总规模犹如房屋的屋顶，不允许被突破，城乡建设用地空间取决于"离屋顶的距离"（一个地区目前的和规划期末的城乡建设用地总规模的差距），如现状已突破"屋顶"，就须通过复垦农村建设用地将城乡建设用地总规模降下来[②]。在我国耕地面积已经逼近18亿亩红线的背景下，近年来，开展宅基地整理置换成为地方政府破解城镇建设用地供给"瓶颈"的最佳选择。

[①] 肖攀：《宅基地使用权抵押试点，怎样走稳走好》，载《中国国土资源报》2013年7月31日。

[②] 陶然、汪晖：《中国尚未完成之转型中的土地制度改革：挑战与出路》，载《国际经济评论》2010年第2期，第113页。

立法完善是有序开展宅基地整理置换的前提，因为在置换中要涉及国家、土地所有者和土地使用者等众多利益群体，其相关利益的调整需要完备的法律体系作保障。在德国和日本，虽然实行土地私有制，土地整理和村庄整治的动因与方式同我国农村宅基地置换中农村居民点用地整理、新集中居住区规划建设有很大差异，但为保证土地整理和村庄整治依法有序开展，切实改善农民生产生活条件，保障与增进农户权益，注重完善立法的做法值得我国借鉴。

在德国，为确保土地整理和村庄整治的有序开展，德国不但颁布了世界上第一部土地整理法律，而且《土地整理法》的内容还依据经济发展的需要不断地修改完善。德国《土地整理法》也是村庄革新的最重要法律依据，此外，其他相关法律也从不同角度对村庄革新的内容进行了细致的规范。同时，德国的土地整理和村庄革新都是在严格的科学规划控制之下进行的。在日本，土地整治的法律体系也颇为完善，随着土地整治工作的有序进行、土地整理重点任务的变化，《耕地整理法》《土地改良法》也相应进行了多次修改完善。由于人多地少、农地分散细碎，在整治中，特别重视农地流转和规模经营的形成，为避免农户间的利益冲突，土地整治法律对地块置换及权属调整也做了相应的规定。

鉴于我国目前关于宅基地整理置换的法律与规划体系不完善的现状，为使宅基地置换中的宅基地复垦整理、农民集中居住区建设在法律法规的约束下有序开展，防止地方政府运用行政权力强制推进置换中的侵犯农民权益行为，应当建立健全关于宅基地置换的具体法律制度。

第一，在宪法层面补充和完善宅基地所有权和使用权条款，并且通过修订《土地管理法》对宅基地制度作出较目前更为全面的规定，在此基础上，根据各地宅基地流转和置换的实践，及时总结经验和教训，在与国家"关于严格规范城乡建设用地增减挂钩试点工作"的系列政策性文件做好衔接的基础上，及时出台《农村宅基地流转和宅基地置换法》或《农村宅基地流转和宅基地置换条例》，规范宅基地置换的操作程序、办法，特别要明确农民权益保障条款，将近几年来国家所颁布的城乡建设用地增减挂钩的政策文件中保障被拆迁农民的生活水平和长远生计的规定予以具体化。

第二，应当在宪法原则和精神的指导下，制定专门的《土地整理法》，提升土地整理立法在整个土地法律体系中的作用，实现与《土地管理法》《环境法》等相关法律之间的配套协调，确保土地资源合理利用。《土地整理法》的主要构成可包括如下几大部分：土地整理的内涵、范围、基本目标及基本原则、土地整理管理机构及职责以及土地整理的参加者及其权利义务、土地整理规划与立项、土地整理的实施、土地整理的竣工验收、土地整理后评价、法律责任等，而且，应当将农村集体建设用地整治作为土地整理的重点纳入到《土地整理法》的内容中去。村庄整治与土地开发整理不同，土地开发整理的难点在于对潜力的测算及对重点整治区域或重大工程的选择，而村庄整治规划的难点在于对规划实施的保障措施的制定。而且荒地或既有农田是过去土地开发整理的对象，整理的结果是地块结构得到优化，土地面积增加、质量提高，在此基础上对土地权属进行重新调整和分配，总体上是对土地增量的分配，只要坚持分配过程透明、公开、公正，土地权属调整比较容易完成。而村庄整治过程中涉及的农民土地权属调整，要比土地开发整理复杂得多，要涉及农民宅基地的永久失去或"缩水"及居住方式改变问题、宅基地及其他集体建设用地复垦为耕地后的土地权属问题、进城"农民"承包地的归属问题，对农民生产、生活的影响很大，因此，要从保障农民权益角度出发，制定切实可行的村庄整治规划、程序及办法，以期获得村民们的广泛支持。另外，我国目前缺乏统领土地规划工作全局的《土地规划法》，《土地规划法》的缺位使我国的土地整理规划缺乏科学性和权威性，进而影响土地整理工作的合理、有序开展。

第三，在村庄建设规划方面，国家应在尽快明确《城乡规划法》调整城乡建设的主体法律地位的同时，抓紧研究编制专门的村庄规划技术标准与规范，修订完善《村庄和集镇规划建设管理条例》，从统筹城乡发展的角度出发，使村庄规划在运行机制上，从模糊性和宽泛型的制度设计，向注重程序性和强制性的机制构建转变；在村庄规划编制体系完善上，促进城乡建设协同机制的运转，使村庄规划与相关的国土资源规划、环境保护规划、农业发展规划等内容实现有机关联和协同互补，以此实现村庄规划建设的可持续发展，保障农民的长远利益。

主要参考文献

1. ［美］米都斯：《增长的极限》，四川人民出版社1984年版（中译本）。
2. ［美］R. 科斯、A. 阿尔钦、D. 诺斯：《财产权利与制度变迁》，上海人民出版社1994年版，第96~113页。
3. ［日］藤田昌久等：《集聚经济学——城市、产业区位与全球化》，格致出版社2016年版，第3页。
4. ［匈］瓦尔加：《1845~1935年世界经济危机》（第一卷），世界知识出版社1958年版，第161~164页。
5. ［美］丹尼斯·迪帕斯奎尔（Denise Dipasquale）、威廉·C·惠顿（William C. Wheaton）：《城市经济学与房地产市场》，经济科学出版社2002年版。
6. ［美］Levy J：《现代城市规划》，中国人民大学出版社2003年版。
7. ［澳］李克：《转轨国家的机制性腐败：一个一般均衡模型》，载《经济社会体制比较》2003年第1期。
8. ［美］卢克·埃里克森：《关于中国农村土地私有化的辩论》，载《国外理论动态》2008年第3期。
9. ［日］关谷俊：《日本的农地制度》，三联书店2004年版。
10. ［英］阿弗里德·马歇尔著：《经济学原理》，华夏出版社2005年版。
11. ［美］巴泽尔（Y. Barel）：《产权的经济分析》，上海三联书店、上海人民出版社1997年版。
12. ［加］道格·桑德斯：《落脚城市：最后人类大迁移与我们的未来》，上海译文出版社2012年版。
13. ［美］威廉·阿朗索：《区位和土地利用-地租的一般理论》，商务印书馆2007年版。
14. ［德］约翰·冯·杜能：《孤立国同农业和国民经济的关系》，商务印书馆2011年版。
15. ［法］萨伊：《政治经济学概论》，商务印书馆2011年版。

16. ［美］萨缪尔森：《经济学》，华夏出版社1999年版。

17. ［美］伊利：《土地经济学原理》，商务印书馆1982年版。

18. ［日］野口悠纪雄：《土地经济学》，商务印书馆1997年版。

19. ［英］亚当·斯密：《国民财富的性质和原因的研究》（上卷），商务印书馆2011年版。

20. ［英］李嘉图：《政治经济学及赋税原理》，华夏出版社2005年版。

21. ［英］理查德·琼斯：《论财富的分配和赋税的来源》，商务印书馆2011年版。

22. ［英］亨利·乔治：《进步与贫困》，商务印书馆2011年版。

23. ［美］曼瑟尔·奥尔森：《集体行动逻辑》，上海三联书店1995年版。

24. 张桂文：《中国二元经济转换的政治经济学分析》，经济科学出版社2011年版，第27~32、144、152页。

25. 张桂文：《从古典二元论到理论综合基础上的转型增长——二元经济理论演进与发展》，载《当代经济研究》2011年第8期，第41页。

26. 张桂文：《中国二元经济转型的特殊性及其对城市化影响》，载《河北经贸大学学报》2013年第5期，第18页。

27. 张桂文：《中国城镇化进程中"农村病"和"城市病"及其治理》，载《辽宁大学学报（哲学社会科学版）》2014年第3期，第19~21页。

28. 张桂文：《二元经济转型视角下的中国粮食安全》，载《经济学动态》2011年第6期。

29. 刘守英：《直面中国土地问题》，中国发展出版社2014年版，第82页。

30. 刘守英：《中国的二元土地权利制度与土地市场残缺——对现行政策、法律与地方创新的回顾与评论》，载《经济研究参考》2008年第31期，第2~13页。

31. 刘守英：《政府垄断土地一级市场真的一本万利吗？》，载《中国改革》2005年第7期，第22~26页。

32. 刘守英：《破解城乡二元土地制度格局》，载《中国土地市场》2009年第5期，第44~47页。

33. 刘守英：《农村集体所有制与三权分离改革》，载《中国乡村发现》2014年第3期，第14页。

34. 刘守英：《中国城乡二元土地制度的特征、问题与改革》，载《国际经济评论》2014年第3期，第22页。

35. 贾鹏，杨刚桥：《城市用地扩张驱动力分析——以湖北省为例》，载《水土保持研究》，2006年第4期，第182~186页。

36. 温铁军：《三农问题与土地制度变迁》，中国经济出版社2009年版，第13页。

37. 温铁军：《中国农村经济制度变迁六十年》，厦门大学出版社2009年版，第60页。

38. 温铁军：《我国为什么不能实行农村土地私有化》，载《财经界》2015年第7期，第43~46页。

39. 温铁军：《中国农村基本经济制度研究——"三农"问题的世纪反思》，中国农业出版社2000年版，第195页。

40. 温铁军：《三农问题与制度变迁》，中国经济出版社2009年版。

41. 钱忠好、曲福田：《规范政府土地征用行为切实保障农民土地权益》，载《中国农村经济》2004年第12期，第4~11页。

42. 钱忠好：《关于中国农村土地市场问题的研究》，载《中国农村经济》1999年第1期，第9~15页。

43. 黄小虎：《征地制度改革的经济学思考》，载《中国土地》2002年第8期，第22~24页。

44. 李剑阁、韩俊：《中国土地政策改革的基本走向》，载《理论视野》2006年第4期，第9~12页。

45. 雷爱先：《土地经济利益格局》，载《中国国土资源报》2002年2月21日。

46. 岳晓武：《我国土地市场建设回顾与展望》，载《国土资源科技管理》2004年第7期，第49~54页。

47. 陈龙高、杨小艳、陈龙乾：《土地供应的制度缺陷及建议》，载《地质技术经济管理》2004年第12期，第30~33页。

48. 李明月：《中国土地市场秩序混乱的表象、成因与对策》，载《生产力研究》2005年第11期，第165~167页。

49. 杨波：《论中国土地市场的结构性重组》，载《内蒙古财经学院学报》2006年第8期，第53~55页。

50. 王小映：《推进集体建设用地市场化改革》，载《中国土地》2005年第12期，第7~8页。

51. 谭荣、曲福田：《市场与政府的边界——土地非农化治理结构的选择》，载《管理世界》2009年第12期，第39~49页。

52. 马凯、钱忠好：《土地征用、农地直接入市与土地资源优化配置》,载《中国农村经济》2009年第4期,第69~78页。

53. 马凯、钱忠好:《农村集体非农建设用地直接上市:市场失灵与其政策矫正》,载《中国土地科学》2010年第3期,第65~71页。

54. 马凯、钱忠好:《中国农村集体非农建设用地市场长期动态均衡分析》,载《中国土地科学》2009年第3期,第66~72页。

55. 高圣平、刘守英:《集体建设用地进入市场:现实与法律困境》,载《管理世界》2007年第3期,第62~74页。

56. 蒋省三、刘守英、李青:《土地制度改革与国民经济成长》,载《管理世界》2007年第9期,第1~9页。

57. 蒋省三、刘守英:《防止村庄建设中侵害农民宅基地权利的倾向》,载《中国发展观察》2007年第3期,第37页。

58. 马晓河、崔宏志:《建立土地流转制度,促进区域农业生产规模化经营》,载《管理世界》2002年第11期,第63~77页。

59. 吴桂英:《建立完善城乡统筹的新型社会救助体系》,载《今日浙江》2003年第11期,第9~11页。

60. 傅晨、范永柏:《东莞市农村土地使用权流转的现状、问题与政策建议》,载《南方农村》2007年第2期,第44~47页。

61. 潘仕东、李凤琴、杨立杰:《他使"土门"变新村》,载《承德日报》2007年12月4日。

62. 钟涨宝、汪萍:《农地流转过程中的农户行为分析——湖北、浙江等地的农户问卷调查》,载《中国农村观察》2003年第6期,第:55~64、81页。

63. 张文秀、李冬梅、邢姝媛、张颖聪:《农户土地流转行为的影响因素分析》,载《重庆大学学报(社会科学版)》2005年第1期,第14~17页。

64. 李文祺:《土地流转:中国农村土地使用权制度变迁的必然选择》,载《台湾农业探索》2002年第3期,第27~31页。

65. 商春荣、王冰:《农村集体土地产权制度与土地流转》,载《华南农业大学学报(社会科学版)》2004年第2期,第25~30页。

66. 范军:《私有产权、不可转让性与宅基地使用权流转》,载《山东科技大学学报(社会科学版)》2008年第4期,第46页。

67. 张云华:《建立农村宅基地使用权流转制度研究》,载《完善与改革农村宅基地制度研究》,中国农业出版社2011年版,第58~59页。

68. 张云华、肖俊彦:《完善与改革农村宅基地制度研究》,中国农业出版社 2011 年版，第 126 页。

69. 张云华：《积极探索农民宅基地有偿退出之路》，载《完善与改革农村宅基地制度研究》，中国农业出版社 2011 年版，第 77 页。

70. 张云华：《完善与改革农村宅基地制度的思路与建议》，载《完善与改革农村宅基地制度研究》，中国农业出版社 2011 年版，第 11 页。

71. 张云华：《中国农地流转问题调查》，上海远东出版社 2012 年版，第 21 页。

72. 陈柏峰：《农村宅基地限制交易的正当性》，载《中国土地科学》2007 年第 4 期，第 44 页。

73. 李跃、施爱玲：《宅基地置换工程中的农民福利研究》，载《商品与质量》2011 年第 4 期，第 69 页。

74. 肖碧林、王道龙等：《我国农村宅基地置换模式、问题与对策建议》，载《中国农业资源与区划》2011 年第 6 期，第 39~40 页。

75. 蔡玉胜：《农地流转"宅基地换房"模式的深层思考》，载《城市》2009 年第 3 期，第 50~52 页。

76. 周宏霞：《宅基地使用权流转问题研究》，中国政法大学硕士学位论文，2009 年，第 15~16 页。

77. 施建刚、黄晓峰等：《对发达地区农村宅基地置换模式的思考》，载《农村经济》2007 年第 4 期，第 26~28 页。

78. 朱林兴：《农村宅基地置换的若干问题》，载《上海市经济管理干部学院学报》2006 年第 2 期，第 2~3 页。

79. 孙建伟：《涉地农民住房权与生存保障权的实证研究》，华东政法大学博士学位论文，2011 年，第 101~102、184、248 页。

80. 何缨：《"宅基地换房"模式的法律思考》，载《山东社会科学》2010 年第 1 期，第 171 页。

81. 蒲方合：《宅基地使用权置换中的利益平衡机制研究》，载《经济体制改革》2009 年第 4 期，第 93 页。

82. 刘传江、徐建玲等：《中国农民工市民化进程研究》，人民出版社 2008 年版，第 45、57 页。

83. 王竹林：《城市化进程中农民工市民化研究》，中国社会科学出版社 2009 年版，第 135、217 页。

84. 长子中：《农民工市民化进程中的土地问题》，载《北方经济》2010 年第 4 期，第 8~12 页。

85. 黄锟：《中国农民工市民化制度分析》，中国人民大学出版社 2011

年版，第 187、189 页。

86. 汪阳红：《"十二五"时期农民工市民化进程中的土地问题研究》，载《经济研究参考》2011 年第 34 期，第 24~37 页。

87. 钟德友、陈银容：《破解农民工市民化障碍的制度创新——以重庆为例证的分析》，载《农村经济》2012 年第 1 期，第 103~106 页。

88. 郭晓鸣、张克俊：《让农民带着"土地财产权"进城》，载《农业经济问题》2013 年第 7 期，第 4~9 页。

89. 曾祥炎、王学先、唐长久：《"土地换保障"与农民工市民化》，载《晋阳学刊》2005 年第 6 期，第 37~41 页。

90. 张良悦、刘东：《农村劳动力转移与土地保障权转让及土地的有效利用》，载《中国人口科学》2008 年第 2 期，第 72~79 页。

91. 夏耕：《中国城乡二元经济结构转换》，北京大学出版社 2005 年版，第 45 页。

92. 胡彬、孙海鸣：《二元经济理论的发展演变及现实启示》，载《上海财经大学学报》2004 年第 2 期，第 27~33 页。

93. 高帆：《交易效率、分工演进与二元经济结构转化》，上海三联书店 2007 年版，第 63~71 页。

94. 周冲：《西方二元经济理论述评》，吉林大学硕士学位论文，2006 年。

95. 王检贵：《劳动与资本双重过剩下的经济发展》，上海三联书店、上海人民出版社 2006 年版，第 38~51 页。

96. 杨小凯、张永生：《新兴古典经济学与超边际分析》，社会科学文献出版社 2003 年版，第 111~125 页。

97. 吕玉印著：《城市发展的经济学分析》，上海三联书店 2000 年版，第 57 页。

98. 徐同文著：《地市城乡经济协调发展研究》，社会科学文献出版社 2008 年版，第 160 页。

99. 华生：《新土改——土地制度改革焦点与难点辨析》，东方出版社 2015 年版，第 IV 页。

100. 宋敏、陈廷贵、刘丽军：《中国土地制度的经济学分析》，中国农业出版社 2008 年版，第 32~36 页。

101. 张培刚：《发展经济学》，河南人民出版社 1999 年版，第 37 页。

102. 王琢、许浜：《中国农村产权制度的演变和耕地绩效》，经济管理出版社 2006 年版，第 10~11 页。

103. 周其仁：《产权与制度变迁－中国改革的经验研究》，北京大学出版社2004年版，第6~14页。

104. 中共中央党史研究室：《中国共产党的七十年》，中共党史出版。社1991年版，第493页。

105. 黄宗智：《中国乡村研究（第二辑）》，商务印书馆2003年版。

106. 刘小明：《1994改革热点评述（之二）分税制财政体制改革评述》，载《中外房地产导报》1994年第Z1期，第14~16页。

107. 郭庆：《现代化中的农村剩余劳动力的转移》，中国社会科学出版社1993年版，第43页。

108. 姚祥：《自由公正与制度变迁》，河南人民出版社2002年版，第196页。

109. 杜润生：《当代中国的农业合作制》（下），当代中国出版社2002年版，第27~28、39~40页。

110. 《当代中国农业合作化》编辑室：《建国以来农业合作化史料汇编》，中共党史出版社1992年版，第906、927页。

111. 邓力群、马洪、武衡：《当代中国的农业》，当代中国出版社1992年版，第265~270页。

112. 沙国武等：《家庭承包经营给农业和农村社会带来的影响》，载《新华文摘》1999年第6期。

113. 郝晓燕：《我国农村土地征收程序制度研究》，广东商学院硕士学位论文，2012年。

114. 杨维富：《完善现行征地补偿法规　化解农村征地社会矛盾》，载《中国经济时报》2013年10月31日。

115. 刘永湘：《农村土地所有权价格与征地制度改革》，载《中国软科学》2004年第4期，第50~55页。

116. 赵金龙、熊凤山等：《产权制度对农地流转的影响分析》，载《经济体制改革》2015年第2期，第89页。

117. 胡兰玲：《土地发展权论》，载《河北法学》2002年第2期，第143~146页。

118. 王万茂、臧俊梅：《试析农地发展权的归属问题》，载《国土资源科技管理》2006年第3期，第8~11页。

119. 范辉、董捷：《试论农地发展权》，载《农村经济》2005年第6期，第28页。

120. 杨理成：《当前推行农房抵押贷款业务面临的难点及建议——以福

建省松溪县为例》，载《福建金融》2014年第8期，第66~67页。

121. 李磊：《"宅基地换房"进行时》，载《中国房地产金融》2009年第1期，第32页。

122. 冯双生：《我国农村宅基地置换中农民权益保护问题研究》，辽宁大学博士学位论文，2013年。

123. 冯双生：《宅基地置换中农民权益受损问题及对策研究》，载《农业经济问题》2013年第12期，第34页。

124. 冯双生：《我国农民合作经济组织建设的收益成本分析——基于新制度经济学视角》，载《农村经济》2012年第5期，第126页。

125. 王红茹、朱杉：《我国成世界城乡收入差距最大国家之一 今年城乡收入差距会缩小吗？》，载《中国经济周刊》2011年第37期，第70页。

126. 陈冀莎：《关于缩小我国城乡收入差距的对策分析》，载《河北工业大学学报》2012年第1期，第18页。

127. 李敏飞、柳经纬：《农村土地承包经营权流转的制度性因素的法律分析和思考》，载《福州大学学报（哲学社会科学版）》2006年第3期，第82页。

128. 蔡昉、都阳：《中国人口与劳动问题报告NO.8：刘易斯转折点及其政策挑战》，社会科学文献出版社2007年版，第114~120页。

129. 朱启臻、赵晨鸣：《农民为什么离开土地》，人民日报出版社2011年版。

130. 朱可亮、罗伊·普罗斯特曼、杰夫·瑞丁格、叶剑平、汪汇：《十七省地权调查报告——确保农民的长远生计将是中国征地制度不能回避的问题》，载《农村实用科技信息》2012年第4期，第109页。

131. 王静：《"小产权房"产生的原因及对社会经济的影响》，载《山东国土资源》2010年第4期，第47页。

132. 邱继勤、邱道持等：《城乡建设用地挂钩指标的市场配置》，载《城市问题》2010年第7期，第65~66页。

133. 董淑敏：《论城市化方式与城乡建设用地集约化的相关性——基于"城乡双栖"模式的实证分析》，载《规划创新：2010中国城市规划年会论文集》，中国会议2010年10月15日。

134. 贾康、程瑜等：《中国新型城镇化进程中土地制度改革难题破解路径——基于深圳调研的报告》，载《铜陵学院学报》2015年第1期，第5~6页。

135. 韩松：《坚持农村土地集体所有权》，载《法学家》2014年第2

期，第 36~37 页。

136. 李亚琴：《我国城乡收入差距的现状及原因分析》，载《经济研究导刊》2009 年第 20 期，第 158 页。

137. 郭冠男：《围绕地权赋予农民更多财产权利》，载《宏观经济管理》2014 年第 3 期，第 51~52 页。

138. 张舰：《中外大城市建设用地容积率比较》，载《城市问题》2015 年第 4 期，第 13~16 页。

139. 王晓映：《统筹城乡土地改革和制度建设》，载《农村土地制度改革：国际比较研究》，社会科学文献出版社，2009 年版，第 214~216 页。

140. 丁关良：《土地承包经营权流转制度法律问题研究》，载《农业经济问题》2011 年第 3 期，第 13~14 页。

141. 杨代雄：《农村集体土地所有权的程序建构及其限度——关于农村土地物权流转制度的前提性思考》，载《法学论坛》2010 年第 1 期，第 42~49 页。

142. 邹卫中：《国外征地制度的发展趋势及其对我国的启示和借鉴》，载《成都理工大学学报（社会科学版）》2006 年第 3 期，第 37~42 页。

143. 张利宾：《美国法律中政府对私人财产的"征收"和补偿》，载《中国律师》2007 年第 8 期。

144. 黄小彪：《征地过程中农民权益保障问题的思考》，载《经济体制改革》2007 年第 4 期，第 88~91 页。

145. 廖长林、高洁：《残缺的农民集体土地产权与征地制度改革》，载《管理世界》2008 年第 7 期，第 176~177 页。

146. 国务院发展研究中心农村部课题组、叶兴庆、徐小青：《从城乡二元到城乡一体——我国城乡二元体制的突出矛盾与未来走向》，载《管理世界》2014 年第 9 期。

147. 田旭：《中国城镇化进程中征地收益分配研究》，辽宁大学博士学位论文，2014 年。

148. 高进云、张安录、杨钢桥：《湖北省城镇化地域差异的实证研究》，载《中国人口·资源与环境》2006 年第 4 期，第 107~112 页。

149. 傅勇：《中国式分权与地方政府行为：探索转变发展模式的制度性框架》，复旦大学出版社 2010 年版，第 96、107 页。

150. 刘立峰：《土地财政仍是经济增长的重要依托》，载《中国经济时报》2013 年 9 月 26 日。

151. 刘佳、吴建南、马亮：《地方政府官员晋升与土地财政——基于中国地市级面板数据的实证分析》，载《公共管理学报》2012 年第 4 期，第 11~25 页。

152. 赵尚朴：《城市土地使用制度研究》，中国城市出版社 1996 年版。

153. 肖攀：《宅基地使用权抵押试点，怎样走稳走好》，载《中国国土资源报》2013 年 7 月 31 日。

154. 陶然、汪晖：《中国尚未完成之转型中的土地制度改革：挑战与出路》，载《国际经济评论》2010 年第 2 期，第 113 页。

155. 农业部政策研究室：《中国农村经济概要》，农业出版社 1982 年版，第 202~211 页。

156. 农业部政策法规司、国家统计局农村司：《中国农村 40 年》，中原农民出版社 1989 年版，第 131~132 页。

157. 农业部计划司编：《中国农村经济统计大全》，农业出版社 1989 年版，第 46~47、146~256 页。

158. 李燕琼、嘉蓉梅：《城市化过程中土地征用与管理问题的理性反思——对我国东、中、西部 1538 个失地农户的调查分析》，载《经济学家》2006 年第 5 期，第 86 页。

159. 唐在富：《中国土地制度创新与土地财税体制重构》，经济科学出版社 2008 年版，第 159 页。

160. 黄国龙、蔡佳红：《"土地财政"的分税制根源及其对策》，载《宏观经济研究》2013 年第 6 期，第 3~8 页。

161. 钟德友、陈银容：《破解农民工市民化障碍的制度创新——以重庆为例证的分析》，载《农村经济》2012 年第 1 期。

162. 邹伟、孙良媛：《土地流转、农民生产效率与福利关系研究》，载《江汉论坛》2011 年第 3 期。

163. 郑雄飞：《中国农村"土地换保障"的实践反思与理性建构》，上海三联书店 2012 年版。

164. 赵勍、张金麟：《基于私人成本与私人收益的农民工市民化意愿研究》，载《华东经济管理》2012 年第 12 期。

165. 赵锦凤：《农村土地流转与政府行为问题研究》，载《山西农业大学学报（社会科学版）》2011 年第 3 期。

166. 赵丙奇、周露琼、杨金忠、石景龙：《发达地区与欠发达地区土地流转方式比较及其影响因素分析——基于对浙江省绍兴市和安徽省淮北市的调查》，载《农业经济问题》2011 年第 11 期。

167. 赵显州：《中国农业剩余劳动力转移问题研究——以产业结构变

动为主线》，经济科学出版社 2010 年版。

168. 刘奇：《中国三农问策（卷3）：土地·农民》，安徽人民出版社 2012 年版。

169. 国务院发展研究中心课题组：《中国城镇化：前景、战略与政策》，中国发展出版社 2010 年版。

170. 张志强：《农村集体建设用地"入市"研究》，中共中央党校博士学位论文，2010 年。

171. 赵德起：《中国农村土地产权制度效率的经济学分析》，经济科学出版社 2010 年版。

172. 朱新山：《中国农民权益保护与乡村组织建构》，上海大学出版社 2011 年版。

173. 易小燕、陈印军等：《城乡建设用地增减挂钩运行中出现的主要问题与建议》，载《中国农业资源与区划》2011 年第 1 期。

174. 易小燕、陈印军等：《农民"被上楼"的权益缺失及其保护措施》，载《中国经贸导刊》2011 年第 22 期。

175. 袁中友、杜继丰等：《日本土地整治经验及其对中国的启示》，载《国土资源情报》2012 年第 3 期。

176. 郧文聚：《鸟瞰日本土地整治》，载《中国土地》2011 年第 3 期。

177. 张曙光：《博弈：地权的细分、实施和保护》，社会科学文献出版社 2011 年版。

178. 严金海：《农村宅基地整治中的土地利益冲突与产权制度创新研究》，载《农业经济问题》2011 年第 7 期。

179. 曲卫东、斯宾德勒：《德国村庄更新规划对中国的借鉴》，载《中国土地科学》2012 年第 3 期。

180. 邵欢：《论"同票同权"背景下农民平等选举权的有效实现》，载《湖南警察学院学报》2011 年第 6 期。

181. 王厚俊等：《城市化进程中的农民问题》，中国农业出版社 2011 年版。

182. 王文玲、阚酉浔等：《公众参与土地整理的研究综述》，载《华中农业大学学报（社会科学版）》2011 年第 3 期。

183. 王新：《城中村改造中的利益群体冲突——以温州城中村改造为例》，吉林大学博士学位论文，2011 年。

184. 王旭东：《中国农村宅基地制度研究》，中国建筑工业出版社 2011 年版。

185. 崔运正：《财政分权与完善地方财政体制研究》，财政部财政科学研究所博士学位论文，2011年。

186. 戴伟娟：《城市化进程中农村土地流转问题研究——基于制度分析的视角》，上海社会科学院博士学位论文，2010年。

187. 刘向东：《基于利益相关者的土地整理项目共同治理模式研究》，中国地质大学博士学位论文，2011年。

188. 罗必良：《农地产权模糊化：一个概念性框架及其解释》，载《学术研究》2011年第12期。

189. 国务院发展研究中心"促进城乡统筹发展，加快农民工市民化进程研究"课题组：《农民工的八大利益诉求》，载《发展研究》2011年第12期。

190. 郝春业：《农村土地经营权流转政策对农村经济改革与发展的影响：河南漯河市实证研究》，载《金融理论与实践》2010年第9期。

191. 张悦：《中国农村土地制度变迁——基于意识形态的视角》，经济管理出版社2011年版。

192. 陈明：《农地产权制度创新与农民土地财产权利保护》，湖北人民出版社2006年版。

193. 崔宝敏：《我国农地产权的多元主体和性质研究》，南开大学博士学位论文，2010年。

194. 邓海峰、王希扬：《户籍制度对土地承包经营权流转的制约与完善》，载《中国人口·资源与环境》2010年第7期。

195. 端瑞东：《农村土地流转租金的形成分析》，载《边疆经济与文化》2010年第5期。

196. 郭少峰：《三家机构报告称现行户籍制度造成中国"伪城镇化"》，载《新京报》2011年10月5日。

197. 崔效军、曹春云：《土地流转制约因素分析》，载《合作经济与科技》2010年第15期。

198. 北京天则经济研究所《中国土地问题》课题组、张曙光：《土地流转与农业现代化》，载《管理世界》2010年第7期。

199. 毕宝德等：《土地经济学（第六版）》，中国人民大学出版社2011年版。

200. 张维迎：《博弈论与信息经济学》，上海人民出版社2004年版。

201. 郑风田：《撤村并居中的土地问题：现状、原因与对策》，载《现代城市研究》2013年第6期。

202. 吴易风等:《产权理论与实践》,中国人民大学出版社 2010 年版。

203. 党国英:《土地改革能让中国至少繁荣 30 年》,载《华夏时报》2013 年 11 月 16 日。

204. 李菁、颜丹丽:《集体成员权和土地承包收益权的冲突与协调:稳定地权与不稳定地权的对比——以西水村第八村民小组两次征地补偿费分配为例》,载《中国农村观察》2011 第 2 期。

205. Bogue, D. J., "Metropolitan Growth and the Conversion of Land to Non – Agricultural Use.", Studies in Population Distribution, no. 11 (Oxford, Ohio, Scripps Foundation), 1956.

206. Mohamad Reza Rezvani, Hossain Mansourian, "Developing Small Cities by Promoting Village to Town and its Effects on Quality of Life for the Local Residents", Journal of Social Indicators Research, 2013, 110 (1): 147 – 170.

207. Adam Wasilewski, Krzyszt of Krukowski, "Land Conversion for Suburban Housing: A Study of Urbanization Around Warsaw and Olsztyn, Poland", Journal of Environmental Management, 2004, 34 (2): 291 – 303.

208. Yuji Hara, Ai Hiramatsu, Ryo Honda, Makiko Sekiyama, Hirotaka Matsuda, "Mixed land-use planning on the periphery of large Asian cities: the case of Nonthaburi Province, Thailand", Journal of Sustainability Science, 2010, 5 (2): 237 – 248.

209. Sax, J. L., "Takings and police power", The Yale Law Journal, 1964, 74 (1): 36 – 76.

210. Sax, J. L., "Takings, private property and public rights", The Yale Law Journal, 1971, 81 (2): 149 – 186.

211. Andrew W. Schwartz, "The Backlash from Kelov. City of New London: Throwing the Baby out with the Bathwater", SM040ALL – AFA, 2007, 659.

212. Paul Boudreaux, "Eminent Domain, Property Rights, and the Solution of Representation Reinforcement", Social Science Electronic Publishing, 2005, 83 (1): 1 – 55, 2005, 83 (1): 1 – 55.

213. See, e. g., John Fee, "Eminent Domain and the Sanctity of Home", 81 Notre Dame L. Rev., 2006, 783.

214. Dana Berliner, "Kelo v. City of New London: What It Means and the Need for Real Eminent Domain Reform", Institute for Justice White Paper on

Kelo Decision, SL049 ALL – ABA145, 2005.

215. Carter, M. R. , K. Wiebe, and B. Blarel, "Tenure Security for Whom? Differential Impacts of Land Policy in Kenya" Land Tenure Center Research Paper, No. 106. Land Tenure Center, University of Wisconsin – Madison, 1991.

216. James Kai-sing Kung, "Off-farm labor markets and the emergence of land rental markets in rural Chian. " Journal of Comparative Economics, 2002, 30 (2): 395 –414.

217. Pender. J. L. , J. M. Kerr. , "The Effects of Land Sales Restrictions: Evidence from South India", Journal of Agricultural Economics, 1999, 21 (3).

218. Bogaerts, Wiliamson Ip, Pendel. E. M. , "The Roles of Land Administration in the Accession of Central European Countries to the European Union", Journal of Land Use Policy, 2002, 19 (1).

219. Terry V. D, "Scenarios of Central European Land Fragmentation", Journal of Land Use Policy, 2003 (20): 149 –158.

220. Feder, G. , D. Feeny, "Land Tenure and Property Rights: Theory and Implications for Development Policy", Journal of the World Bank Economic Review, 1991, 5 (1).

221. Mohamed Behnassi, Sanni Yaya, "Land Resource Governance from a Sustainability and Rural Development Perspective", Sustainable Agricultural Development, 2011: 3 –23.

222. Baldwin. D. W. , "A Most Difficult Passage: the Economic Transition in Center and Eastern Europe and the Former Soviet Union", Journal of Emegro23 T, 2000, (3): 2.

223. Joshua, Eleonora et al. , "Price Repression in the Sovak Agricultral Land Market", Journal of Land Use Policy, 2004 (21): 59 –69.

224. Wei Hu, "Household Land Tenure Reform in China: Its Impact on Farming Land Use and Agro-environment", Journal of Land Use Policy, Vol. 14, NO. 3, 1997.

225. Volker Kreibich, "Self-help Planning of Migrants in Rome and Madrid", Habitat International, 2000, 24 (2): 201 –211.

226. Adam Wasilewski, Krzysztof Krukowski, "Land Conversion for Suburban Housing: A Study of Urbanization Around Warsaw and Olsztyn, Poland", Journal of Environmental Management, 2004, 34 (2): 291 –303.

227. Yuji Hara, Ai Hiramatsu, Ryo Honda, Makiko Sekiyama, Hirotaka Matsuda, "Mixed land-use planning on the periphery of large Asian cities: the case of Nonthaburi Province, Thailand", Journal of Sustainability Science, 2010, 5 (2): 237-248.

228. Jerry Johnson et al., "The Role of the Conversion Reserve Program in Controlling Rural Residential Development", Journal of Rural Studies, 2001 (17): 323-332.

229. Chris Williamson, Jan Mazurek, Rick Pruetz, William Fulton, "TDRs and Other Market - Based Land Mechanisms: How They Work and Their Role in Shaping Metropolitan Growth", June 2004, http://www.brookings.edu/research/reports/2004/06/metropolitan policy-fulton.

230. Sylvain Paquette, G. Domon, "Trends in rural landscape development and socio demographic decomposition in southern Quebec", Journal of Landscape and Urban Planning, 2001 (4): 215-238.

231. Joanne Millar, "Land - Use Planning and Demographic Change: Mechanisms for Designing Rural Landscapes and Communities", Demographic Change in Australia's Rural Landscapes, 2010: 189-206.

232. Abigail M. York, Darla K. Munroe, "Land - Use Institutions and Natural Resources in Fast - Growing Communities at the Urban - Rural Fringe", Human - Environment Interactions, 2013, 1: 295-318.

233. Adam Wasilewski, Krzysztof Krukowski, "Land Conversion for Suburban Housing: A Study of Urbanization Around Warsaw and Olsztyn, Poland", Journal of Environmental Management, 2004, 34 (2): 291-303.

234. Anthony Jjumba, Suzana Dragićević, "High Resolution Urban Land-use Change Modeling: Agent iCity Approach", Journal of Applied Spatial Analysis and Policy, 2012, 5 (4): 291-315.

235. Chihiro Shimizu, Kiyohiko G. Nishimura, "Pricing Structure in Tokyo Metropolitan Land Markets and its Structural Changes: Pre-bubble, Bubble, and Post-bubble Periods", The Journal of Real Estate Finance and Economics, 2007, 35 (4): 475-496.

236. Chris Dalglish, "For the Community: Scottish Historical Archaeology and the Politics of Land Reform", International Journal of Historical Archaeology, 2010, 14 (3): 374-397.

237. Alain Durand - Lasserve, Harris Selod, "The Formalization of Urban

Land Tenure in Developing Countries", Urban Land Markets, 2009: 101 – 132.

238. Alfred J. Wagtendonk, Rui Pedro Julião, Kees G. J. Schotten, "A Regional Planning Application of Euroscanner in Portugal", Land Use Simulation for Europe, 2001, 63: 257 – 291.

239. Arwyn Jones, Alan Belward, Marc Van Liedekerke, "Information Systems for Rural Planning", Rural Planning from an Environmental Systems Perspective, 1999: 21 – 41.

附录1：征地问题调查问卷

您好！此次调查的目的是为完成学术研究收集资料，请您根据实际情况回答我们的问题，在您选择的项目上划√（如无特殊说明，均为单选），在（ ）内和＿＿上填写相关内容即可（除特殊说明外，以下选项均为单选）。此份问卷为不记名式调查问卷，请您放心填写。在此对您的配合深表感谢！

您的家庭地址：＿＿＿＿省＿＿＿＿市＿＿＿＿县（区）＿＿＿＿乡（镇）＿＿＿＿村（居委会）＿＿＿＿组

调查时间：

1. 被调查者受教育程度：
   A. 小学　　　　　　B. 中学　　　　　　C. 高中
   D. 大学　　　　　　E. 没上过学

2. 家庭人口规模：
   A. 2人　　　　　　B. 3人　　　　　　C. 4人
   D. 5人　　　　　　E. 6人及以上

3. 征地前家庭收入主要来自：
   A. 农业收入　　　　B. 本地打工收入　　C. 外地打工收入
   D. 做小买卖　　　　E. 办工厂

4. 您认为土地对农户家庭的作用哪个最重要？
   A. 家庭收入主要靠土地
   B. 全家日常生活所需食品靠土地提供
   C. 家里有土地感觉有保障，种地牢靠、保险
   D. 子女可以继承
   E. 被征地后可以获得补偿
   F. 生活在农村，环境好、空气清新
   G. 其他作用

5. 家中土地是否被政府征收：
   A. 全部土地被征收　　B. 部分土地被征收　　C. 没有土地被征收

6. 征地时间：＿＿＿＿＿＿＿＿；征地数量＿＿＿＿＿＿＿＿亩。

土地补偿标准：_____万元/亩；安置补偿标准：_____万元/人。

7. 如果您的土地被征收，您得到哪种补偿方式（可多选）：
   A. 货币补偿：_____元/亩
   B. 安置工作
   C. 土地置换补偿：置换土地_____亩，估算地价_____元/亩
   D. 土地入股：股权收益_____元/年
   E. 土地换社保：得到以下社会保障
   F. 其他

8. 征地的用途是：
   A. 居住型房地产项目　　B. 商业地产项目　　　C. 工业园区
   D. 农业园区　　　　　　E. 政府办公用地
   F. 道路交通建设项目　　G. 其他

9. 您认为合理的征地补偿标准是每亩（　　　）万元。

10. 征地前如您的土地曾经转出，您以哪一种方式转出并获得了多少补偿？
    （1）土地出租方式，出租土地_____亩，每年收取土地租金_____元/亩。
    （2）土地入股分红方式，家庭_____亩土地参与入股，家庭有_____位成员享有分红的权益，一年可获得土地分红_____元。

11. 宅基地征用及补偿状况：
    （1）您家的住房是否被征？
       A. 是　　　　　　　　　B. 没有
    （2）如果被征，征用年份_____，征前房屋建筑面积_____平方米，安置补偿费_____元/平方米，安置住宅的购买价格_____元/平方米，建筑面积_____平方米，房屋过渡期间的补偿方式_____。
    （3）您对住宅补偿的满意程度：
       A. 很满意　　　　　　　B. 一般满意　　　　　　C. 不好不坏
       D. 不满意　　　　　　　E. 很不满意

12. 土地被征收时是否参与土地价格的协商？
    A. 参与　　　　　　　　B. 知道但没有参与　　　C. 不知道

13. 土地被征用时，村集体是否曾征询过村民的意见？
    A. 有　　　　　　　　　B. 没有

14. 征地补偿款谈判中，村集体或村民代表是否曾代表过你们和相关

部门讨价还价？

 A. 有   B. 没有

15. 不同意土地补偿标准的话，如何维护自己权益？

 A. 向村委会反映意见，由村委会代表村民同政府谈判

 B. 村民直接同政府谈判

 C. 上访

 D. 抗争

 E. 只能接受政府制定的土地补偿标准

16. 从农村发展未来趋势和您自身需要的角度看，村集体组织的作用应该加强或削弱：

 A. 应该不断加强   B. 保持现状   C. 没有存在的必要

 D. 无所谓

原因（自由填写）_____。

17. 您认为土地补偿金应该归谁所有？

 A. 归村集体   B. 归失地农民

 C. 归村集体和失地农民

18. 征地补偿中土地补偿费失地农民得到比例：

 A. 100%   B. 90%   C. 80%

 D. 70%   E. 60%   F. 50%

 G. 40%   H. 30%   I. 20%

 J. 10%以下

19. 以下征地补偿方式，您认为哪种方式最好？

 A. 现金

 B. 安置工作

 C. 转为城镇户口，享有城镇居民各种保障

 D. 劳动培训

 F. 提供养老、医疗、失业和最低生活保障

20. 土地被征用后的土地补偿款是否应该在村集体成员间平均分配？

 A. 是   B. 否   C. 无所谓

21. 如果您所在的集体把征用土地的补偿款进行了平均分配，是否又对集体土地进行了重新分配？

 A. 是   B. 否

分配方式：_____。

22. 您对当前的土地征收政策满意吗？

A. 满意　　　　　　B. 不满意　　　　　　C. 一般

23. 如果您对当前的土地征收政策不满意,您希望土地征收政策在哪些方面进行改进:

A. 村组织能直接代表村民直接与用地方政府协商谈判。

B. 鼓励村民参与征地谈判,如果村民不同意,征地就不能进行。

C. 集体土地以地入股分红的形式,能长期获得收益。

D. 公开、公平分配征地补偿费。

E. 对被征地村民进行非农就业培训,增强其劳动技能。

F. 完善被征地村民的社会保障措施,加大社保工作力度。

其他(自由填写)_____。

24. 是否愿意土地被征收:

A. 愿意　　　　　　B. 不愿意

愿意的原因:_____

不愿意的原因:_____

25. 土地被征后你最担心的问题:

A. 除了种地没有别的生活技能

B. 看病和养老

C. 孩子的教育和生活

D. 生活水平的下降

E. 其他_____。

26. 您认为您的土地被征用后,除得到征地补偿款,还需要政府提供哪些基本的社会保障:

A. 最低生活保障,每月最低生活费在_____元。

B. 城镇养老保障,同城镇职工一样达到一定年龄后每月可领取_____元的养老金。

C. 医疗保障,同城镇职工一样,最高可报销的医疗费用比例_____。

D. 失业保障,失业后政府至少要提供_____元的失业保障金。

E. 其他保障_____。

27. 失地后社会保障状况:

保障类型	征地后(元/月)					满意度
	家庭享有社保人数	自筹资金	村集体出资	地方政府出资	保障标准	享有时间	
养老保险							

续表

保障类型	征地后（元/月）					满意度
	家庭享有社保人数	自筹资金	村集体出资	地方政府出资	保障标准	享有时间	
医疗保险							
最低生活保障							
再就业培训							
失业保险							

28. 如果您家土地（A. 完全被征，B. 部分被征），您的家庭用征地补偿款自行购买了以下哪些商业保险？（多选）

　　A. 养老保险：_____人参加，_____年开始，每年缴费_____元/人，_____岁后，每月领取_____元

　　B. 医疗保险：_____人参加，_____年开始，每年缴费_____元/人，报销比例：_____

　　C. 其他保险：_____人参加，_____年开始，每年缴费_____元/人

　　D. 都没购买

29. 土地被征收后，您的医疗保险是：
　　A. 新农合医疗保险　　B. 城镇医疗保险

30. 土地被征收后，您的户口是：
　　A. 农业户口　　　　　B. 非农户口

31. 土地被征收后，您居住在：
　　A. 农村原有住房　　　B. 农村集中安置住宅
　　C. 租城镇住房　　　　D. 购买城镇住房

32. 希望的就业安置方式：
　　A. 发放再就业补偿金　B. 政府提供职业培训
　　C. 政府提供就业岗位　D. 其他

33. 征地后就业安置方式是_____，家庭失业人口数_____人（18~60岁的劳动力在土地被征后，一年累计打工少于3个月，视为失业）。

34. 失去土地后的主要生活来源
　　A. 土地补偿费　　　B. 打工收入　　　C. 种地收入
　　D. 做生意收入

35. 您失去土地后的现状：

（可以自己填，如果不会再使用选项）

    A. 外出打工　　　　B. 用失地补偿款在本地做小生意

    C. 政府安排就业　　D. 自己找到固定工作

    E. 失业在家　　　　F. 其他

36. 如果是待业在家是因何种原因

（可以自己填，如果不会再使用选项）

    A. 工资太低，工作时间太长工作太辛苦

    B. 福利待遇不高

    C. 拖欠工资

    D. 没有技术

    E. 缺乏就业信息

    F. 不愿意工作

    G. 不好找工作

    H. 其他

37. 失地后生活水平（　　）。

    A. 提高　　　　　　B. 下降　　　　　　C. 不变

38. 失去土地后您的就业途径：

    A. 找政府安置　　　B. 外出打工　　　　C. 做小生意

    D. 本地企业应聘　　E. 继续搞农业　　　F. 找不到工作待业

    G. 其他

39. 土地被征收后，对50岁以上女性和60岁以上男性是否享有政府提供的最低生活保障？

    A. 是　　　　　　　B. 否

有的话，最低生活保障_____元/每月。

附录2：土地承包经营权流转情况调查问卷

结合调研目的和实地走访时对农民反映出的问题，我们精心设计了一份便于农民回答的调查问卷，共涉及 27 个问题。具体内容如下：

农户所在的地址：_____省_____市_____县（区）_____乡（镇）_____村

1. 被调查农户基本信息：

1.1 性别：

A. 男　　　　　　　　B. 女

1.2 年龄：

A. 18~25 岁　　　　　B. 25~35 岁　　　　　C. 35~45 岁

D. 45~55 岁　　　　　E. 55 岁以上

1.3 家庭人口数：

A. 2 人　　　　　　　B. 3 人　　　　　　　C. 4 人

D. 5 人　　　　　　　E. 6 人以上

1.4 家庭劳动力人数：

A. 2 人　　　　　　　B. 3 人　　　　　　　C. 4 人

D. 5 人　　　　　　　E. 6 人以上

1.5 在外打工人口数：

A. 无　　　　　　　　B. 1 人　　　　　　　C. 2 人

D. 3 人　　　　　　　E. 4 人以上

1.6 您的文化程度：

A. 小学及以下　　　　B. 初中　　　　　　　C. 高中（中专）

D. 大学（大专）及以上

1.7 您距离省会城市的距离为：

A. 不到 50 公里　　　B. 50~200 公里　　　C. 200~500 公里

D. 500 公里以上

1.8 您目前的职业类型：

A. 农业　　　　　　　B. 以农业为主兼非农业

C. 以非农为主兼农业　　D. 非农业

2. 家庭主要收入来源：
A. 土地耕作　　　　　B. 养殖业　　　　　　C. 在外打工
D. 自己经营小本生意　E. 在本地企业打工　　F. 其他

3. 2013年您家农业收入占总收入比重为：
A. 30%以下　　　　　B. 30%~50%　　　　C. 50%~80%
D. 80%以上

4. 您家里承包地面积有多少？
A. 0~5亩　　　　　　B. 5~10亩　　　　　C. 10~15亩
D. 15~20亩　　　　　E. 20~40亩　　　　　F. 40亩以上

5. 每亩地收入：
A. 100~500元　　　　B. 500~1000元　　　C. 1000~1500元
D. 1500~2000元　　　E. 2000元以上

6. 您家有土地承包经营权证吗？
A. 有　　　　　　　　B. 没有

7. 您是否同意承包期内对耕地进行调整？
A. 同意　　　　　　　B. 不同意

8. 您是否愿意以放弃土地承包权为条件获得城市户口？
A. 愿意　　　　　　　B. 不愿意　　　　　　C. 无所谓

9. 您对农村土地承包法了解吗？
A. 了解　　　　　　　B. 不完全了解　　　　C. 不了解

10. 您是否愿意进行承包地的流转？
A. 愿意转入　　　　　B. 愿意转出　　　　　C. 不愿意转入
D. 不愿意转出　　　　E. 既不愿意转入也不愿意转出

11. 您现在是否正在进行土地流转？
A. 是，正在转出　　　B. 是，正在转入　　　C. 否

12. 如果您在进行土地转出，其原因是：
A. 务农的收入低
B. 土地转出的收入高于自己务农收入
C. 集体要求将土地出让
D. 年老、儿女到城里打工，家中劳动力不足
E. 打算到城里打工
F. 其他

13. 如果您正在进行土地转出，那么转出的土地占所承包土地的比例

是多少？

A. 1%~25% B. 25%~50% C. 50%~75%

D. 75%~100% E. 100%

14. 如果您正在进行土地转出，您家承包地转出租期为：

A. 1~2年 B. 2~3年 C. 3~5年

D. 5~7年 E. 7~10年 G. 10年以上

15. 土地出让后您打算从事什么工作？

A. 在当地企业当工人 B. 什么都不做 C. 做小本生意

D. 外出打工 E. 其他

16. 您的土地转出给哪些人或组织？

A. 种植大户 B. 农业企业 C. 亲戚朋友

D. 土地股份合作社 E. 农业合作社 G. 其他

17. 当地每亩地流转价格是多少？

A. 100~300元 B. 300~500元 C. 500~700元

D. 700~900元 E. 1000~1200元 C. 1200~1500元

F. 1500元以上

18. 您是通过何种渠道进行土地转入或转出的？

A. 土地承包经营权市场直接交易

B. 熟人介绍

C. 中介组织

E. 乡村集体组织

D. 其他

19. 您是否签订了土地流转合同？

A. 是 B. 否

20. 如果您转入了土地，其原因是什么？

A. 家庭劳动力充足，土地不够种

B. 大规模种植收入较高

C. 国家农业政策有利于提高务农收益

D. 找不到合适的非农就业岗位

E. 看好农业投资的前景

F. 喜欢种地

G. 其他

21. 您转入的土地面积多少？

A. 5亩以内 B. 5~10亩 C. 10~20亩

D. 20~30 亩   E. 30~50 亩   F. 50~80 亩
G. 80~100 亩   F. 100 亩以上
22. 如您转入了土地，所经营的土地由谁来种？
A. 家庭成员   B. 以家庭成员为主，辅以雇工
C. 雇人种
23. 您转入的土地主要用于种植什么？
A. 粮食作物   B. 经济作物
24. 您转入土地的租金是多少？
A. 100~300 元   B. 300~500 元   C. 500~700 元
D. 700~900 元   E. 1000~1200 元   C. 1200~1500 元
F. 1500 元以上
25. 如果您没有转出土地，这样做的原因是什么？
A. 转出土地的租金太低
B. 家庭劳动力充足，有人种地
C. 怕土地转出去后收不回来
D. 怕难以获得土地租金
E. 其他
26. 如果保留土地承包经营权，您希望自己将来成为城市居民吗？
A. 是   B. 否
27. 您是否参加了社会保险（多选）？
A. 养老保险   B. 新农合   C. 农村低保
D. 商业医疗保险   E. 否

附录3：宅基地问题调查问卷

您好！此次调查的目的是为完成学术研究收集资料，请您根据实际情况回答我们的问题，在您选择的项目上划√（均为单选），在____上填写相关内容即可。此份问卷为不记名式调查问卷，请您放心填写。在此对您的配合深表感谢！

宅基地不仅包括房屋占地面积，还包括房前屋后的院落面积。包括（1）建了房屋的土地；（2）建过房屋但已无上盖物、不能居住的土地；（3）以及准备建房用的规划用地三种类型。

宅基地置换指地方政府以"新农村建设""新民居工程""小城镇化"等名义开展的节约利用土地的活动，一般有宅基地换"钱"、宅基地换"房"、宅基地作股经营或多者结合的方式。即农民放弃宅基地，政府或者给予货币补偿让农民自己买房，或者在集中安置区给农民统一建设住房，或者在城镇周边给农民建集中居住的楼房（这种情况发生在城镇附近的农村地区）。

您的家庭地址：_____省_____市_____县（区）_____乡（镇）_____村

调查时间：

第一部分　被调查农户基本信息

1. 性别：
A. 男　　　　　　　　B. 女

2. 年龄：
A. 18～25岁　　　　　B. 25～35岁　　　　　C. 35～45岁
D. 45～55岁　　　　　E. 55岁以上

3. 家庭人口：
A. 2人　　　　　　　B. 3人　　　　　　　C. 4人
D. 5人　　　　　　　E. 6人以上

4. 家庭劳动力人数：
A. 2人　　　　　　　B. 3人　　　　　　　C. 4人

D. 5 人　　　　　　　E. 6 人以上

5. 在外打工人数：

A. 无　　　　　　　B. 1 人　　　　　　　C. 2 人

D. 3 人　　　　　　　E. 4 人以上

6. 您的文化程度：

A. 小学及以下　　　　B. 初中　　　　　　　C. 高中（中专）

D. 大学（大专）及以上

7. 您目前的职业类型：

A. 农业

B. 以农业为主兼非农业

C. 以非农业为主兼农业

D. 非农业

8. 您家庭主要收入来源：

A. 土地耕作　　　　　B. 养殖业　　　　　　C. 在外地打工

D. 自己经营小本生意　E. 在本地企业打工　　F. 其他

9. 您或家人外出务工每月收入多少？

A. 1000 元以下　　　　B. 1000~2000 元　　　C. 2000~4000 元

D. 4000 元~5000 元　　E. 5000 元以上

10. 2013 年您家农业收入占总收入比重为：

A. 30%以下　　　　　B. 30%~50%　　　　　C. 50%~80%

D. 80%以上

第二部分　农户宅基地的占有及流转情况

1. 您距离省会城市的距离为：

A. 不到 50 公里　　　B. 50~200 公里　　　C. 200~500 公里

D. 500 公里以上

2. 您家有几处宅基地？

A. 一处，面积（　　）平方米

B. 两处，面积（　　）平方米

C. 三处，面积（　　）平方米

D. 三处以上，面积（　　）平方米

3. 您家的宅基地是否有宅基地使用权证书？是否有房屋产权证书？

A. 都有

B. 都没有

C. 有宅基地使用权证，无房屋产权证

D. 有房屋产权证，无宅基地使用权证

E. 正在办理

4. 您家的闲置宅基地的出售或出租情况：

　　A. 出售给了本村人　　B. 出售给了城里人

　　C. 出租给了本村人　　D. 出租给了城里人

　　E. 没有出售或出租，一直闲置着

第三部分　农户流转宅基地的意愿及动机

1. 您认为农民闲置不用的宅基地，应该怎么处理更能保障农民利益？

　　A. 卖给本村人　　　B. 卖给城里人　　　C. 集体有偿收回

2. 如果您能用自家房宅作抵押物，在银行取得抵押贷款，您将把这笔贷款用在：

　　A. 扩大土地种植规模　B. 在城里买房　　　C. 投资非农产业

　　D. 其他消费

3. 如果宅基地可自由流转（指也可卖给城里人及外村人），您打算用卖房增加的大笔收入：

　　A. 扩大土地种植规模　B. 在城里买房　　　C. 投资非农产业

　　D. 其他消费

4. 若您全家迁入城市居住，并转为非农业户口，愿意将承包的耕地和草地、宅基地交给集体吗？

　　A. 不愿意，因为城市就业不稳定，承包地及宅基地是农民的生存保障

　　B. 愿意，只要工作稳定

5. 如果您能将土地能出租或转包出去，农村的房子也能卖个好价钱，您喜欢居住在城市还是农村？

　　A. 喜欢居住在城市　　B. 喜欢居住在农村　　C. 无所谓

6. 您是否愿意以放弃土地承包权和宅基地使用权为条件获取城镇户口？

　　A. 愿意　　　　　　B. 不愿意　　　　　C. 无所谓

7. 您是否愿意以放弃宅基使用权为条件换取与城市居民同等的社会保障？

　　A. 愿意　　　　　　B. 不愿意　　　　　C. 无所谓

8. 您是否愿意以宅基地收回为条件换取集中居住的住房？

　　A. 愿意　　　　　　B. 不愿意　　　　　C. 无所谓

9. 您是否愿意接受政府组织的宅基地置换？

A. 愿意　　　　　　　B. 不愿意　　　　　　C. 无所谓
10. 如果政府组织宅基地置换,您愿意接受哪一种形式?
A. 宅基地换"房"　　B. 宅基地换"钱"
C. 宅基地作股经营　　D. 其他

第四部分　宅基地置换情况

1. 您村上是否在搞宅基地置换?
A. 是　　　　　　　B. 否
2. 您对于本村开展的宅基地置换,有什么不满意的地方?(如果本村没有搞宅基地置换就不回答)。

3. 如果当地政府将在本村搞宅基地置换,您的担心和顾虑有哪些?对于不方便耕种的承包地,您希望怎么处理?对于地方政府给予的补偿安置您有哪些要求?

第五部分　其他村民宅基地占有及流转情况

1. 本村农民一家拥有两处以上宅基地的现象是否普遍?
A. 是　　　　　　　B. 否
2. 本村宅基地闲置不用的现象是否普遍?
A. 是　　　　　　　B. 否
3. 本村村民之间的房屋买卖情况是:
A. 本村村民之间有买卖发生,但较少,且价格低
B. 本村村民之间几乎没有买卖发生,因为每个家庭都不缺房
4. 本村村民是否有将房屋卖给城里人的情况:
A. 有且不在少数　　B. 有但只是几家　　C. 没有
D. 不清楚
5. 本村村民房屋的出租情况是:
A. 村民之间有房屋出租的现象,但很少,且租金低
B. 村民之间没有房屋出租的现象
C. 有村民将房屋出租给城里人的情况,但很少
D. 有村民将房屋出租给城里人的情况,且很多,且租金高
E. 没有村民将房屋出租给城里人的情况